AF274259

# GUÍA PRÁCTICA
# DE LA IA

Domina el arte poco común de la
implementación del *machine learning*

# GUÍA PRÁCTICA DE LA IA

## Domina el arte poco común de la implementación del *machine learning*

Eric Siegel

TÍTULO DE LA OBRA ORIGINAL: *The AI Playbook: Mastering the Rare Art of Machine Learning Deployment*

TRADUCTOR: Azucena Moreno Muñoz

DISEÑO DE CUBIERTA: Celia Antón Santos

RESPONSABLE EDITORIAL: Víctor Manuel Ruiz Calderón

Ilustración de cubierta: © 2003-2024 Shutterstock, Inc.

Traducción autorizada de la edición original en lengua inglesa de la obra titulada *The AI Playbook: Mastering the Rare Art of Machine Learning Deployment* y publicado por primera vez en en 2024 por The MIT Press, Cambridge, Massachusetts. Copyright © 2024 Eric Siegel. All rights reserved.

Edición española:

© EDICIONES ANAYA MULTIMEDIA (GRUPO ANAYA, S. A.), 2025
  Valentín Beato, 21. 28037 Madrid
  Depósito legal: M. 27.198-2024
  ISBN: 978-84-415-5176-3
  Impreso en España

PAPEL DE FIBRA
CERTIFICADA

*Dedico este libro con todo mi corazón a mi madre,*
*Lisa Schamberg, y mi padre, Andrew Siegel.*

## Agradecimientos

Mi esposa, Luba Gloukhova, contribuyó muchísimo a este libro. Aunque a la pareja de cualquier autor se le encomienda la tarea de cultivar la paciencia y, quizá, hacerse cargo de responsabilidades parentales adicionales, Luba tuvo que soportar la carga extra de ser ella misma una experta en la materia tratada: es científica de datos, y además una muy perspicaz y experimentada (puedes ver su consultoría en www.datagie.com). Como tal, busqué sus consejos sin parar durante las comidas, los paseos en los parques infantiles. Actuó como caja de resonancia 24/7 y además fue una revisora exhaustiva. La asociación más formal de Luba conmigo también proporcionó valor a este libro, incluyendo su trabajo como presidenta fundadora de la serie de conferencias Deep Learning World, jefa de redacción del *Machine Learning Times* y editora de contenidos de mi curso *online*. No podría haber escrito este libro sin el entusiasmo y el apoyo de Luba. ¡Sin embargo, debo añadir que su desempeño virtuoso como amante esposa y madre trasciende todo eso!

Mis padres y mis suegros también se esforzaron al máximo por apoyarme en este proyecto. Lisa Schamberg (madre), Andrew Siegel (padre), Anna Gloukhov (suegra) y Maya Kanyuka (abuela de mi mujer) ofrecieron unos ánimos que no tienen precio, además de opiniones sobre mi escritura.

Mi agente literario, el incomparable Jim Levine de Levine Greenberg Rostan, propuso correcciones críticas para mi curso durante las primeras etapas formativas de este proyecto y siguió hasta las últimas etapas para ayudarme a llevar la visión del libro a una realidad elaborada con más cuidado. Si no hubiese sido por su sabiduría entusiasta y su perspicacia empresarial, este libro tendría mucho menos sentido.

Mi editora Catherine Woods, de MIT Press, sabe qué hace que un libro sea legible y relevante y que podamos identificarnos con él. Sus comentarios fueron cruciales mientras me ocupaba de los muchos actos de equilibrio en la estructuración de este libro. Y Abbie Lundberg, pese a sus responsabilidades como jefa de redacción de *MIT Sloan Management Review*, dedicó un tiempo a revisar con atención y ofrecer opiniones muy necesarias que mejoraron mucho el libro. Al principio, Emily Taber creyó en este proyecto y me adoptó como autor. Pese a estar a punto de marcharse para cuando acabé el primer borrador (a otra editorial después de trece años en MIT Press), hizo un esfuerzo adicional por ofrecerme *feedback* en profundidad.

Laurie Harper, Alison Jones, David Lamb, Barbara Monteiro, Barbara Oakley y Myles Thompson actuaron como mentores con gran experiencia en la industria editorial. Me aconsejaron desde la concepción inicial de este libro sobre cómo navegar por el proceso de publicación, además de ofrecer sugerencias sustanciales acerca de la formulación del proyecto.

Una carrera en el campo de la tecnología no está completa sin un grupo de compinches con los que no solo colabores, sino con los que hables de trabajo con regularidad, que es más importante. Dean Abbott, John Elder, Karl Rexer y James Taylor, todos ellos asesores séniores y emprendedores, han mejorado mis conocimientos y mi disfrute a lo largo de los años y, más recientemente, me han proporcionado revisiones exhaustivas de un primer borrador de este libro.

También he aprendido mucho de un sector más amplio de profesionales del *machine learning*: los 18.000 asistentes y oradores que han participado en la serie de conferencias que fundé en 2009, Machine Learning Week (`www.machinelearningweek.com`), anteriormente conocida como Predictive Analytics World. Gracias a la comunidad productiva y vibrante que ha asistido a nuestras docenas de eventos a nivel internacional, he disfrutado de una vista de 360 grados de la industria que ha influido enormemente en este libro. Me gustaría dar las gracias a mi socio en su producción, Matthew Finlay, y a su excelente equipo en Rising Media, que sabe cómo hacer eventos que entusiasmen y unan.

Muchas personas de la escuela de negocios Darden de la Universidad de Virginia, donde ocupé durante un año la plaza de profesor Bodily del Bicentenario de Analítica, contribuyeron de forma significativa a la formulación de las ideas a medida que yo pulía la metodología aquí descrita. Estoy agradecido a Samuel Bodily, el profesor emérito que daba nombre a mi plaza, quien me aportó en persona una enorme cantidad de sugerencias y orientación en mi trabajo, gran parte de las cuales han llegado al libro. Varios miembros del cuerpo docente de Darden y otros departamentos de la Universidad de Virginia también aportaron opiniones así, incluyendo a Michael Albert, Alexander Cowan, Renée Cummings, Rupert Freeman, Yael Grushka-Cockayne, Marc Ruggiano, Bill Scherer, Eric Tassone y Sasa Zorc.

Me gustaría dar las gracias a Jack Levis, Scott Zoldi y Gerhard Pilcher, todos ellos innovadores en la implementación del *machine learning*, que aguantaron mis entrevistas exhaustivas llenas de preguntas exploratorias.

La cooperación es necesaria. Tuve mucha suerte de que las siguientes personas dedicasen tiempo y atención a revisar los primeros borradores de estos capítulos: Rich Heimann, Eugene Kirpichov, Sam Koslowsky, Barry Lyons, Matthew Mayo, Glenn McMahan, Gregory Piatetsky-Shapiro, Steven Ramirez, Jonathan Sloan, Graham Southorn, David Stephenson, Martin Szugat, Morgan Vawter (además de escribir el inspirador prólogo de este libro) y Evan Wimpey.

Gracias a Sean O'Brien y Catherine Truxillo del SAS por su apoyo a la hora de producir y alojar mi serie de cursos *online*, "Machine Learning Leadership and Practice: End-to-End Mastery" (www.machinelearning.courses), cuyo contenido sirvió como base para este libro. Gracias también a William Goodrum por su ayuda con el contenido de los cursos.

Muchas gracias a *Harvard Data Science Review* por publicar originalmente mi texto sobre la historia de la implementación de UPS en un artículo titulado "To Deploy Machine Learning, You Must Manage Operational Change—Here Is How UPS Got It Right" (vol. 5, n.º 2, primavera 2023). El artículo habla de la parte de la historia de UPS que se trata sobre todo en el sexto capítulo de este libro, así como algunos aspectos abordados en la introducción.

Gracias a *Scientific American*, que publicó originalmente mi artículo sobre la falsa precisión, una primera versión de la apertura del capítulo 3.

Gracias al diseñador talentosísimo Matt Kornhaas por las figuras que aparecen en los capítulos y a la extraordinaria artista Daneen Wilkerson por la imagen del tirachinas de la cubierta del libro en su edición original en lengua inglesa.

Por último, quiero hacer un reconocimiento especial a los educadores extraespeciales, de los cuales he conocido a muchos: Thomas McKean (preescolar), Chip Porter (de 4.º a 6.º de primaria), Margaret O'Brien (Instituto Burlington, Vermont), Harry Mairson (Universidad de Brandeis), Richard Alterman (Universidad de Brandeis), James Pustejovsky (Universidad de Brandeis) y Kathleen McKeown (Universidad de Columbia).

Todas las personas anteriores me han moldeado y reforzado este libro. Sin embargo, la responsabilidad sobre cualquier error o defecto de cualquier tipo en su contenido es solo mía.

## Sobre el autor

El doctor Eric Siegel es un consultor líder y antiguo profesor de la Universidad de Columbia que ayuda a empresas a implementar el *machine learning*. Es el fundador de la longeva serie de conferencias Machine Learning Week, instructor del aclamado curso *online* "Machine Learning Leadership and Practice—End-to-End Mastery", editor ejecutivo de *Machine Learning Times* y primer orador habitual. Ha escrito el libro superventas *Analítica predictiva. Predecir el futuro utilizando Big Data*, que se utiliza en cursos de cientos de universidades. El trabajo interdisciplinar de Eric cierra la brecha testaruda entre la tecnología y los negocios. En Columbia, obtuvo el premio Distinguished Faculty cuando impartía los cursos de informática de postgrado sobre *machine learning* e IA. Más tarde, trabajó como profesor en la escuela de negocios Darden de la Universidad de Virginia. Eric también publica artículos de opinión sobre analítica y justicia social.

Eric ha aparecido en Bloomberg TV y Radio, BNN (Canadá), Israel National Radio, National Geographic Breakthrough, NPR Marketplace, Radio National (Australia) y TheStreet. Eric y su anterior libro han aparecido en *Big Think*, *Businessweek*, *CBS MoneyWatch*, *Contagious Magazine*, el *European Business Review*, el *Financial Times*, *Forbes*, *Fortune*, *GQ*, *Harvard Business Review*, *Huffington Post*, el *New York Review of Books*, el *New York Times*, *Newsweek*, *Quartz*, *Salon*, el *San Francisco Chronicle*, *Scientific American*, el *Seattle Post-Intelligencer*, el *Wall Street Journal*, el *Washington Post* y *WSJ MarketWatch*.

- Eric Siegel está disponible para dar conferencias selectas. Para informarte, www.MachineLearningKeynote.com.
- Asiste a la conferencia fundada por el autor: www.MachineLearningWeek.com.
- Accede al curso *online* del autor: www.MachineLearning.courses.
- Sigue al autor: @predictanalytic o www.linkedin.com/in/predictiveanalytics.

# Contenidos

# Prólogo
# de la serie

A l mundo no le faltan ideas sobre gestión. Miles de investigadores, profesionales y otros expertos producen decenas de miles de artículos, libros, *papers*, publicaciones y *podcasts* cada año, pero solo unos poco prometen hacer progresos medibles en la práctica, y menos aún se atreven a adentrarse en lo que será el futuro de la gestión. Esta clase de idea poco frecuente (significativa para la práctica, basada en evidencias y creada para el futuro) es la que queremos presentar en esta serie.

—Abbie Lundberg
Directora
*MIT Sloan Management Review*

# Prólogo

No hay casi ningún resultado empresarial que el *machine learning* no pueda ayudar a mejorar hoy en día. Desde proporcionar la mejor experiencia a clientes y consumidores a alimentar la productividad, aumentar la seguridad, optimizar las operaciones y mejorar la experiencia de los empleados, el *machine learning* puede subir el listón de las métricas que más importan. Su implementación práctica representa la vanguardia del progreso humano: mejorar las operaciones con la ciencia. Pero ¿por dónde empezamos y cómo nos aseguramos de que lo que comenzamos no acaba en la basura? A lo largo de mi carrera, he asesorado a más de treinta empresas del Fortune Global 500 sobre datos y análisis, y he dirigido organizaciones internacionales de datos y análisis en Caterpillar y Unilever. He visto lo mejor y lo peor, incluyendo programas analíticos que generan un valor tremendo y una ventaja competitiva, y otros que nunca llegan a arrancar del todo. Según mi experiencia, esas empresas o equipos a los que les cuesta integrar analíticas a gran escala no suelen sufrir debido a una ejecución imperfecta de las analíticas o los modelos de *machine learning*, sino debido a una grieta en los otros factores requeridos para el éxito.

Por ejemplo, durante un asesoramiento, trabajé con un equipo de análisis de uno de los minoristas más grandes del mundo en un programa para mejorar el retorno de la inversión en marketing. El equipo interno ya había desarrollado un modelo de análisis de medios avanzado. Contaban con un montón de datos y aprovechaban cientos de millones de puntos de datos sobre el gasto en marketing, la respuesta, los productos, las tiendas y otros factores que contribuían. El equipo dedicó horas y horas a perfeccionar el modelo y ajustarlo a los niveles más altos posibles de precisión para, después, resumir la salida en una lista de ideas sobre las acciones a realizar. Llegó el día de la gran presentación ante la directiva de marketing y el equipo presentó las recomendaciones para mejorar el retorno de la inversión haciendo cambios clave en la inversión en marketing *offline*. Miraron a los directivos más importantes de marketing para ver su reacción, esperando sonrisas, gratitud, halagos y apreciación. En vez de eso, se encontraron con una mezcla de apatía e incredulidad. El problema era que el equipo había ignorado pasos cruciales necesarios para entender e incorporar completamente las prioridades de los interesados, factores relativos a la toma de decisiones y procesos.

Compáralo con una experiencia que tuve mientras dirigía un programa de optimización de la cartera basado en IA en Unilever. Unilever es una organización global. Sus productos se venden en más de 25 millones de tiendas en 190 países, y más de 2.500 millones de personas utilizan sus productos cada día. Las marcas de Unilever incluyen Dove, Knorr, Sunsilk, Hellmann's, Axe, Ben & Jerry's, Domestos, Suave, TRESemmé y Magnum.

Vimos una oportunidad para tomar decisiones más inteligentes y rápidas al adoptar un enfoque global guiado por los datos para optimizar nuestra cartera de productos y reducir la complejidad mediante un programa al que más tarde bautizamos Polaris. Una cartera más cuidada de productos beneficia a los clientes y a los minoristas, optimiza nuestras operaciones e impulsa un crecimiento rentable para las partes interesadas de Unilever. Nuestro equipo creó una capacidad y un proceso empresarial basados en IA para analizar la cartera de productos completa a nivel global, recomendar productos para quitar de la lista, desarrollar más, arreglar y proteger. El sistema saca provecho de las analíticas para hacer un seguimiento de la ejecución de estas acciones e impulsar la responsabilidad entre miles de personas en la organización. Creamos y escalamos Polaris de manera global en dos años, aproximadamente, uniendo lo mejor de la inteligencia humana y la de la máquina, lo cual nos dio capacidad para tomar decisiones más eficientes y efectivas y crecer a través de la simplificación.

El camino para llegar hasta ahí no fue fácil y no había una guía disponible para ayudarnos en aquel momento. Por suerte para el lector, los pasos esbozados en este libro dan vida a las mejores prácticas cruciales que seguimos a la hora de ofrecer una iniciativa escalada a nivel global con un impacto empresarial duradero. Estas prácticas incluyen:

1. **Empieza teniendo en mente los resultados y céntrate en proporcionar valor de manera gradual.**

   Nosotros empezamos con una pregunta simple: ¿podríamos incrementar la velocidad de la toma de decisiones y la ejecución para simplificar la cartera de productos (ofrecer ahorro mientras impulsábamos el crecimiento de nuestros clientes)? Hasta que no habíamos cumplido ese objetivo y habíamos establecido el valor, no ampliamos a la optimización de la cartera de productos, incluyendo la simplificación no orientada al consumidor, como el marcado de especificaciones e ingredientes para armonizar todos los productos.

2. **Aprovecha la empatía para superar las barreras a las que se enfrenta el cambio.**

   De forma consciente o inconsciente, todos estamos preprogramados para resistirnos al cambio. Para superar esto, el equipo de análisis pasó cientos de horas con otros equipos de la empresa para entender cómo estaban tomándose en ese momento las decisiones sobre la cartera de productos, incluyendo marketing, ventas, cadena de suministro, finanzas, investigación y desarrollo y minoristas. Al entender los puntos débiles de los procesos actuales, fuimos capaces de trasladar una proposición de valor convincente para las partes interesadas en diferentes niveles y funciones.

3. **Prepara los datos para que se ajusten a las necesidades empresariales.**

   Solo al anticipar las diferencias tempranas en la disponibilidad de los datos, debidas a la naturaleza global del negocio, logró el equipo escalar la capacidad en diferentes espacios geográficos. Reconocimos que teníamos que adaptar las variaciones de los datos entre los distintos mercados; algunos de ellos eran ricos en datos de minoristas y terceros y sacaban a la luz patrones de conducta de los compradores, mientras que otros ofrecían información incoherente sobre puntos de venta y compradores basada en la ruta al mercado. Una infraestructura de datos versátil y un proceso de validación de datos riguroso fueron claves para el éxito.

Estas experiencias han hecho que sea muy consciente de los muchos obstáculos que hay que superar para proporcionar una realización del valor escalada con el *machine learning*. Innovar en las empresas con *machine learning* es revolucionario, y las revoluciones no son fáciles.

Muchos líderes de datos sénior llegan a aprender la misma lección, pero solo después de años de experiencia y proyectos fracasados. Luego, después de entenderlo por sí mismos, siguen teniendo dificultades para defender esos factores de éxito frente a sus homólogos empresariales. Sin un entendimiento común entre interesados empresariales y líderes de datos sobre cuáles son las mejores prácticas para proporcionar transformaciones de datos y análisis, muchos proyectos no logran despegar, tienen problemas para escalar o, en última instancia, no consiguen los resultados empresariales.

La industria necesita un marco de trabajo para aprovechar mejor el *machine learning* para lograr resultados empresariales. Este libro presenta bizML, que recoge las mejores prácticas de una manera sucinta y factible. No solo es una aportación oportuna y muy necesaria a la industria, sino que también es potente a la hora de lograr que la IA vuelva a tener los pies en la tierra, alejándose del bombo publicitario y haciendo que sea tangible para todos los lectores. Este libro es la guía del conductor para el *machine learning*; todos los profesionales empresariales y del análisis deberían leerlo.

—Morgan Vawter
Vicepresidenta global de Datos y análisis en Unilever,
antigua directora de Análisis en Caterpillar,
antigua directora de Práctica de gestión de datos en Accenture
y elegida en la lista "40 under 40" de la revista *Fortune*

# Prefacio

## Breve historia de por qué los proyectos de *machine learning* se estancan

Cuando promociones un avance tecnológico, ten cuidado con lo que deseas. En tiempos oscuros, antes de que los datos fuesen guays y los teléfonos fuesen inteligentes, llegué, a través de contactos, a la oficina pija de un poderoso directivo. Con la esperanza de que me presentase a (o se convirtiese en) mi primer cliente, expliqué que estaba empezando a trabajar por mi cuenta como consultor de *machine learning* (ML). Él, que no estaba familiarizado con el ML ni tenía interés, me miró con cara de "no me hagas perder el tiempo" y enseguida estuve de vuelta en las calles de San Francisco.

Esto sucedió en 2003, justo después de que me mudase desde la Costa Este y hubiese encargado tarjetas de visita nuevas, todo ello para perseguir mi pasión. Me había enamorado del ML docenas de años antes, primero en el laboratorio de investigación y, después, como profesor de la Universidad de Columbia impartiendo cursos de posgrado de ML e IA. Era el tipo de tecnología más apasionante, potente y aplicable. Al mudarme al oeste, prometí introducirlo en el mundo no académico. Quería ver el ML implementado.

En ese momento, había un rincón del mundo industrial que ya estaba utilizando el ML, pero lo llamaban de otra manera: minería de datos. Me parecía que el término era engañoso para las personas no familiarizadas con los datos, pero "*machine learning*" seguía haciendo que me echasen de las oficinas. Así que me aferré a una palabra nueva de moda que había empezado a ganar terreno: analítica predictiva. Una rosa con otro nombre.

Por desgracia, mi vocabulario mejorado no me consiguió clientes de inmediato. "Deberías conseguir un trabajo a jornada completa", me dijo a la cara financieramente insegura sin miramientos un comerciante de analítica consolidado. En vez de eso, redoblé mis esfuerzos. Los tripliqué. Organicé seminarios de formación corporativa. Publiqué artículos. Establecí contactos como loco.

Al final, los clientes empezaron a llegar, pero solo los justos para mantenerme ocupado. La demanda me llegaba hasta la rodilla, pero necesitaba que me llegase hasta el ombligo. El mundo aún no lo entendía. Tenía que evangelizar con más ahínco. Adopté un enfoque con tres frentes:

1. Conferencia: Lancé Machine Learning Week (antes Predictive Analytics World), la primera serie de conferencias sobre ML fuera del ámbito académico o de las ventas. Respaldada por su publicación hermana, el *Machine Learning Times*, la serie de conferencias ha crecido hasta alcanzar los 18.000 asistentes a nivel internacional.

2. Libro: A continuación, escribí *Analítica predictiva*, el primer libro popular que mostraba a lectores de todos los niveles cómo funcionan los algoritmos entre bastidores. Escrito para atraer el interés y el entusiasmo, acabó convirtiéndose en un *best seller*, obtuvo varios premios, hizo que me llamasen para dar 100 charlas inaugurales en conferencias que no eran las mías y se adoptó como material para cursos en cientos de universidades.

3. Vídeo musical: Lancé incluso un vídeo musical de rap educativo llamado *Predict This!*, que se hizo un poco viral (puedes verlo en www.PredictThis.org). Sin duda, esto demuestra que haría, literalmente, cualquier cosa por difundir el evangelio del ML.

Al margen de si estos esfuerzos contribuyeron o no a encender la mecha, una cosa es segura: la popularidad del ML explotó. Pasó de ser una industria emergente a ser un movimiento comercial en toda regla. Se hizo mayor de edad como una práctica empresarial necesaria para mantener la ventaja competitiva. Las hipérboles reinaron cuando científico de datos destronó a bombero como "el trabajo más sexy".

Ver al ML volverse tan popular resultaba tanto gratificante como surrealista. La experiencia reforzaba una lección ancestral: mantén la fe. Cuando crees en una buena idea (como la noción de que aprender a partir de los datos no solo es guay, sino también valioso) y te mantienes firme en tus convicciones, al final la gente te dará la razón.

## Fallo en el lanzamiento

Por desgracia, el gran auge del ML también me ha enseñado otra lección: ten cuidado con lo que deseas. El alboroto ha llegado demasiado lejos. En cierto modo, ahora el ML es demasiado popular para su propio bien. El problema es que la arremetida del entusiasmo ha alimentado una idea equivocada común que hace descarrilar muchos proyectos de ML:

> *La falacia del ML: Puesto que los algoritmos de ML funcionan (asombroso y cierto), los modelos que generan son intrínsecamente valiosos (no es cierto).*

El valor del ML solo llega cuando se lanza para realizar un cambio organizativo. Después de generar un modelo con ML, capturas su valor potencial solo cuando lo implementas de manera que mejore de forma activa las operaciones. Hasta que un modelo no se usa para remodelar activamente el modo en que funciona una organización, es inútil (literalmente). Un modelo no resuelve ningún problema empresarial por sí mismo y no va a implementarse por sí solo. El ML puede ser la tecnología disruptiva de la que se habla, pero solo si se utiliza para la disrupción.

La mayoría de proyectos de ML no logran implementarse. Creo que esto se debe, sobre todo, a que la mayoría de los líderes del ML no se molestan en planificar de forma adecuada el cambio operativo que sería el fruto de la implementación. Esa planificación conlleva más sermones, socialización, colaboración interdisciplinar y estilo en la gestión del cambio de lo que muchos, incluido yo, nos dábamos cuenta al principio.

Con demasiada frecuencia, los científicos de datos ofrecen un modelo viable, pero el equipo operativo no está listo para recibir el pase y se le cae la pelota. Hay excepciones maravillosas y éxitos brillantes, pero el historial bastante pobre en general que vemos hoy en día nos advierte de un desencanto amplio con el ML, e incluso un temido invierno para la IA. Es hora de pisar el freno y corregir la trayectoria para que el ML pueda cumplir su promesa.

## Abrirse camino entre el caos del ML

Así pues, he pasado de ser un animador del ML a un estricto receloso (aunque optimista) con una nueva misión: estandarizar y transmitir la disciplina empresarial tan particular necesaria para lanzar el ML con éxito. Mientras que mi primer libro trataba acerca de cómo funciona el

ML desde el punto de vista técnico, este libro habla sobre cómo llevar a cabo proyectos de ML de manera que los modelos no solo funcionen en el laboratorio, sino que también se implementen con éxito.

Lo primero es lo primero: los profesionales de los negocios, que son parte del público principal de este libro, necesitan cierta instrucción. Antes de que los que están al mando puedan dar luz verde con confianza a la implementación de un modelo, deben conseguir un entendimiento concreto de cómo funciona un proyecto de ML de principio a fin: ¿qué predecirá el modelo? ¿Cómo afectarán esas predicciones exactamente a las operaciones? ¿Qué métrica hace un seguimiento significativo de lo bien que predice? ¿Qué tipo de datos se necesitan?

Cuando los líderes empresariales (incluyendo a ejecutivos, directores y responsables de la toma de decisiones) se pongan al día sobre este conocimiento semitécnico pero claro, podremos salvar la brecha entre la parte tecnológica y la empresarial y hacer que la implementación de los modelos sea una posibilidad real.

Estos días, todo lo que hago es unir esos dos mundos: la tecnología y los negocios. Además de este libro, he adoptado otro enfoque con tres frentes:

1. **Conferencias centradas en la implementación:** Nuevas filiales de mi serie de eventos, Machine Learning Week, que amplían los aspectos básicos de la analítica para abarcar también la implementación específica de la industria, incluyendo aplicaciones en el marketing, los servicios financieros, la industria 4.0, la asistencia sanitaria y la tecnología climática. La primera vía está dedicada a la parte empresarial; la llamamos vía de la operacionalización y el liderazgo.

2. **Profesorado en la escuela de negocios:** Después de una interrupción de 22 años, volví al mundo académico para perfeccionar la metodología descrita en este libro, trabajando durante un año como profesor Bodily de Analítica en la escuela de negocios Darden de la Universidad de Virginia. El cambio de departamento, del de informática hace unos años al de negocios más recientemente, refleja el cambio en mi centro de interés: para que el ML tenga éxito, necesitamos un punto de observación en la parte empresarial.

3. **Una formación más amplia:** Por último, he lanzado un curso *online*, "Machine Learning Leadership and Practice: End-to-End Mastery", para expandir el enfoque estrecho casi universal de cursos de ML actuales, que suelen pasar directamente a los cálculos saltándose la extensa planificación empresarial que debería hacerse primero.

Si no tienes tiempo para hacer un curso de tres meses, puedes leer este libro. Abarca el enfoque disciplinado requerido para implementar iniciativas de ML, formulado en una guía en seis pasos a la que llamo bizML. Por el camino, ayuda a que lectores de todos los niveles se pongan al día con el conocimiento semitécnico que necesitan.

Si tenemos en cuenta la cantidad incontable de dólares y recursos que se invierten en el ML, ¿cuánto valor potencial más podríamos capturar si adoptamos un procedimiento universal que facilite la colaboración y la planificación necesarias para llegar a la implementación?

Vamos a averiguarlo.

# Preguntas frecuentes

## De qué trata este libro y para quién es

*Puedes saltarte estas preguntas frecuentes opcionales, pero te recomiendo que eches un vistazo a la lista para ver si hay alguna pertinente para ti o que te interese. Los lectores de este libro provienen de entornos diferentes y tienen distintas ideas preconcebidas acerca del problema que el libro aspira a resolver: conseguir implementar el* machine learning. *Estas preguntas frecuentes te orientarán y aclararán por qué deberías leer este libro y ajustar tus expectativas.*

### ¿De qué trata este libro?

Este libro presenta una guía estratégica y táctica para lanzar el *machine learning*, una disciplina en seis pasos para realizar un proyecto de ML de forma que se implemente con éxito. Llamo a esta práctica bizML.

Por el camino, el libro también ofrece la información contextual semitécnica que necesitan todos los participantes en el proyecto de una forma clara y accesible que cualquiera puede entender. Debido a esa cobertura, el libro también sirve como introducción no técnica a este campo para los recién llegados.

### ¿Por qué necesita el *machine learning* una práctica empresarial especializada?

Aquí está el problema. El ML es la tecnología de aplicación general más potente del mundo, pero solo puede mejorar las operaciones a gran escala cambiándolas. Por esa razón, un proyecto de ML no debería verse como "un proyecto de tecnología", sino que, para tener impacto, debe replantearse como un proyecto empresarial pensado para mejorar el rendimiento operativo, donde el ML es solo un componente, uno que es necesario, pero no es suficiente.

Al centrar la atención de forma abrumadora en la parte técnica y su ejecución, la industria no ha logrado establecer una práctica empresarial adoptada a nivel general para llevar a cabo la otra mitad de un proyecto de ML con éxito. Como resultado, las nuevas iniciativas de ML fracasan de modo habitual en su implementación.

**Si la mayoría de los proyectos de *machine learning* fracasan en su implementación, ¿acaso es el campo del *machine learning* un fiasco?**

En absoluto. Munchos proyectos de ML tienen éxito, aunque sea solo una minoría; incluso una fracción de los múltiples proyectos de este campo tan popular sigue siendo mucho. Además, en determinadas circunstancias, un proyecto de ML está destinado a triunfar, como en los proyectos de alta prioridad de una empresa de los gigantes tecnológicos o proyectos pensados para actualizar un modelo existente que ya se ha implementado. El mundo industrial sigue siendo optimista respecto al ML porque su gran potencial permanece intacto.

**Puesto que este libro describe una práctica para ejecutar proyectos de ML, ¿está pensado solo para jefes?**

No. Cuando un proyecto de ML sigue bizML, la práctica organizativa presentada en este libro, todas las personas implicadas en el proyecto participan en esa práctica de algún modo. El equipo solo puede colaborar de la manera más efectiva si todos están familiarizados con esta práctica de principio a fin y con el conocimiento semitécnico que la rige.

**¿Para quién es este libro?**

Este libro es para cualquiera que desee obtener valor con el ML mediante la participación en su implementación empresarial, al margen de si desempeña su papel en el lado empresarial o en el técnico.

Ante todo, escribí este libro para los profesionales de los negocios, las personas que ejecutan el proyecto de ML, tienen interés en él, toman decisiones sobre él o gestionan las operaciones que cambiarán (y mejorarán) con él. Esto incluye a ejecutivos, directores, jefes, consultores y líderes de todo tipo. Pero este libro también es para los expertos en tecnología. Si eres científico de datos, ingeniero de ML o cualquier clase de profesional técnico relacionado con el ML, este libro te invita a alejarte un poco de la ejecución práctica y obtener una nueva perspectiva del paradigma holístico al cual vas a contribuir.

**¿Es este libro una guía práctica?**

Este libro es una guía práctica empresarial, pero no una técnica. A diferencia de la mayoría de los libros sobre ML, aborda la práctica empresarial en vez de la práctica técnica. Presenta una práctica empresarial en seis pasos, bizML, para ejecutar un proyecto de ML.

Este libro no ahonda lo bastante para servir a los profesionales de los datos como guía práctica. Para eso está la gran mayoría del resto de los libros sobre ML. Los métodos de ML que cubren son solo un ingrediente. Constituyen un componente técnico clave del proyecto, pero ese componente solo supone uno de los seis pasos del proyecto explicados en este libro. Por consiguiente, solo un capítulo de este libro, el capítulo 5, incide en los principales métodos de ML; ofrece un "curso acelerado" accesible.

Este libro también se diferencia de la mayoría de los libros de negocios sobre ML, que presentan una visión general estratégica de la industria. Esos libros suelen abordar el tema desde un nivel superior, sin proporcionar una orientación práctica y sin detallar de manera concreta cómo se integra el ML para ofrecer mejoras operativas.

**¿Qué materiales introductorios debería leer antes de este libro?**

No se necesita ninguno. Este libro es accesible para todos los lectores y sirve como introducción completa a nivel conceptual al campo del ML para recién llegados. Mientras describe los pasos de principio a fin para ejecutar un proyecto de ML, abarca los conceptos básicos por el camino. Desde luego, obtener cierto conocimiento conceptual sobre métodos de ML antes de leer este libro no te perjudicaría, pero, teniendo en cuenta el tema de este libro (la perspectiva empresarial de un proyecto de ML debería preceder a la perspectiva técnica), puedes leer este libro primero y determinar después cuánto quieres ahondar en la tecnología central.

**Ya entiendo que los proyectos de ML deben empezar con un objetivo empresarial; ¿necesito este libro?**

Establecer el objetivo de la implementación es solo el primer paso, literalmente. Es el primer paso de la práctica bizML de seis pasos que se recoge en este libro. El resto sirve para cumplir ese objetivo. Perseguirlo exige un procedimiento profundo de principio a fin. El mantra útil "empezar por el objetivo empresarial" por sí solo no supera los desafíos de la implementación. Hace falta un libro.

**Soy profesional de los negocios, no científico de datos; ¿necesito de verdad los conocimientos semitécnicos?**

"La adquisición de nuevas habilidades y el aprendizaje continuos y rápidos... empiezan por arriba. La IA requiere un nuevo tipo de directivos principales, con un entendimiento profundo de la IA y sus implicaciones...".

—Julie Sweet, presidenta y directora ejecutiva de Accenture

Sí, debes obtener un tipo concreto de alfabetización de datos para poder participar en la implementación del ML, ayudando a dirigir cada proyecto y asegurándote de que funciona dentro de las operaciones empresariales (y de que produce valor para ellas).

Puede que no te convenza. Al fin y al cabo, para conducir un coche no te hace falta saber cómo funciona el motor. Eso es cierto, pero necesitas experiencia: la sensación precisa de cómo se mueve el coche, cierto sentido de la física, incluyendo el impulso del vehículo y la fricción de los neumáticos. Como conductor, también has internalizado las normas de tráfico y sabes qué movimientos esperar de otros conductores y lo que ellos esperan de ti.

Conducir un proyecto de ML es lo mismo. Para alcanzar el objetivo de mejorar el rendimiento operativo, necesitas saber qué, por qué y cuánto. Necesitas entender el modo preciso en que esta tecnología aplicará cambios a los procesos empresariales, la base de esos cambios y una valoración cuantitativa de lo bien que está funcionando.

No te preocupes; no te hace falta tener un título en la parte "científica" y lo que necesitas aprender es fácil de entender. Es conceptual, no práctico, y no requiere muchas matemáticas. Este libro ahonda en los principios ágiles de la combustión externa, no en cómo cambiar una bujía. Este nivel de alfabetización de datos es útil para casi todo el mundo, como la formación de los conductores, no la escuela de mecánica.

**Soy profesional de los datos con formación técnica; ¿por qué necesito este libro?**

Este libro establece un marco de trabajo estratégico muy necesario al proporcionar una guía complementaria para el lado de los negocios que todos los profesionales de los datos necesitan dominar. El verdadero "unicornio de la ciencia de datos" no es la persona que conoce todas las tecnologías y técnicas analíticas, sino la que ha ampliado el conjunto de sus habilidades para participar también en un esfuerzo orientado al negocio que implica a toda la empresa para conseguir que sus modelos se implementen. Después de todo, las habilidades blandas son a menudo las duras.

Al hacerlo así, este libro abarca pasos técnicos específicos que suelen omitirse en los cursos y libros pensados para profesionales de los datos, incluyendo cómo establecer por completo la variable dependiente (denominada "variable de salida" en este libro), cómo preparar los datos y cómo establecer la métrica de rendimiento (incluyendo por qué la exactitud y una métrica técnica popular llamada AUC suelen ser la opción equivocada), de manera que todas estas opciones estén en línea con los objetivos empresariales y las consideraciones operativas.

Por otra parte, debes saber que este libro tan accesible no es el material técnico al que es probable que estés acostumbrado. Para algunos profesionales de los datos experimentados, el mejor uso de este libro puede ser ojearlo por encima (pero leyendo con más detenimiento el capítulo 0 sobre la necesidad de una práctica especializada centrada en la parte empresarial y el capítulo 3 sobre las métricas de evaluación) y, después, pasárselo a tu jefe o a un compañero clave.

**¿Trata este libro sobre la inteligencia artificial?**

La palabra de moda "IA" puede significar muchas cosas, pero este libro habla sobre el ML, que es una base central de la IA (y a lo que muchos se refieren cuando hablan de ella). Este libro no cubre otras áreas a las que también se llama a veces IA, incluyendo la inteligencia artificial general (sistemas hipotéticos que serían capaces de realizar cualquier tarea intelectual que los humanos puedan hacer), el procesamiento del lenguaje natural, los sistemas basados en reglas y la visión por ordenador.

**¿Atañe a este libro la IA generativa?**

Sí. La IA generativa asombra al mundo al escribir texto y producir imágenes, pero, a la hora de mejorar la eficiencia operativa, el ML clásico (también conocido como IA predictiva) domina desde hace mucho. Sin embargo, la IA generativa también es adecuada y podría superar al ML clásico en algunos ámbitos. La práctica bizML que se presenta en este libro también sirve para la IA generativa, para proyectos que aplican la IA generativa para mejorar de forma medible grandes cantidades de decisiones operativas. Para cualquiera de los dos tipos de tecnología, bizML puede ayudarte a llevar el proyecto a una implementación exitosa.

### ¿Atañe a este libro el *deep learning*?

Sí. Aunque el *deep learning* es más complejo a nivel técnico que muchos métodos de ML clásico y tiende a aplicarse para diferentes clases de problemas (más en el procesamiento de imágenes, por ejemplo, y menos para predicciones sobre clientes), la disciplina para proyectos de ML presentada en este libro se aplica y es igual de necesaria. Los desafíos organizativos de la implementación son en gran parte los mismos, al margen de cómo funcione por dentro el modelo que está implementándose.

### ¿Atañe a este libro la analítica predictiva?

Sí; la analítica predictiva es un subconjunto importante del ML. Es la aplicación de métodos de ML a determinados problemas empresariales. Como alternativa, en muchos contextos, la analítica predictiva es solo un sinónimo de *machine learning*.

### ¿Cómo se compara este libro con tu anterior libro, *Analítica predictiva*?

Este libro y mi anterior libro (*Analítica predictiva. Predecir el futuro utilizando Big Data*) son complementarios, pero independientes. No hace falta leer uno para entender el otro, así que puedes leer solo uno o los dos, en cualquier orden. Ambos hacen que el ML sea accesible para profesionales de los negocios, los recién llegados y otros profesionales no relacionados con los datos, pero tienen propósitos diferentes: *Analítica predictiva* habla sobre cómo funciona el ML y este libro habla sobre cómo sacarle partido.

|  | *Guía práctica de la IA* (este libro) | *Analítica predictiva* (mi libro anterior) |
|---|---|---|
| Una guía práctica empresarial | Sí | – |
| Implementación del ML | Sí | La idea general |

|  | Guía práctica de la IA (este libro) | Analítica predictiva (mi libro anterior) |
|---|---|---|
| Métricas de rendimiento | Sí | La idea general |
| Preparación de datos | Sí | – |
| Métodos de modelado técnico | Visión general de un capítulo | Árboles de decisión, ensambles, modelos *uplift*; un capítulo cada uno |
| Trampas técnicas | Informar mal sobre el rendimiento | Dragado de datos, sobreajuste, presumir que la correlación implica causalidad |
| Ética del ML | Visión general breve pero amplia | Un capítulo sobre cómo el ML revela información sensible y vigilancia policial predictiva |
| Casos prácticos | UPS, FICO, dos puntocoms | HP, Chase, Agencia de Seguridad Nacional, 183 minicasos prácticos |

**¿A qué software y herramientas de ML se aplica este libro?**

Este libro atañe a todo el software de ML. Es neutral respecto a los comerciantes y no está vinculado a ninguna herramienta específica. Los contenidos se aplican a nivel universal, sin importar cuáles de las muchas herramientas de software de ML acabéis utilizando tú o tus profesionales de los datos.

**¿Este libro habla de *machine learning* supervisado o no supervisado?**

Este libro solo cubre el *machine learning* supervisado, que entrena modelos con datos supervisados, es decir, datos que constan de ejemplos para los cuales la predicción objetivo ya se conoce, bien debido a la acumulación de resultados históricos, bien mediante el etiquetado manual de los datos (en concreto, el libro se centra sobre todo en la clasificación binaria, es decir, ML para predecir resultados de sí/no). El ML supervisado es el tipo de ML que se aplica más comúnmente para optimizar las operaciones empresariales. Sin embargo, la práctica bizML presentada en este libro también es apta en gran medida para proyectos de aprendizaje no supervisado.

**¿En qué se diferencia bizML de MLOps?**

El método presentado por este libro, bizML, es una práctica empresarial para ejecutar proyectos de ML con éxito a través de la implementación, mientras que MLOps es un conjunto de métodos y prácticas técnicos para gestionar y mantener modelos. Aunque ambos están relacionados con la operacionalización de los modelos, MLOps aborda la ejecución técnica de proyectos de ML y bizML aborda la ejecución organizativa, incluyendo la dirección del proyecto y la colaboración interfuncional. Los dos trabajan juntos: un proyecto que siga bizML puede emplear MLOps. Pero ninguna solución técnica puede, por sí sola, ocuparse de los retos relativos a la parte empresarial a los que se enfrentan los proyectos de ML. Para eso hace falta un paradigma empresarial como bizML.

**¿En qué se diferencia bizML de CRISP-DM?**

La introducción de bizML en este libro representa un esfuerzo renovado por establecer una guía actualizada estándar para la industria para llevar a cabo con éxito proyectos de ML que sea pertinente y convincente tanto para los profesionales de los negocios como los de los datos. CRISP-DM, un estándar anterior establecido hace casi treinta años, allanó el camino al exponer muchos de los conceptos fundamentales, pero nunca ganó mucha popularidad entre los profesionales empresariales. Para ver más detalles, consulta el capítulo 0.

**¿Dónde están las notas y el glosario de este libro?**

Las notas de este libro (referencias y recursos adicionales para profundizar en el aprendizaje) están disponibles, en inglés, en `www.bizML.com`. Para acceder a un glosario tutorial en inglés que incluye los términos introducidos en este libro y más, consulta `www.MachineLearningGlossary.com`.

# Introducción

> *Nunca vendas IA. En su lugar, presenta mejoras operativas, y menciona el* machine learning *solo por encima como parte de la solución.*
> *La mayoría de los líderes del ML se centran más en la tecnología que en su implementación, así que la mayoría de las nuevas iniciativas de ML fallan.*
> *No te equivoques; los cambios operativos son difíciles de vender, sobre todo en comparación con una tecnología de moda, que se vende con tan poco esfuerzo que la llamamos "sexy". Es menos glamuroso proponer una renovación de los procesos. La gente responde como si estuvieses sugiriendo una endodoncia. Pero así es la vida; las grandes ganancias solo llegan si se imponen grandes cambios.*
> *Vamos a empezar por la historia de un ambicioso pionero decidido a llegar alto con el ML en una empresa de la lista Fortune 500 de un siglo de antigüedad. ¿Su campo? La logística. Pero no pierdas detalle y verás por qué los proyectos de ML aburridos en realidad son, irónicamente, los más sexys. También verás cómo la paradoja de la innovación puede superarse y por qué es algo bueno que, al final, la mayoría de los proyectos de ML prácticos estén destinados a desprenderse de la marca "IA".*

Intentaron advertirle. Mientras Jack Levis perseguía un deseo arraigado de innovar, sus colegas pensaban que estaba cometiendo un suicidio profesional. "Me encanta tu pasión", le dijo un compañero, "pero debes saberlo: todo el mundo cree que estás loco".

Jack no estaba intentando cambiar el mundo. Solo estaba ocupándose de la pequeña cuestión de optimizar cómo entregaba los paquetes el United Parcel Service (UPS); 16 millones de paquetes al día. No estaba satisfecho con el *statu quo*. Había casi 300 millones de kilómetros de conducción anual que podían reducirse.

Jack había abordado esa idea loca de forma voluntaria. Nadie de arriba le había encargado el proyecto, ni era parte de sus responsabilidades en UPS, sino que él mismo había creado de manera proactiva un pequeño equipo para desarrollar un prototipo de prueba de concepto. Como grupo, se dedicaban a ello a tiempo parcial, no de forma prioritaria.

Un día de otoño, después de años de trabajo, Jack consiguió por fin una oportunidad excelente de presentar la idea a un ejecutivo clave de UPS llamado Chuck. Así que se sentó con Chuck y le presentó una historia ingeniosa: un sistema que prescribiría rutas de entrega más eficientes para los conductores de los camiones; y, al hacerlo, lograría el valor completo de otra de las recientes contribuciones de Jack, un sistema que planificaba las entregas del día siguiente prediciéndolas.

Vale, implementar ese sistema significaría introducir un cambio enorme en las operaciones existentes. Pero también prometía una recompensa enorme. Jack hizo la presentación con soltura y clavó el final.

Pero, en respuesta, la cara de Chuck permaneció inexpresiva. Después de una pausa, carraspeó y preguntó: "Bueno, ¿estás trabajando en algo importante?".

A Jack se le encogió el corazón. Años después todavía recuerda muy bien ese día. "Te aseguro", dice, "que no pegué ojo esa noche".

La paradoja de la innovación afirma que, cuanto más novedosa o radical sea una idea, más cuesta obtener apoyo para ella. Esta poderosa ley parecía estar atando a Jack de pies y manos. ¿Cómo vendes una innovación que es tan profunda que el comprador no la entiende?

## Cuidado, pioneros: Causad disrupción por vuestra cuenta y riesgo

Por desgracia, la advertencia de los compañeros de Jack se aplica por todas partes: cuanto mayor es el potencial de tu innovación, más traicionero resulta perseguirla. Si sigues adelante con valentía, te enfrentarás a un infierno en forma de duda, obstinación, resentimiento y, quizá lo peor de todo, una falta evidente de aprecio. A cambio de tu innovación, espera primero que no se te entienda y después, al final, que se te explote sin piedad.

El mundo margina a los propios innovadores que lo construyen. ¿Qué pasaría si hubieses desarrollado la primera televisión (Philo Farnsworthm, inspirado para emitir imágenes fila a fila como un agricultor ara un campo) o hubieses inventado el limpiaparabrisas intermitente (Robert Kearns; más complicado de lo que parece)? Digamos que pilotaste el primer vuelo continuo observado oficialmente (Alberto Santos-Dumont; no dejes que el "salto largo" de los hermanos Wright te engañe) o que fuiste el padre de la informática teórica (Alan Turing, que también descifró el funcionamiento de la máquina alemana Enigma en la Segunda Guerra Mundial y fundó la filosofía de la IA). Las cosas no te habrían ido demasiado bien. Los imperios corporativos se echaron encima de Farnsworth y Kearns y los gobiernos persiguieron de manera brutal a Santos-Dumont y Turing. ¿El resultado? Tres muertes y una crisis nerviosa.

Y, aun así, en la actualidad, los innovadores pueden causar más disrupción que nunca. Las mayores oportunidades no están en construir un dispositivo nuevo, como una televisión o un avión, sino que el paradigma innovador líder mejora sistemas ya existentes. Se infiltra en empresas consolidadas y renueva sus actividades a gran escala, sus millones de operaciones diarias. Lucha contra riesgos, orienta la publicidad, evita el fraude, optimiza la fabricación, hace un triaje de casos médicos y optimiza la logística.

Estoy hablando del *machine learning* (ML). Este libro trata sobre el ML en el siguiente sentido práctico aplicado:

> **Machine learning:** *Tecnología que aprende de la experiencia (datos) para predecir el resultado o comportamiento de cada cliente, paciente, entrega de paquetes, negocio, vehículo, imagen, pieza de equipamiento u otra unidad individual para guiar decisiones operativas mejores. El ML genera un modelo predictivo cuya tarea es calcular una puntuación predictiva (probabilidad) para cada individuo.*

El ML es una base central para la IA (y a lo que se refieren muchos cuando hablan de ella). Este libro no cubre otras áreas a las que también se llama a veces IA, incluyendo la inteligencia artificial general (sistemas hipotéticos que serían capaces de realizar cualquier tarea intelectual que puedan hacer los humanos), el procesamiento del lenguaje natural, los sistemas basados en reglas y la visión por ordenador, pero sí habla de la IA generativa, conocida sobre todo por escribir texto y producir imágenes. A la hora de mejorar la eficiencia operativa, el ML domina desde hace mucho, pero la IA generativa también es adecuada y podría superar al ML clásico en algunas áreas. El marco de trabajo presentado en este libro también sirve para la IA generativa, para proyectos que aplican IA generativa para mejorar de forma medible una gran cantidad de decisiones operativas.

El ML innova de una manera directa, aunque disruptiva. No dejes que el resplandor que emana de esta tecnología deslumbrante eclipse la simplicidad de su deber fundamental: para la mayoría de las aplicaciones empresariales, el propósito del ML es realizar predicciones según las que se pueda actuar, que es la razón por la que a veces también se denomina analítica predictiva. Aunque aprender a partir de datos para generar un modelo predictivo merece tanta admiración como cualquier otro logro de la ciencia o la ingeniería, esa capacidad se traduce en un valor tangible de una manera sencilla: el modelo genera puntuaciones predictivas que, a su vez, dirigen millones de decisiones operativas.

Para UPS, Jack utilizó el ML para predecir entregas de paquetes para optimizar dichas entregas. Este tipo de caso de uso para la predicción es claro, pero también trascendental, incluso histórico. Es una estrategia que impulsa una amplia gama de innovaciones, mejorando prácticamente todas las cosas importantes que hacen las organizaciones, todas las operaciones a gran escala que hacen que el mundo gire. Al fin y al cabo, la clave universal para dirigir decisiones mejores es calcular los riesgos y las probabilidades; las posibilidades de que un cliente cancele, un deudor no cumpla sus obligaciones, un componente falle, una transacción resulte ser fraudulenta o una imagen médica represente un diagnóstico positivo.

El ML es la tecnología más importante del mundo. Eso no se debe solo a que sea aplicable a un nivel muy amplio, sino también a que ofrece un impulso nuevo que no puede encontrarse en ninguna otra parte, una ventaja crucial para lo que se está convirtiendo en el campo de batalla definitivo de los negocios: la optimización de procesos. A medida que los productos y los servicios se convierten en mercancías y las organizaciones se vuelven cada vez más homogéneas en sus operaciones, el ML ha alcanzado su madurez como práctica empresarial nuclear necesaria para mantener la ventaja competitiva. Implementar el ML significa participar en el paso evolutivo más reciente de la Era de la Información.

Pero los grandes beneficios solo se obtienen mediante una gran disrupción. El sistema de Jack mejoraría una operación de entrega enorme, pero, para alcanzar este valor, habría que hacer cambios enormes implementándolo de verdad "sobre el terreno". Jack necesitaba convencer a sus superiores de que había que remodelar el procedimiento afianzado de más de 55.000 empleados de reparto.

## Cuando la grandeza es demasiado grande para verla de cerca

La propuesta de Jack se enfrentaba también a otro desafío nefasto, uno que es universal para todos los proyectos de ML: el éxito solo se vuelve evidente después de haber hecho un seguimiento de multitud de casos con el tiempo. Con un invento tradicional, solo hay que encenderlo y ver si funciona. Enseguida somos testigos de su poder ante nuestros ojos. Si pisamos el acelerador el coche se mueve. Si hacemos clic en Enviar, nuestro amigo recibe un mensaje de correo electrónico. Y vamos a tomarnos un momento para apreciar cómo el limpiaparabrisas hace una hermosa pausa entre barridos intermitentes cuando solo hay unas gotas de lluvia.

Pero, cuando una empresa implementa ML, el efecto no es observable de inmediato. No funciona como un único dispositivo ni tiene efecto en un solo momento. En vez de eso, su valor se acumula a medida que guía muchas decisiones, como a qué cliente dirigirse, a qué deudor de riesgo prestar dinero o a qué dirección de entrega hay que planificar ir. Solo vemos el beneficio de cambiar operaciones importantes después de sumar muchos casos a lo largo del tiempo. Así pues, por muy potente que sea, la historia es más abstracta.

Para mucha gente, esta proposición de valor no se entiende con tanta rapidez como ocurre con un dispositivo recién inventado. Algunas personas no están mentalmente preparadas para abrazar este tipo de reajuste operativo como la innovación crucial que es, una que es tan relevante como los distintos artilugios que han revolucionado nuestras vidas.

Además, los responsables de la toma de decisiones que gestionan las máquinas bien engrasadas del mundo se resisten de forma natural al cambio. Están en el negocio para evitar el riesgo, más que para superarlo. Por tanto, la inercia que un innovador siente que le frena no proviene solo de una resistencia abominable y caprichosa al cambio. La resistencia es una medida de seguridad. Hay una buena razón por la que el jefe nunca ha sido propenso a cultivar un interés por entender cálculos presuntuosos como los de Jack. Teniendo en cuenta que la prioridad es mantener el barco a flote, los mandamases rara vez tienen siquiera la capacidad de echar un vistazo.

Jack reflexionó sobre el reto que tenía ante él. A veces parecía que solo otro innovador intrépido tendría el tipo de visión necesaria para comprar esa propuesta de alto impacto. Pero, en una empresa de toda la vida en la lista Fortune 500, los mandamases no eran de ese tipo. ¿Cómo los sacas de su trance corporativo? Jack sopesó sus opciones. Una apuesta segura es que, si es sexy, vende. Así pues, ¿qué tal si se presentaba la idea como la "salsa secreta" definitiva?

## Sexy pero vaga: inteligencia artificial

La industria del ML ha probado la fruta prohibida: ha elegido promocionarse como IA, un término amplio e impreciso que incluye el ML dentro de su ámbito maleable. Esto tiende a resultar engañoso, sobre todo al hablar de una iniciativa de ML más típica y práctica diseñada para mejorar las operaciones empresariales y no, por ejemplo, pensada para generar texto que parezca escrito por humanos o conseguir una "inteligencia" de nivel humano.

Aunque en general el mundo conoce el ML como IA (y de ahí el nombre de este libro, *Guía práctica de la IA*), el término IA también es como el mundo en general entiende mal el ML. Puesto que la IA alude a "inteligencia", lo cual resulta testarudamente vago cuando se describe una tecnología, el término tiende a sobreestimar y crear un fetiche, más que a presentar el valor concreto de la tecnología. La IA se utiliza a veces para referirse de forma específica al ML u otro tipo de tecnología, como *chatbots* o sistemas basados en reglas, pero, en muchos otros usos, el término insinúa unas capacidades exageradas.

Vendedores, consultores y, probablemente, algunos de tus colegas, emplean la marca IA en vez de publicitar con claridad y sin ofuscación lo que ofrece en realidad un proyecto de IA. Al fin y al cabo, muchas personas que trabajan con un presupuesto aguzan el oído cuando oyen hablar de lo avanzada e "inteligente" que es una tecnología, incluso sin ver con exactitud cómo mejorará las operaciones empresariales. Por tanto, esa ruta puede servirte para llenarte la cartera al menos a corto plazo.

Pero no puede durar. Sería mejor que la industria del ML moderase este tono, o vamos a pagarlo caro. Revestir de glamur la tecnología principal desvía la atención de su valor concreto, la manera específica en la que su implementación puede mejorar las operaciones. Cuando esa implementación no está en el centro de la planificación, es poco probable que el plan dé resultado. La organización debe considerar la proposición de valor para un proyecto candidato e invertir en el proyecto para conseguir ese valor tangible. Después, debe comenzar un proceso de gestión de cambios muy particular a partir del inicio del proyecto. De lo contrario, es probable que desarrollemos un modelo que nunca se lance, que es la manera más común de que fallen los proyectos de ML.

## La logística está recuperando lo sexy

"Los mejores casos prácticos [de ML] para grandes empresas son, sinceramente, los más mundanos".

—Caroline Zaborowski,
astrofísica convertida en científica de datos

Jack es el héroe impecable de mi historia, así que puedes estar seguro de que tuvo la prudencia de no adornar su discurso hablando de "la IA" con lenguaje florido. Sabía que un cambio que afectaría a 16 millones de repartos al día tenía que venderse de forma bastante concreta. De hecho, ni siquiera lo llamó ML, analítica predictiva ni ciencia de datos, sino que utilizó la palabra más aburrida que hay para ello: investigación de operaciones.

Pero lo aburrido es emocionante. Este proyecto era el tipo de optimización a gran escala que reduce toneladas de emisiones de carbono y produce montones de dinero. Prometía un cambio a gran escala y beneficios tangibles.

Lo contrario también es cierto: algunos proyectos en apariencia sexys han sido lentos a la hora de transformar un negocio. Atraen mucha atención con capacidades impresionantes que prometen proporcionar valor a largo plazo, pero, hasta ahora, han representado pocos o ningún cambio, y no van a ser fábricas de dinero pronto. Algún día, los vehículos totalmente autónomos salvarán incontables vidas, pero todavía existen impedimentos para su implementación a gran escala, y hay quienes calculan que se tardará décadas en conseguirlo. Del mismo modo, el ordenador de IBM que derrotó a humanos en el programa de preguntas *Jeopardy!* me entusiasmó en 2011 como nunca lo había hecho ninguna tecnología, pero su habilidad especializada no se traslada con facilidad a tareas del mundo real. De manera similar, cuando el ML conquista el ajedrez, el go y videojuegos complejos, nos impresiona a todos, pero el valor del ML solo se captura cuando se aplica de manera práctica. Y los más prominentes de todos, los sistemas de IA generativa, que se crean con ML, generan imágenes y texto, a menudo de una forma tan experta y en apariencia humana que dan la impresión de que representan una "comprensión" de conceptos humanos y de que pueden expresar estos conceptos con lenguaje e imágenes. Cuando se utiliza para ayudar a los humanos con tareas creativas, la IA generativa puede demostrar ser valiosa para la empresa, pero, hasta ahora, no se ha utilizado por lo general para dar impulso a la eficiencia empresarial de la manera directa adoptada por los casos prácticos que se tratan aquí.

¡En vez de por la ostentación, emociónate por el impacto medible de realizar operaciones establecidas a gran escala de manera más efectiva! La historia de Jack se desarrolló en el United Parcel Service, un complemento sólido del servicio de correos US Postal Service durante más de un siglo. Estamos hablando de la mensajería más grande del mundo, con unos ingresos superiores incluso a los de FedEx. No se trata de una empresa tecnológica nueva y de moda. No, este es justo el tipo de empresa consolidada y antigua que lleva a cabo operaciones esenciales para la sociedad; procesos afianzados que piden a gritos que los optimicen, incluso aunque muchos de los que están al mando luchan con uñas y dientes contra el cambio.

¿Quién podía imaginar que optimizar logísticas tradicionales sería tan sexy?

El nombre del puesto de trabajo de Jack reafirmaba con claridad este punto: director sénior de gestión de procesos en UPS. No era "director de IA" ni nada tecnológico. Su atención se centraba en los fines (mejoras en los procesos), no en los medios, en el objetivo empresarial más que en la solución técnica. Después de trabajar en la empresa más de tres décadas, estaba a cargo de la tecnología de las operaciones y supervisaba seis divisiones. No estaba entre los ejecutivos superiores a los que tenía que convencer para que le dieran su aprobación. Trabajaba de forma directa en las operaciones, justo donde importa. Estaba posicionado para aplicar cambios operativos personalmente.

Pero el superior de Jack lo había ignorado. ¿Era ese proyecto una gran idea de verdad? ¿Cómo se distingue un progreso viable de una agitación radical en exceso? Primero, vamos a ver cómo funcionaba el sistema de Jack.

## Planificar para mañana con información completa

Imagina que diriges un centro de mensajería típico del que salen 55 camiones cada mañana, cada uno con la tarea de entregar 300 paquetes ese día. Tu trabajo es decidir cómo distribuir exactamente esos 16.500 paquetes entre los camiones de manera que la operación global requiera la menor cantidad posible de kilómetros y horas. Para complicar las cosas, algunas entregas deben realizarse antes de una hora específica del día, y los turnos de los repartidores no pueden alargarse demasiado. Sin presión.

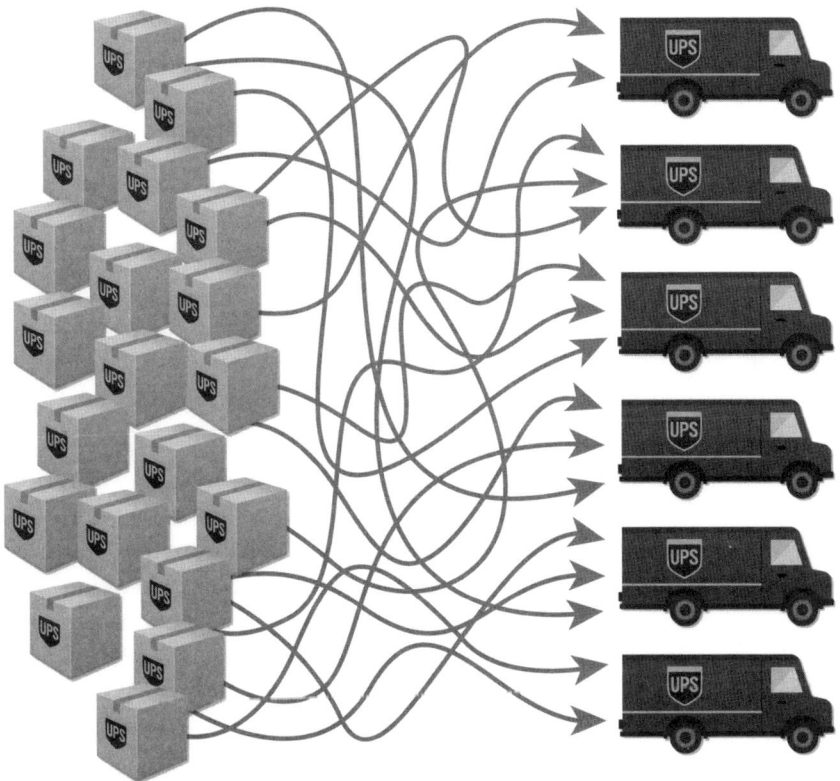

Los paquetes se asignan a los camiones de reparto en un centro de mensajería.

Ahora, multiplica este problema por 1.000. El sistema que desarrolles debe gestionar esta logística todos los días para 1.000 centros de mensajería en Estados Unidos. En esta operación descomunal, cuenta cada segundo. Un minuto por repartidor por día cuesta 14,5 millones de dólares por año. Del mismo modo, 1, 5 kilómetros tienen un valor de 50 millones de dólares. Pero, de verdad, sin presión.

En total, millones de litros de gasolina y miles de toneladas de emisiones están en juego cada año. Vale, a lo mejor sí hay un poco de presión.

Pero aquí está el verdadero problema: el sistema debe trabajar con información incompleta. Los centros de mensajería deben comenzar el largo proceso de planificación y carga de los camiones antes de que se sepan todos los repartos del día siguiente. Muchos destinos de las entregas no se descubren hasta las tantas de la madrugada.

Jack llama a esto la paradoja del reparto. No puedes planificar de manera óptima la carga de los camiones hasta que sepas todos los repartos que habrá que hacer. Pero, para cuando conoces todos los repartos, te has quedado sin tiempo para cargar los camiones.

Esto complica muchísimo el problema. Al fin y al cabo, todo paquete es importante para el plan general. Si aparece un paquete imprevisto en el último momento después de que se hayan cargado los camiones, podría añadir varios kilómetros al plan existente para un camión. Si lo hubieses sabido antes, puede que hubieses distribuido los paquetes de forma totalmente distinta entre los camiones. Pero ya no tienes tiempo. Los camiones cargados por completo ya han salido y se tardaría demasiado en redistribuir los paquetes.

Jack entendía que la paradoja del reparto era un dilema crucial porque los centros de mensajería se enfrentaban a una plétora de paquetes imprevistos cada día. En ese momento, hasta un 30 por ciento de las entregas todavía no estaban en el sistema cuando había que comenzar la planificación para el día siguiente. Eso se debía a que a muchos paquetes que llegaban en vuelos nocturnos les faltaba información de seguimiento de forma total o parcial. Algunos clientes cargaban tarde los datos sobre sus envíos o utilizaban sistemas que no se ajustaban a las normas o tenían fallos técnicos. Los retrasos inesperados debidos a las condiciones climatológicas podían tardar en propagarse. Durante una larga noche de carga, podían aparecer incluso algunos paquetes "tontos" sin códigos adecuados, así que los encargados de gestionarlos tenían que introducir a mano la dirección de destino sobre la marcha.

Gran parte de esta latencia de información persiste hoy en día; es, en su mayoría, inevitable, pese a las distintas mejoras que ha hecho UPS en sus sistemas. Por ejemplo, supongamos que un paquete va a volar estar tarde desde la Costa Oeste a un centro de mensajería en la Costa Este para que se entregue mañana por la mañana. Si el centro de la Costa Este empieza su planificación a mediodía, todavía es demasiado pronto en la Costa Oeste para que se haya cargado la dirección de destino. Por poner otro ejemplo, incluso si se han cargado todas las direcciones para las entregas, el número de paradas que tendrá que hacer cada camión, cada una de las cuales llevará un tiempo valioso, no suele saberse hasta que se hacen realmente las entregas, ya que, por ejemplo, un edificio grande o un centro comercial con múltiples destinatarios podría requerir múltiples paradas. Además de todo esto, hay que hacer algo de planificación a grandes rasgos con días de antelación, por ejemplo, para reservar la cantidad adecuada de repartidores.

En un sistema tan complejo como la red de paquetería interna de UPS, la incertidumbre es apuro inherente. El antídoto es la predicción.

## Predecir las entregas de mañana

El sistema de Jack, llamado Package Flow Technology (PFT, tecnología de flujo de paquetes), predice el reparto de paquetes del día siguiente para poder planificarlo. Estas entregas predichas aumentan la lista de paquetes conocidos.

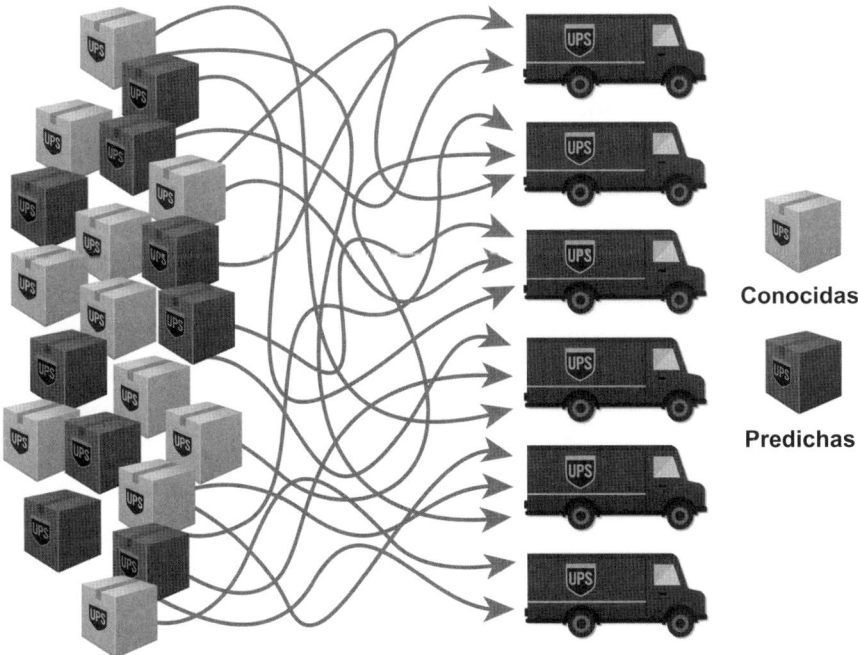

Se asigna una combinación de entregas conocidas y predichas a los camiones de reparto en el centro de mensajería.

El PFT puede formar un plan completo con este lote aumentado de destinos de entrega y poner en marcha el proceso de carga durante la noche con tiempo de sobra. Los camiones suelen cargarse de 4 a 7 de la madrugada, así que la planificación debe comenzar antes, por la noche o incluso durante el día en algunos centros de mensajería.

Vamos a fijarnos en la mecánica de cómo se forma este lote de predicciones de entrega. En primer lugar, un modelo predictivo genera cada predicción individual, de una en una.

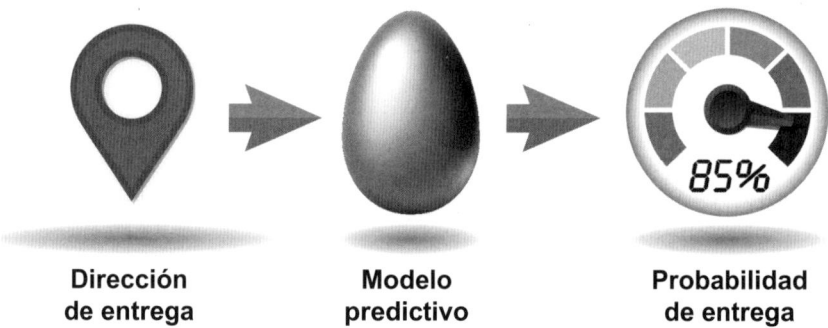

**Dirección**          **Modelo**          **Probabilidad**
**de entrega**         **predictivo**      **de entrega**

El modelo, que aquí se muestra como un huevo, se ha generado a partir de datos para este fin específico. Codifica patrones aprendidos del pasado que ahora sirven para determinar probabilidades de lo que ocurrirá en el futuro (si una dirección dada va a recibir un paquete).

El modelo se aplica repetidamente, realizando sus cálculos para cada dirección de entrega posible. Para Estados Unidos, eso son 200 millones de predicciones. Después, todos los destinos más probables (digamos, aquellos cuya puntuación indica que tienen una probabilidad superior al 80 por ciento) se combinan con la lista de destinos conocidos.

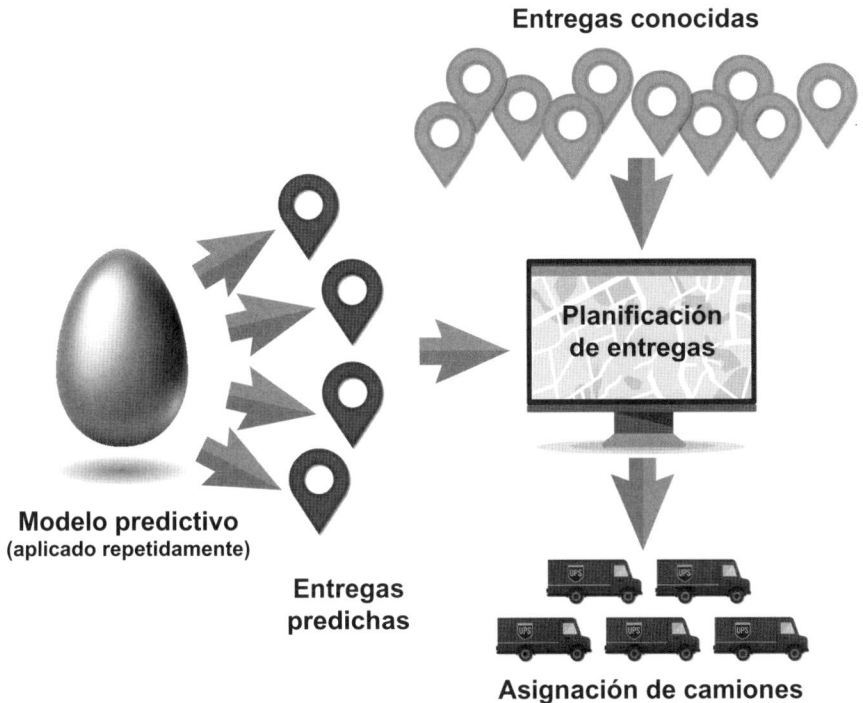

El PFT de UPS aumenta la lista de paquetes conocidos preparados para la entrega con una lista de entregas predichas para hacer un plan a tiempo de cargar los camiones de reparto.

El PFT actualiza con regularidad estas predicciones (cada dos minutos, aproximadamente) hasta que salen los camiones. Durante el proceso de carga nocturno, algunas entregas predichas pasan a ser conocidas, ya que aparece realmente el paquete; además, también llegan otros paquetes no previstos. El sistema revisa el plan en consecuencia. Como resultado, puede que algunos paquetes se pasen de un camión a otro, pero la mayor parte del plan basado en las predicciones permanece intacta, sin imponer cambios que lleven mucho tiempo. Para cuando llega la mañana, cualquier entrega predicha de forma incorrecta que no se haya materializado como un paquete real se elimina del plan. Al final, cuando los camiones salen con sus paquetes, ya no necesitan predicciones de entrega, pero las predicciones son las que han hecho que estén bien planificados y totalmente cargados a tiempo para el viaje de ese día.

## Las predicciones dirigen el mundo

Más allá de UPS, la misma idea fundamental se aplica por todas partes. La capacidad para predecir caso por caso es el Santo Grial, porque atañe a todo y guía decisiones como a qué cliente orientar el marketing, qué paciente priorizar, qué transacción auditar en busca de fraude, qué edificio inspeccionar para ver si hay riesgo de incendio y qué producto reponer en una cadena de suministro.

La historia es universal: las empresas y otras organizaciones necesitan predicciones. Las predicciones requieren ML. Y el ML depende de los datos.

Si le damos a vuelta a eso, el flujo va de izquierda a derecha en esta secuencia:

datos → *machine learning* → modelo → predicciones → operaciones

Tenemos datos, se los damos al ML, este crea modelos que predicen y utilizamos las predicciones para dirigir las operaciones de forma óptima.

Los datos alimentan las predicciones porque representan la experiencia de la cual se aprende. Si se fija en el pasado, una organización sabe, por ejemplo, quién compró qué, qué transacciones resultaron ser fraudulentas y qué edificios ardieron. Y UPS conoce cada envío que ha hecho. Al hacer las predicciones con ML, una empresa aplica lo que ha aprendido de esta experiencia.

Seamos sinceros: no es una bola de cristal mágica. Las predicciones perfectas no son posibles, pero tampoco son necesarias. Incluso las predicciones malas que son al menos un poco mejores que suposiciones proporcionan a menudo un tremendo beneficio sistemático. Al fin y al cabo, los negocios son una cuestión de números. Inclinar las probabilidades a nuestro favor, aunque solo sea un poco genera un impacto enorme.

## Ir con todo

Para poder alcanzar el verdadero potencial de la predicción sobre paquetes, Jack tendría que vender un gran cambio a los ejecutivos de UPS. Para entonces, el sistema PFT llevaba algunos años en funcionamiento, pero solo estaba utilizándose para repartir los paquetes entre los camiones de manera que cada camión tuviese una zona de entrega bien diseñada, que pudiera cubrirse con una ruta eficiente.

Ahora, Jack estaba presentando a Chuck una optimización adicional que prometía unos beneficios aún más importantes: prescribir esas rutas eficientes para que los repartidores las siguiesen. A cada camión se le asignaba un lote de paquetes que podía entregar con eficiencia, pero eso no quería decir necesariamente que lo hiciese. Había que decir a los repartidores adónde ir. El equipo de Jack había demostrado que, a la hora de trazar la ruta para un camión cargado de entregas, las máquinas superaban a los humanos.

Así pues, Jack presentó este cambio tremendo a Chuck, el ejecutivo. Dijo: "Vamos a decir a nuestros 55.000 repartidores que sigan al ordenador en vez de su instinto. Es la única forma de lograr por completo la eficiencia prometida por la predicción sobre paquetes".

Pero, como ya sabes, el discurso de Jack fue un fiasco.

## Demuestra, no cuentes

A Chuck le dio igual. Siguió ahí sentado, impertérrito, mirando a Jack.

¿El siguiente paso? Mantener la compostura. Jack se desanimó, pero no se rindió.

Ya se había creado una coraza tras aguantar gran cantidad de "burlas y oposición violenta", como él dice. Jack sabía que vender una gran idea significaba navegar por aguas turbulentas. Para ser alguien que se deja guiar por los datos, "quieres que las personas cambien las decisiones que están tomando hoy", explicó Jack años después, durante un discurso inaugural en la conferencia Machine Learning Week. "Tienes que entender de verdad la gestión de los cambios".

Jack sabía que la gente responde más a experiencias tangibles que a abstracciones. Si pueden observar una innovación en acción con sus propios ojos, es más probable que sientan su poder.

Así que se llevó a Chuck a dar un paseo. Literalmente. Al día siguiente, realizaron una ruta de entrega parada por parada guiada por el prototipo de Jack. Era la primera vez que un ejecutivo se echaba a la carretera para experimentar ORION (que significa *On-Road Integrated Optimization and Navigation*, optimización y navegación integradas en carretera).

Cuando llevaban un rato de viaje, el sistema hizo una elección contraria al sentido común. Se saltó tres direcciones de entrega y las dejó para más tarde. Jack explicó que ese sacrificio a corto plazo mejoraba la ruta general, garantizando que las entregas que debían completarse antes de horas concretas llegarían a tiempo.

Chuck levantó la mano para decir: "Dame un minuto". Jack vio cómo se ponía en marcha la maquinaria de su cabeza y, después, se le encendía una bombilla. "Esto es algo gordo, ¿no?", dijo Chuck, asombrado.

Jack había superado el primer obstáculo organizativo importante hacia la implementación.

¿Qué tipo exacto de hechicería mental había aplicado Jack para convencer a este responsable de la toma de decisiones práctico y reacio a asumir riesgos de que aceptase una innovación disruptiva? Después de todo, solo podemos saber de forma definitiva cuál es el beneficio de mejorar operaciones importantes después de haber hecho un seguimiento de su rendimiento a lo largo del tiempo; no podemos verlo en un solo momento, ni siquiera después de haber recorrido la ruta de reparto completa de un conductor.

La experiencia visceral inspira como ningún PowerPoint puede hacerlo. Los números demuestran, pero el viaje convence. Chuck solo sintió la magnitud de los 16 millones de kilómetros después de recorrer físicamente unos cuantos. Después de conducir con destreza este factor humano, Jack llegó a un punto de inflexión en la aprobación del progreso. Qué suerte que hubiese estudiado psicología en la universidad.

## Ponte en marcha, Jack

A partir de ese momento, Jack todavía necesitó años de perseverancia incansable para conseguir la implementación completa. Había más ejecutivos a los que convencer. Y había largas implementaciones de prueba en diferentes centros de mensajería por todo el país, lo que poco a poco fue demostrando el valor más allá de cualquier duda. A medida que las pruebas se convertían en implementaciones permanentes, Jack desarrolló un proceso riguroso para garantizar que cada centro de mensajería adoptase el nuevo sistema con efectividad. Al final, gestionar la implementación nacional completa requirió un equipo de más de 700 personas.

Finalmente, Jack entregó esta contribución a UPS como su canto de cisne. Se jubiló en la empresa en 2019 y su legado aún sigue generando beneficios asombrosos hoy en día. El uso del ML para predecir las entregas en un componente central del sistema de optimización general, uno que, según sus mejores cálculos, contribuye en un 10 por ciento al ahorro total conseguido:

---

**Sistemas de UPS:** ORION y Package Flow Technology (que trabajan juntos)

**Ahorro anual debido específicamente a la predicción de entregas (estimado):**

29 millones de kilómetros

+35 millones de dólares

**Ahorro anual conseguido con los sistemas combinados:**

297 millones de kilómetros

+350 millones de dólares

30 millones de litros de combustible

185.000 toneladas métricas de emisiones

---

Es justo decir que Jack ha llegado a lo más alto. Su trabajo ha recibido más de una docena de premios en la industria y ha aparecido en varias televisiones y revistas de perfil alto.

Unos meses después de jubilarse, Jack habló con un repartidor de UPS que llevaba un paquete a su casa. Para bien o para mal, Jack había cambiado cada momento la jornada laboral de aquel hombre. Al fin y al cabo, son los repartidores en general a los que más afectan estos beneficios. Su tiempo y su kilometraje se utilizan de manera más eficiente, lo que significa que acaban haciendo más entregas por hora todo el día. Algunos han presentado quejas, incluidos repartidores más veteranos, que pueden ser los más reticentes al cambio.

"¿Trabajó usted en ORION?", preguntó el repartidor. Ese hombre no tenía ni idea de con quién estaba hablando. Era un poco como preguntar a Thomas Edison si había tenido algo que ver con la bombilla. Jack se identificó y se preparó para la reacción.

"¡Me encanta ORION!", exclamó el repartidor. "Soy nuevo, solo llevo un año en UPS. Piensa por mí. No tengo que preocuparme por cumplir los plazos de entrega. Me quita el estrés".

Estos días, Jack reflexiona sobre la importancia de su contribución. "Estoy orgulloso de verdad de que, en vez de ser una empresa de camiones con tecnología", dice, "ahora somos una empresa de tecnología con camiones".

## ML bien hecho y mal hecho

La historia de Jack es excepcional. Más allá de capturar valor para UPS, fue pionero de un nuevo paradigma de negocio, estableciendo prácticas recomendables para la aprobación y ejecución de la renovación operativa masiva que supone la implementación del ML. El trabajo de Jack define un esquema para un liderazgo efectivo.

Esto es lo que Jack hizo bien:

- **Obsesión por el valor:** Jack proclamaba los beneficios concretos de la implementación del ML, en vez de la ostentación de la tecnología en sí.
- **Concentración en el lanzamiento:** Siguió sin descanso una ruta estratégica hacia la implementación en vez de asumir que el valor de implementar el sistema sería evidente y otros los adoptarían.
- **Responsabilidad de principio a fin:** Asumió la responsabilidad del proceso completo en todo su alcance, desde el desarrollo a la evangelización, las pruebas y el lanzamiento.

Han pasado años, pero hacer estas cosas bien sigue sin ser la norma. En vez de eso, muchas empresas tienen problemas y no reconocen la práctica empresarial de principio a fin necesaria para implementar el ML sobre el terreno.

## Historia de dos tecnologías

> "Era el mejor de los tiempos, era el peor de los tiempos; la edad de la sabiduría y también de la locura".
>
> —Charles Dickens

Por una parte, el ML es "la tecnología con fines generales más importante de nuestra era", como dice sagazmente la revista *Harvard Business Review*. Por otra parte, es la que peor se entiende y se gestiona. Fallo tras fallo, muchos proyectos de ML fracasan en su misión de implementación y sus proyectos están destinados a acumular polvo.

Sacar el máximo partido a esta tecnología es crucial, pero es muy difícil de lanzar. Muchos proyectos de ML nunca progresan más allá de la fase de creación de modelos y cálculos. Las encuestas en la industria muestran repetidamente que la mayoría de las nuevas iniciativas de ML no llegan a la implementación, donde deberían realizarse.

El bombo publicitario contribuye a este problema. El ML se mitifica, se malinterpreta como "inteligente" cuando no lo es. También se mide de forma equívoca como "muy preciso", incluso cuando esa noción es irrelevante y engañosa. Por ahora, estas adulaciones eclipsan en gran medida las palabras de consternación, pero esas palabras están destinadas a subir de volumen.

Fíjate en los vehículos autónomos. En el cuento con moraleja más visible a nivel público acerca del bombo del ML, las promesas entusiastas en exceso han llevado a pisar el freno y ralentizar el progreso. Como dice *The Guardian*, "la revolución de los vehículos sin conductor se ha estancado". Es una pena, porque el concepto promete grandeza. Algún día, demostrará ser una aplicación revolucionaria del ML que reduce enormemente las víctimas por accidentes de tráfico. Eso requerirá una larga "transformación que va a producirse en 30 años y posiblemente más", según Chris Urmson, antiguo director de tecnología del equipo de vehículos autónomos de Google y actual director ejecutivo de Aurora, que adquirió la unidad de vehículos autónomos de Uber. Pero, a mediados de la década de 2010, la inversión y el bombo publicitario fanático, incluyendo los tuits grandiosos del director ejecutivo de Tesla, Elon Musk, desataron una fiebre prematura. La llegada de las ayudas a la conducción realmente impresionantes se vendía como "conducción totalmente autónoma" y se publicitaba como si estuviese a punto de generalizarse la conducción completamente autónoma, es decir, una conducción autónoma que te permite echarte la siesta en el asiento de atrás. Crecieron las expectativas, seguidas de... una ausencia llamativa de vehículos autónomos. Cundió el desencanto y, para principios de la década de 2020, la inversión se había reducido de forma considerable. Los vehículos autónomos están condenados a ser la mochila propulsora de esta década.

¿Qué salió mal? Decir que fue una falta de planificación es quedarse corto. No fue tanto un problema de vender en exceso el ML en sí, es decir, de exagerar el modo en que los modelos predictivos pueden, por ejemplo, identificar peatones y señales de stop, sino que el problema mayor fue la subestimación drástica de la complejidad de la implementación. Solo un plan exhaustivo y deliberado podría gestionar la ristra inevitable de obstáculos que surgen cuando se lanzan despacio vehículos así al mundo. ¡Al fin y al cabo, estamos hablando de modelos de ML que controlan de manera autónoma objetos grandes y pesados por nuestras ciudades abarrotadas! Un periodista tecnológico las describió con agudeza como "balas autónomas". A la hora de operacionalizar el ML, la conducción autónoma es el ejemplo perfecto de poner la teoría a prueba con la práctica. Más que cualquier otra iniciativa de ML, exige un plan de implementación gradual e inteligente que no prometa plazos poco realistas.

## ¿Cómo hacerlo bien?

Es la misma historia de decepción con muchos proyectos de ML, incluso aunque no suelas enfrentarte a desafíos de implementación tan grandes como la instalación de modelos en vehículos autónomos. Asimismo, tampoco te enfrentas habitualmente a la complejidad de optimizar operaciones de UPS. La mayoría de los proyectos de ML lo tienen mucho más fácil. Y, aun así, aprobar y gestionar la integración de modelos sigue resultando mucho más difícil de lo esperado.

En este libro, presento una guía estratégica y táctica para lanzar el ML, una disciplina empresarial en seis pasos para llevar a cabo un proyecto de ML para implementarlo con éxito. Llamo a esta práctica bizML. Supera el fracaso habitual del lanzamiento del ML, venciendo los obstáculos para la implementación mediante la planificación detallada desde el principio, antes incluso de empezar a trabajar con los datos.

Por el camino, también hablo del conocimiento contextual semitécnico que necesita cualquiera que participe en un proyecto de ML, de una manera clara y accesible que todo el mundo puede entender. Cuando todos están en sintonía, un equipo multidisciplinar puede colaborar en profundidad a lo largo de todo el proyecto de principio a fin.

El siguiente capítulo, el capítulo 0, ofrece una visión general del paradigma bizML y comienza con una historia con moraleja de mi propia práctica como consultor. Después, los capítulos del 1 al 6 cubren esta disciplina de seis pasos. Por último, la conclusión abarca algunos ingredientes finales necesarios para planificar un proyecto de ML, incluyendo la dotación de personal, los plazos, el mantenimiento regular y las consideraciones éticas del proyecto.

# CAPÍTULO 0

# BizML

## Seis pasos para la implementación del *machine learning*

*¿Por qué empezar con un "capítulo 0"? Este capítulo presenta bizML, la guía de seis pasos cubierta por los capítulos del 1 al 6. BizML traza un mapa de la práctica estratégica necesaria para lograr el lanzamiento del machine learning, es decir, no solo realizar cálculos con los números, sino también implementar los resultados a nivel operativo. Para entender por qué es necesario este enfoque, este capítulo aborda varias cuestiones urgentes: ¿por qué fracasa la implementación de la mayoría de los proyectos de ML?, ¿por qué es tan importante planificar los proyectos de ML hacia atrás?, ¿por qué deben los jefes de los negocios poseer conocimientos semitécnicos incluso aunque no sean científicos de datos? Y, para empezar, ¿quién debería liderar el proyecto?*

Es una crisis. El invento más grande y reciente de la humanidad está estancándose nada más empezar. Los proyectos de *machine learning* fracasan de forma rutinaria. No pueden mantenerse. El mundo necesita el ML, que lucha contra algunos de nuestros riesgos más relevantes, incluyendo los incendios, el cambio climático, las pandemias y el abuso infantil. Impulsa las ventas, reduce los costes, evita el fraude, optimiza la fabricación y fortalece la asistencia sanitaria.

Pero la mayoría de las iniciativas de ML mueren pronto: se estancan antes de la implementación. Estos fallos nos cuestan mucho. ¿De quién es la culpa? De los científicos de datos como yo.

Mi comportamiento lamentable comenzó hace años. Estaba visitando las modernas oficinas de San Francisco de gay.com, que ahora no existe, pero en su momento fue el sitio de citas para gays más popular de Estados Unidos. Era el primer contacto con un cliente importante que había conseguido como consultor independiente recién llegado.

"Perdón por hacerle esperar", me dijo la vicepresidenta, saliendo deprisa de una sala de juntas. Me sonrió con culpabilidad, pero la expresión de su cara no hablaba de tiempo; hablaba de dinero. "Tenemos millones de dólares improductivos en una cuenta corriente... ¡uy! Bueno, tenemos que decidir dónde invertirlo, o lo que sea".

Como estaban forrados, firmó la renovación de mi contrato con una tarifa tres veces superior a lo que yo esperaba recibir como consultor nuevo. "Este es el último", me advirtió, como si le estuviese dando chupachups a un niño de diez años.

Podría haber saltado de alegría. Los niños necesitan jugar, los cirujanos necesitan cortar y los científicos de datos necesitan hacer modelos. Me había enamorado locamente del ML una década antes, pero hasta entonces solo había perseguido mi pasión a través de la enseñanza y la investigación académica. Ahora tenía una empresa de verdad pagándome dinero de verdad para demostrar el valor del ML en el mundo real.

## El potencial de la predicción

Como la mayoría de los entusiastas de la tecnología, estaba de acuerdo con algo que Jack Levis había dicho una vez: "El negocio guía a la tecnología; la tecnología no guía al negocio". Pero, para un científico de datos emocionado, también puede funcionar a la inversa. Mi proyecto perseguía un objetivo empresarial que merecía la pena, pero también me servía a mí. Me permitía ejercitar mis músculos para la creación de modelos en nombre de esa persecución.

El objetivo empresarial de gay.com era uno de los más rudimentarios que hay: retener más clientes. Al fin y al cabo, un cliente conservado es un cliente ganado. Es una conocida regla de oro del marketing que retener a un cliente existente es mucho más rentable que adquirir uno nuevo "por la calle".

La predicción hace posible la retención de los clientes. Si gay.com se dirigiese a clientes con más probabilidades de darse de baja con un contacto de marketing y eso consiguiese retener solo a un 5 por ciento de los clientes que de otro modo cancelaría su suscripción de pago, la empresa ganaría al año aproximadamente 862.000 dólares en valor de vida de cliente, con los ingresos adicionales que vendrían de esos clientes retenidos.

¿Por qué un potencial tan grande? Este sitio de citas era para rollos breves. En otros sitios llenos de personas que buscaban relaciones, los usuarios eran propensos a quedarse (hasta encontrar pareja y cancelar la suscripción, después de lo cual no había muchas probabilidades de volver a captarlos). Con gay.com, hasta el 80 por ciento de los miembros de pago estaban cancelando antes de su siguiente renovación automática. Yo veía ese comportamiento en los números, pero al principio no tenía ni idea de por qué. Cuando manejaba datos entre bastidores, estaba alejado del aspecto y las sensaciones del sitio web. Sabía que estaba orientado a usuarios masculinos, pero solo echaba un vistazo al *front end* de vez en cuando. Estaba plagado de tíos guapísimos. En un momento dado, alguien me lo dijo claramente: "Aquí es donde vienen los chicos a buscar rollos casuales".

Así, el negocio estaba en auge. Lo que le faltaba a gay.com en longevidad de los clientes lo compensaba con popularidad y una entrada constante de nuevos suscriptores. Esto suponía una base saludable de 145.000 suscriptores que pagaban por una suscripción *premium*, además de una cantidad mucho mayor gratuitas.

Esta elevada tasa de rotación presentaba tanto una oportunidad como un desafío. Dado el torrente de clientes que entraban y salían, lo único que teníamos que hacer era retener a una pequeña porción. Meter un cubo pequeño en ese río tan grande sería una gran victoria. Pero cambiar la opinión de un cliente que de lo contrario se marcharía es caro, y suele conseguirse ofreciéndole un tentador descuento. Una empresa no puede permitirse ofrecer descuentos a toda su base de clientes.

La predicción es el único recurso. Una empresa centra su alcance, ofreciendo un descuento de permanencia solo a los clientes con más probabilidades de cancelar. Este uso común del ML, llamado modelo de *churn* o modelo de abandono, resulta rentable para muchas organizaciones. Es popular, por ejemplo, entre los operadores de telefonía. Telenor, el séptimo más grande del mundo, con más de 150 millones de suscriptores, implementó modelos de *churn* para multiplicar por once el rendimiento de sus esfuerzos de retención.

Así pues, lo único que tenía que hacer era desarrollar el modelo predictivo y explicar su potencial a gay.com. Seguramente lo utilizarían para impulsar una campaña de marketing y captar ese beneficio no realizado.

## Los dos pasos técnicos principales del *machine learning*

Esos dos pasos (desarrollar un modelo y utilizarlo) son universales. Son los dos pasos técnicos principales para cualquier proyecto de ML. Primero, un método de modelado, también conocido como algoritmo de ML, toma datos como entrada y los procesa para generar un modelo predictivo.

**Datos**               ***Machine***               **Modelo**
                        ***learning***              **predictivo**

El *machine learning* genera un modelo predictivo a partir de los datos.

El modelo, que se muestra aquí como un huevo, es la cosa que se ha "aprendido" a partir de los datos. Para gay.com, generé modelos de árbol de decisión, que se componen de reglas si-entonces, como:

```
SI lo que el cliente estaba intentando hacer cuando pasaron de un nivel
    de suscripción gratuito a uno de pago era intentar chatear con otro
    usuario
    Y
El cliente se registró como miembro de pago hace menos de 238 días
    Y
Su último intento fallido de inicio de sesión se ha producido en los
    últimos 2 días
ENTONCES la probabilidad de cancelación es del 43 %.
```

Esa es la parte divertida. Cuando la máquina descubre de forma automática patrones históricos, ya sea como reglas si-entonces o como fórmulas matemáticas más sofisticadas, estás ante el tipo de tecnología más emocionante, fascinante y trascendental: software que aprende.

Una vez creado (o "aprendido"), el propósito del modelo es generar puntuaciones predictivas (probabilidades) para clientes actuales que todavía no han abandonado caso por caso. Por tanto, para el segundo paso, lo utilizamos para hacer eso, aplicando de ese modo lo que se ha aprendido.

Esto se denomina asignación de puntuaciones. Asignar puntuaciones con un modelo y, después, actuar en función de la puntuación se denomina implementación del modelo.

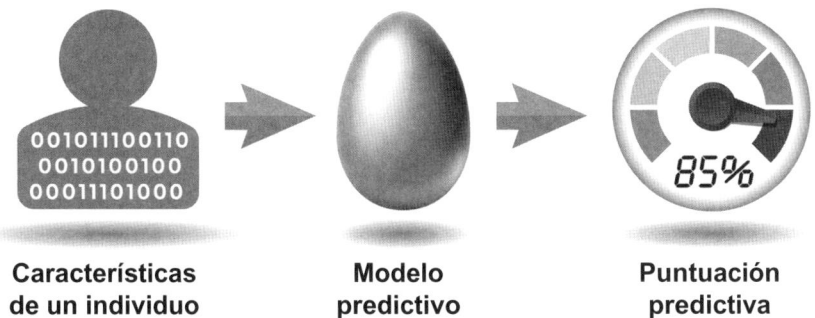

**Características           Modelo              Puntuación**
**de un individuo       predictivo            predictiva**

Asignación de puntuaciones: un modelo genera una predicción para un individuo.

Esto es el lanzamiento, el evento principal, la razón de todo. El primer paso puede haber sido la parte de la "ingeniería aeroespacial", pero, al final, debe llegar el momento de lanzar el cohete. En el despliegue de la implementación, desplegamos el modelo sobre el terreno, donde genera predicciones para guiar las operaciones, como un movimiento de marketing para retener clientes. La implementación del modelo también se conoce como operacionalización, integración o "pasar el modelo a producción".

Por ejemplo, una vez que el modelo se ha implementado, cuando la regla esbozada arriba "apunta" a un cliente y puntúa al cliente con un 43 por ciento de probabilidad de cancelación (que es relativamente alta), activa un correo electrónico que dice: "Nos encanta tenerte como cliente, aquí tienes un código de descuento".

Eso es lo que presenté a gay.com. Después de desarrollar el modelo, sabía que tenía que defender su beneficio empresarial, así que preparé una bonita presentación en PowerPoint para mostrar el potencial de mi modelo y sus ganancias estimadas; ojalá lo hubiesen utilizado.

## El fracaso del *machine learning* suele ser un fracaso humano

"El uso individual de la tecnología no siempre se traduce en saber cómo utilizar esas herramientas con efectividad dentro de una organización".

—Gerald Kane *et al.*, *The Technology Fallacy: How People Are the Real Key to Digital Transformation*

"Los estadísticos, como los artistas, tienen la mala costumbre de enamorarse de sus modelos".

—El afamado profesor de estadística George Box

Pero gay.com no implementó mi modelo, sino que lo alabaron y lo dejaron en suspenso. La vicepresidenta me aseguró que mi propuesta era interesante y que la tendrían en cuenta. Me dio las gracias por mi trabajo como consultor, que había terminado. No había más chupachups para mí, y no se consiguió ningún valor para ellos.

Enseguida pasé página. Como consultor nuevo en un campo que estaba empezando a generar entusiasmo, solo podía permitirme un momento para sentirme perplejo y decepcionado. Yo había hecho mi parte y ellos se lo perdían.

Pero hoy, después de más de dos décadas como consultor, la lección por fin ha calado. Por desgracia, esa lección sigue siendo igual de relevante y aprendida por las malas hoy en día, en parte quizá porque es paradójica:

> *La paradoja del ML: Para que esta tecnología avanzada tenga éxito, ahora necesitamos mejoras en los humanos (en la forma de entender y liderar) más que en la tecnología en sí.*

La paradoja del ML es un caso especial de lo que James Bessen denomina paradoja de la automatización. "Cuando los ordenadores empiezan a hacer el trabajo de las personas", escribió en *The Atlantic*, "a menudo aumenta la necesidad de personas".

Hace falta una visión holística, una que integre las perspectivas del lado empresarial y del tecnológico, para vender, educar sobre, socializar y liderar proyectos de ML. Si falta eso, a menudo las organizaciones fracasan a la hora de salvar la "brecha cultural" entre la parte empresarial y la tecnológica. Por otra parte, los científicos de datos, que llevan a cabo el paso del desarrollo del modelo, comprometen el valor de su trabajo al fijarse únicamente en la ciencia de datos. Por norma general, prefieren que se les deje centrarse en su área de experiencia muy técnica y no se les moleste con actividades de gerencia "mundanas". Hay una tendencia entre los científicos de datos de dar por sentada la implementación de su modelo. Su valor es evidente; ¿cómo podría no dársele un uso real? Con esa mentalidad, se saltan con entusiasmo un proceso empresarial riguroso y pasan directamente a la creación del modelo. En la mayoría de los casos, el modelo resultante no hace más que coger polvo.

Por otra parte, muchos profesionales de los negocios (sobre todo aquellos que ya son propensos a prescindir de los detalles por ser "demasiado técnicos") se han dejado seducir para ver esta tecnología asombrosa como la panacea que resuelve los problemas por sí sola. Para ellos, no hay necesidad de entrar en detalles, ya que la tecnología es intrínsecamente valiosa y los detalles pertenecen solo al ámbito de los científicos de datos. Al final, cuando se enfrentan al cambio operativo que provocaría la implementación de un modelo, es difícil de vender. Si la coges desprevenida, la parte interesada duda antes de alterar el modo mismo en que la empresa mantiene su rentabilidad.

Si nadie asume una responsabilidad proactiva, la manguera y el grifo no consiguen conectarse. La ironía es innegable: todas las partes tienden a centrarse más en la tecnología en sí que en cómo debería implementarse. Es como entusiasmarse más por el desarrollo de un cohete que por su lanzamiento.

## Muchos modelos nunca se implementan: un problema generalizado de la industria

"En las empresas donde no hay un marco de trabajo para la operacionalización de los modelos, ¡PowerPoint es donde van los modelos a morir!".

—Hulya Farinas, directora de Ciencia de datos, Fitbit

¿Cuántos modelos no logran implementarse? La mayoría de los científicos de datos dicen que, en su trabajo, es entre el 80 y el 100 por cien. En diferentes proyectos, solo entre el 0 y el 20 por ciento de los modelos se despliegan. Por suerte, el resto de los científicos de datos experimentan tasas de éxito más elevadas. Estas observaciones vienen de una encuesta realizada con KDnuggets, un influyente sitio de noticias sobre analítica popular entre los científicos de datos, como se resume en el gráfico de barras.

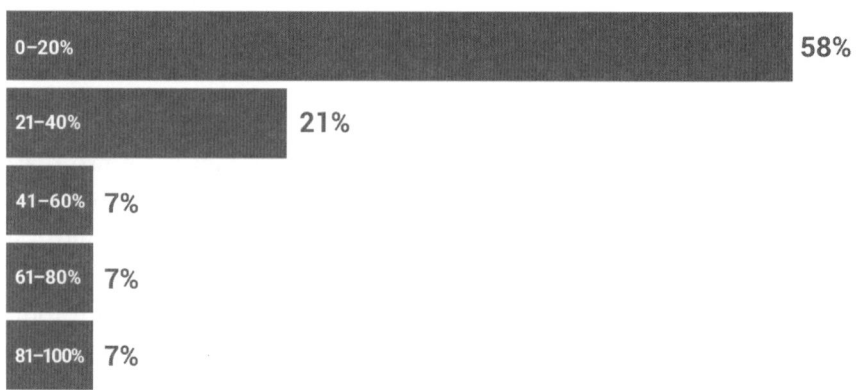

La encuesta responde a la pregunta: "¿Qué porcentaje de modelos de ML (creados por usted o sus colegas con la intención de implementarlos) se han implementado en realidad?". Total de encuestados: 114.

Otras investigaciones sobre la industria están en línea con este resultado deprimente. La encuesta sobre ciencia de datos líder en la industria, "Data Science Survey", realizada por la consultoría de ML Rexer Analytics, mostró que solo el 11 por ciento de los científicos de datos dicen que sus modelos se implementan siempre. Siguen los directores, que indican que "solo el 10 % de las empresas obtienen beneficios económicos significativos de las tecnologías de IA", según la investigación realizada por MIT Sloan Management y Boston Consulting Group. Asimismo, un analista de la empresa de investigación Gartner calculó que cerca del 85 por ciento de los proyectos con *big data* fracasan.

Aun así, el ML no es un fiasco en absoluto. Si entre el 15-25 por ciento de todos los proyectos del mundo se implementan, no es poca cosa. Los modelos predictivos tienen un impacto positivo en nuestra vida diaria, ofreciendo un contenido más relevante (por ejemplo, fortaleciendo los filtros de correo no deseado y los resultados de las búsquedas de Google), reduciendo en gran medida el fraude con tarjeta de crédito y mucho más. Las conferencias Machine Learning Week que organizo desde 2009 se basan en montones de casos prácticos positivos de las empresas de la lista Fortune 500 y más.

De hecho, para muchos proyectos de ML, el éxito es relativamente probable. Por ejemplo, en los gigantes tecnológicos, el personal experimentado y el poder de la abundancia de recursos suelen hacer que los astros se alineen para lograr la implementación. Lo mismo ocurre si estás desarrollando un modelo recién actualizado en un banco que ya lleva años implementando modelos para determinar riesgos de crédito.

Además, los innovadores excepcionales como Jack Levis en UPS tienen éxito al dirigir proyectos que están orientados a la implementación de manera inusual.

Pero, si eres el pionero de una implementación que es nueva para tu organización y la suerte no ha hecho que se alineen los astros, puede que tengas mucho trabajo por delante. El informe AI Index de McKinsey revela que "la división entre los líderes de la IA y la mayoría de las empresas a las que aún les cuesta sacar el máximo rendimiento de la tecnología" está creciendo.

Una marea creciente de rumores y anécdotas desfavorables nos recuerda esta verdad decepcionante. Cuando publiqué los resultados de nuestra encuesta, los expertos coincidieron. Por ejemplo, el líder en analística Armin Kakas, que ha gestionado la analítica en GE Capital, Molson Coors, Best Buy y American Tire Distributors, dijo: "A lo largo de los años, he dirigido o supervisado muchas iniciativas de analítica a nivel de empresa... Siendo generoso, diría que una de cada cinco tuvo éxito y aportó algún tipo de valor a la empresa".

Los consultores se enfrentan a la misma batalla. El afamado autor de *Digital Decisioning* James Taylor (uno de los pocos consultores que conozco que lleva a cabo iniciativas de analítica desde una perspectiva empresarial en vez de la de la ciencia de datos) ha visto lo mismo una y otra vez. "En conversaciones que he mantenido con muchas empresas", dice, "cuando empiezo a preguntar por la implementación del *machine learning*, con resultados empresariales y no técnicos, con implementaciones completas y no solo pilotos, no hay muchos ejemplos buenos. Digo que mi definición de éxito de un proyecto es cuando el modelo se ha desarrollado y se ha implementado de tal manera que ha creado (observa el uso del pretérito perfecto compuesto) valor empresarial para la organización que pagó por él. Y cuando impones ese criterio, bueno, no hay muchos casos".

El poder está atascado en un PowerPoint. Somos lentos a la hora de darle un buen uso. Erik Brynjolfsson, entonces profesor del MIT Sloan, lo dijo con claridad en una charla TED: "La tecnología por sí sola no es suficiente. La tecnología no es un destino. Nosotros damos forma a nuestro destino, y del mismo modo en que las generaciones anteriores de directores necesitaron rediseñar sus fábricas, nosotros vamos a tener que reinventar nuestras organizaciones... No estamos haciendo un trabajo tan bueno como deberíamos".

El éxito generalizado del ML no se retrasa por estar a la espera de un avance tecnológico nuevo. Está en suspenso hasta que la tecnología se abra camino, hasta que consiga la aceptación organizativa y la adopción operativa. Si te embarcas en una nueva iniciativa de ML y no vas un paso más allá para asumir una práctica organizativa muy particular para llevar a cabo el proyecto, hay un gran riesgo de que tu proyecto caiga en el mismo patrón que tan a menudo ha llevado a otros al fracaso.

Antes de esbozar esa práctica, vamos a ver por qué tantos proyectos de ML tienen dificultades para implementarse.

## ¿No pueden implementar... o simplemente no lo van a hacer?

La industria del ML se ha centrado en el desarrollo de modelos potencialmente valiosos, pero no en su implementación. Un informe preparado por el *AI Journal* basado en encuestas realizadas por Sapio Research mostraba que el principal punto problemático para los equipos de datos es "generar impacto empresarial ahora a través de la IA". El 96 por ciento de los encuestados marcó esa casilla. Ese desafió derrotó a una larga lista de problemas de datos más amplios fuera del ámbito de la IA *per se*, incluyendo la seguridad de los datos, el cumplimiento de las normas y varios problemas técnicos y de infraestructura.

Pero, cuando se les presenta un modelo, los líderes empresariales se niegan a implementarlo. Dicen que no, sin más. El científico de datos decepcionado se queda preguntándose: "¿No puedes... o no lo vas a hacer?". Es una mezcla de ambas cosas, según otra pregunta planteada por mi encuesta con KDnuggets, como se resume en el gráfico de barras.

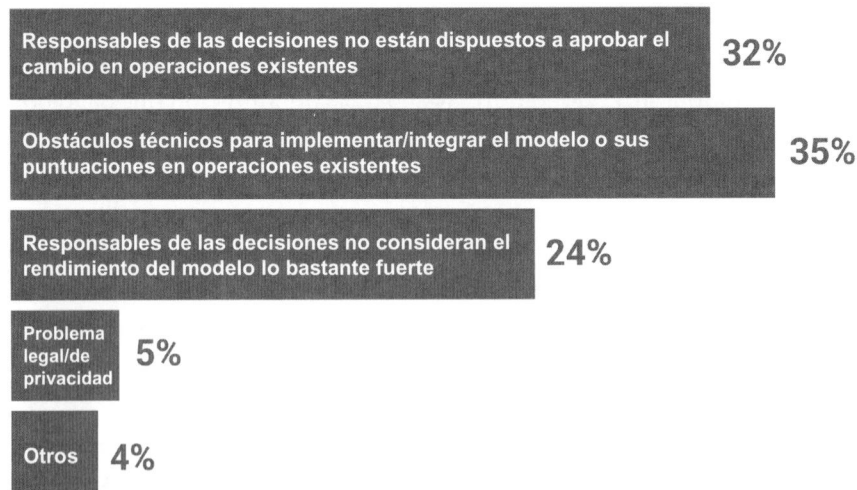

La encuesta responde a la pregunta: "¿Cuál es el principal impedimento para la implementación de un modelo?". Total de encuestados: 114.

Los obstáculos técnicos significan que no pueden. Una falta de aprobación, incluyendo que los responsables de la toma de decisiones no consideren que el rendimiento del modelo es lo bastante fuerte o que haya problemas legales o de privacidad, significa que no lo harán.

Hay otra encuesta que también cuenta esta historia de que "unos no pueden y otros no van a hacerlo". Tras la encuesta realizada por la consultoría de ML Rexer Analytics en la que se preguntaba a científicos de datos por qué los modelos pensados para la implementación no llegaban a esa fase, el fundador Karl Rexer me dijo que los encuestados escribieron dos razones principales: "La organización no cuenta con la infraestructura adecuada para la implementación" y "Las personas de la organización no entienden el valor del ML". Como era de esperar, el último grupo de científicos de datos (los que "no van a hacerlo" más que "no pueden") son los que más frustrados suenan, según Karl.

Ya sea porque no pueden o porque no van a hacerlo, la falta de una práctica empresarial consolidada es casi siempre la culpable. En la implementación abundan los desafíos técnicos, pero no estorban tanto siempre y cuando los responsables de los proyectos se anticipen y planifiquen para superarlos. Con un plan que proporcione el tiempo y los recursos necesarios para gestionar la implementación del modelo (a veces, una construcción importante), esta se realizará. Al final, no es tanto que no puedan como que no van a hacerlo.

Ahora vamos a hablar del remedio, el proceso de planificación proactivo que todo proyecto de ML necesita para que puedan y lo hagan.

## La solución: BizML

"La mayoría de los proyectos de analítica e IA fracasan porque la operacionalización se trata solo como una ocurrencia tardía".

—Gartner

Como hemos visto en la historia de UPS en la introducción, Jack Levis tuvo éxito en su empeño por implementar responsabilizándose de principio a fin, desde el inicio del proyecto hasta el lanzamiento. Era un amplio terreno que cubrir.

Se requiere lo mismo de cualquier iniciativa de ML. Para llevar a cabo el proyecto de manera que se lance con éxito, debe seguir una práctica empresarial basada en tres directrices fundamentales, la tercera de las cuales está relacionada con la responsabilidad de principio a fin:

- **Profundizar en la parte semitécnica, pero accesible, del ML:** Antes de su implicación en un proyecto de ML, todos los profesionales deben obtener cierto conocimiento contextual, familiaridad con determinados conceptos fundamentales accesibles del ML. Sorprendentemente, algunos de ellos apenas son conocidos siquiera por los científicos de datos. Los capítulos del 1 al 6 de este libro abordan estos conceptos fundamentales al tiempo que se recorre la práctica empresarial del ML.

- **Exigir una colaboración estrecha entre los profesionales empresariales y los científicos de datos:** Estas dos "especies" tan diferentes deben colaborar para ejecutar cada paso del proyecto para conseguir la implementación. Al fin y al cabo, la implementación supone un cambio radical en las operaciones existentes. No podemos asumir que los responsables de la toma de decisiones van a aceptar con facilidad. Para mantener las cosas por el buen camino y engrasar las ruedas para la operacionalización, la parte interesada del negocio debe comprometerse a colaborar en profundidad con los científicos de datos e intervenir en cada paso del proyecto, de principio a fin. Esto incluye definir objetivos de rendimiento, preparar los datos y desarrollar e implementar el modelo predictivo.

- **Planear los proyectos de ML hacia atrás:** En el primer paso de esa colaboración, antes de empezar el modelado, empieza por el objetivo final: el modo preciso en que se implementará el ML para mejorar las operaciones. Las partes interesadas deben aprobar la manera en que las probabilidades calculadas por un modelo cambiarán los procesos empresariales para mejorarlos. Esto debe quedar claro desde el principio si queremos que una iniciativa de ML tenga posibilidades de implementarse con éxito. Esta estrategia "hacia atrás" es un secreto del oficio muy simple, pero, sorprendentemente, muy poco utilizado.

Para encarnar estas tres directrices, un equipo bien informado debe seguir de manera colaborativa una práctica de principio a fin que empieza por la planificación hacia atrás para el fin. Llamo a esta práctica bizML y consta de los siguientes pasos.

## Los seis pasos de bizML

1. **Valor: Establece el objetivo del lanzamiento:** Este paso define la proposición de valor del negocio: cómo afectará el ML a las operaciones para mejorarlas mediante el paso final, la implementación del modelo.

2. **Objetivo: Establece el objetivo de la predicción:** Este paso define con exactitud qué predecirá el modelo para cada caso individual. Cada detalle de esto importa desde una perspectiva empresarial.

3. **Rendimiento: Establece las métricas de evaluación:** Este paso define qué medidas importan más y qué nivel de rendimiento debe conseguirse (cómo de bien debe predecir el modelo) para el éxito del proyecto.

4. **Combustible: Prepara los datos:** Este paso define qué aspecto deben tener los datos y les aplica esa forma.

5. **Algoritmo: Entrena el modelo:** Este paso genera un modelo predictivo a partir de los datos. El modelo es la cosa que se "aprende".

6. **Lanzamiento: Implementa el modelo:** Este paso utiliza el modelo para realizar predicciones (probabilidades), aplicando así lo que se ha aprendido a casos nuevos, y, después, actúa en función de esas predicciones para mejorar las operaciones empresariales.

Estos pasos definen una práctica empresarial que crea y recorre un camino inteligente hasta la implementación del ML. Cualquier persona que quiera participar en proyectos de ML debe familiarizarse, tanto si desempeña una función en la parte empresarial como si lo hace en la técnica. Arranca la chuleta de una página que hay al final del libro y ponla en la pared sobre tu escritorio.

Si te has fijado en el índice de contenidos de este libro, estos seis pasos te resultarán familiares. Son los seis capítulos subsiguientes del libro. Para cada paso, se dedica un capítulo completo a explorar las consideraciones, puntos de decisión y retos.

Después de culminar con el paso 6 la implementación, habrás terminado... de empezar algo nuevo. BizML es solo el comienzo de un viaje continuo, una fase nueva en la ejecución de operaciones mejoradas y en hacer que las cosas sigan funcionando. Una vez implementado, un modelo requiere mantenimiento: monitorizarlo, revisarlo y actualizarlo de manera periódica. La conclusión de este libro introduce ese esfuerzo continuado.

## Por qué la industria converge en estos seis pasos

Seguir estos seis pasos en este orden es casi una inevitabilidad lógica. Para entender por qué, vamos a empezar por el final. Los dos últimos pasos de culminación, los pasos 5 y 6, son los dos pasos principales del ML, el entrenamiento del modelo y la implementación. BizML guía al proyecto hacia su compleción. El paso justo anterior a esos dos (paso 4: preparar los datos) es un requisito conocido que siempre precede al entrenamiento del modelo. Debes proporcionar al software de ML datos con la forma adecuada para que funcione. Ese paso siempre ha sido una parte integral de los proyectos de creación de modelos, desde que las empresas aplicaron por primera vez la regresión lineal en los años sesenta.

Antes de la magia técnica, debemos hacer la magia empresarial. Aquí es donde entran los tres primeros pasos. Planifican hacia atrás el proyecto con solidez, antes de ponerse con el trabajo práctico de preparar los datos, desarrollar el modelo y utilizarlo. Establecen una fase de "preproducción" muy necesaria que implica convencer, socializar y colaborar para llegar a un acuerdo conjunto acerca de cómo se aplicará el ML y cómo se evaluará su rendimiento. Es importante señalar que estos primeros pasos van mucho más allá de estar de acuerdo sin más respecto al objetivo empresarial de un proyecto. Profesionales empresariales, preparaos para sumergiros más de lo que esperabais en la mecánica y la aritmética. Del mismo modo, científicos de datos, preparaos para ir más allá de vuestra esfera habitual de expertos en tecnología y trabajar con el personal de la parte empresarial.

He diseñado bizML para satisfacer una necesidad urgente que está sin cubrir: la industria todavía no ha establecido una práctica estandarizada que sea conocida por líderes, directores y otros profesionales empresariales que quieran aplicar ML. Hay un estándar establecido hace casi treinta años que alcanzó cierta popularidad, aunque casi por completo entre científicos de datos (en aquel entonces, mineros de datos). Diseñado en 1996, se llama CRISP-DM (CRoss Industry Standard Process for Data Mining). Este esfuerzo fundacional allanó el camino para la estandarización al proponer muchos de los conceptos básicos. Sin embargo, nunca ganó mucho impulso entre los profesionales empresariales, en parte porque hablaba sobre todo en el lenguaje de la tecnología y quizá también en parte porque al final acabó bajo el control del distribuidor de software de ML SPSS (adquirido más tarde por IBM), lo que limitaba su potencial para ser utilizado por una iniciativa que fuese neutral respecto a los distribuidores.

La introducción de bizML en este libro representa un esfuerzo renovado por establecer una guía actualizada que sea estándar para la industria para llevar a cabo proyectos de ML con éxito que es pertinente y convincente tanto para profesionales de los negocios como para profesionales de los datos.

BizML complementa a CRISP-DM, así que los dos son compatibles. CRISP-DM se aplica a una variedad mayor de proyectos (proyectos de ciencia de datos en general), mientras que bizML se centra en proyectos de ML de forma específica, así que los pasos de este libro ahondan más en temas específicos de los modelos predictivos, como el objetivo de predicción de un proyecto, las métricas de rendimiento predictivo para los modelos y la manera en que se implementan los modelos.

En un plano más contemporáneo, bizML también encaja bien con la práctica recién bautizada como gestión de productos de datos, que aboga por una orientación de "producto" en los proyectos analíticos que es muy similar a la gestión de productos de software. Esto implica desarrollar capacidades bien ajustadas a las necesidades del cliente, que, en el caso de los proyectos de ML, es la persona que consume las puntuaciones del modelo, ya sea para guiar las decisiones de su equipo o para mejorar su sistema operativo. Al planificar hacia atrás, bizML cumple eso, poniendo al cliente primero y sirviendo un producto viable: capacidades predictivas que satisfacen las necesidades del cliente.

Pero bizML es más especializado. La sabiduría de la gestión de productos de datos atañe a todo tipo de proyectos analíticos en general. Toma elementos prestados con prudencia de las mejores prácticas de la gestión de productos de software para llevar a cabo el desarrollo, el mantenimiento y la atención al cliente de un producto. Por su parte, bizML está diseñado para modelos de ML en particular, con seis pasos que abordan de manera específica lo que hace falta para implementar con éxito un modelo predictivo.

Antes de saltar al paso 1 de bizML con el siguiente capítulo, en este capítulo todavía tenemos que terminar de preparar el escenario. Voy a hablar de:

- Por qué la jerga del ML necesita un nuevo término: bizML.
- Por qué se da más bombo a la tecnología en sí que a su lanzamiento.
- Cómo debe replantearse la industria del ML.
- Por qué la alfabetización de datos es para todo el mundo, igual que la formación como conductores, no la escuela de mecánica.
- Quién debería dirigir los proyectos de ML.
- Qué debería haber hecho de manera diferente con el proyecto de gay.com.

## BizML: un requisito fundamental que no tenía nombre

Seguir los seis pasos de la práctica bizML es poco común, pero no es inaudito. Muchos proyectos de ML tienen un gran éxito, incluso aunque sean una minoría. Aunque un marco conocido y establecido ha tardado en llegar, las ideas en el corazón del marco bizML no son nuevas para muchos científicos de datos experimentados.

Y, aun así, las personas que lo necesitan más (líderes empresariales y otras partes interesadas de los negocios) son probablemente los que menos familiarizados están con él. De hecho, el mundo empresarial en general todavía tiene que darse cuenta de la necesidad de que exista una práctica empresarial especializada, para empezar. Esto es entendible, ya que la narrativa común los lleva por el mal camino. La IA se alaba de más como un remedio universal impenetrable, pero emocionante. Mientras tanto, muchos científicos de datos prefieren, con diferencia, hacer cálculos a molestarse en dilucidar. En todo el tiempo, no ha habido un libro de negocios popular ni un currículo de escuela de negocios común que enseñe una guía detallada para proyectos de ML.

Y lo que menos ha ayudado de todo es que ni siquiera tuviese un nombre. Ninguna jerga ampliamente reconocida para extender la palabra y crear una tendencia. En vez de eso, las palabras de moda del ML que han ganado popularidad atañen a determinados métodos técnicos, no a la disciplina de la parte empresarial. Por un lado, el campo de moda del MLOps (que se ocupa de la operacionalización del ML, otro término para la implementación) resuelve problemas técnicos, no organizativos. El MLOps hace referencia a una importante colección de "secretos del oficio" de la ingeniería para gestionar y mantener modelos. No debería confundirse con una práctica para gestionar a humanos. Aunque ambos están relacionados con la operacionalización de modelos, MLOps aborda la ejecución técnica de los proyectos de ML y bizML aborda la ejecución organizativa. Un proyecto que siga bizML puede emplear MLOps como un enfoque inestimable para garantizar que la empresa pueda implementar un modelo a nivel técnico, pero MLOps no se ocupa de manera holística de si los jefes lo van a implementar. Ninguna solución técnica puede, por sí sola, abordar los desafíos empresariales a los que se enfrentan los proyectos de ML. En vez de eso, una práctica empresarial efectiva como bizML debe ser el perro que mueve la cola MLOps.

AutoML es otro término popular, pero también nombra soluciones técnicas, más que organizativas. Se refiere a una colección de valor incalculable de métodos que automatizan algunas de las tareas que tradicionalmente realizaban a mano los científicos de datos, incluyendo determinados aspectos de la preparación de los datos y de la selección del mejor método de modelado (partes de los pasos 4 y 5, respectivamente).

De ahí el nombre bizML para la práctica de seis pasos para realizar un proyecto de ML que se presenta en este libro. Más que una práctica técnica, se trata de una práctica empresarial que implica pasos técnicos.

## El origen y el coste del bombo publicitario

"Predigo que veremos el tercer invierno de la IA en los próximos cinco años... Cuando obtuve mi doctorado en IA y ML en 1991, 'IA' era literalmente una palabra mala. Ninguna empresa consideraría contratar a alguien que estuviese en el campo de la IA".

—Usama Fayyad, hablando en la Machine Learning Week, junio de 2022

¡Espera un momento! Al ordenar los capítulos según los seis pasos del proyecto, he escrito un libro sobre ML que no se adentra en el ML en sí hasta casi el final del libro.

En realidad, eso es perfecto. Un proyecto pensado para lanzar ML debe preocuparse primero de cómo se implementará el modelo y, después, de los cálculos numéricos que generarán el modelo, no importa lo emocionantes e impresionantes que sean esos cálculos desde el punto de vista científico. Pero los científicos de datos sienten una fijación por los métodos principales del ML. Nacieron así. Su impulso es ponerse "manos a la obra" con el modelado lo antes posible. Incluso los científicos de datos novatos siguen esta tendencia y empiezan, de forma casi invariable, por cursos prácticos y libros que dan por hecho que el entrenamiento de los datos ya está preparado. Y la amplia mayoría de los formadores y autores los alientan a hacerlo: el primer paso es cargar datos en el software de modelado. Esto respalda la falsa narrativa que aprueba que se dejen de lado los primeros pasos de un proyecto. Como resultado, saltar directamente al núcleo del ML en sí antes de establecer un camino hacia la implementación operativa es el error más común que hace descarrilar los proyectos de ML.

Hay factores económicos directos que amplifican aún más esta atención desproporcionada sobre la tecnología central. En la industria analítica, la mejor manera de enriquecerse es vender software. Aquí es donde están los márgenes, las adquisiciones y las OPV. Pero a los comerciantes que venden herramientas de software de ML no les interesa anunciar que sus productos no realizan el cambio operativo por sí solos. Puede que sean lentos a la hora de explicar que el software de ML se ocupa solo de porciones técnica limitadas (aunque cruciales) de un proyecto de principio a fin. Estos vendedores están incentivados para mantener el foco sobre sus productos técnicos, más que sobre los procesos de la empresa.

Esta fijación exagerada va a tener un coste para nosotros. Nos guste o no, tenemos que prepararnos para los altibajos descritos en el famoso ciclo de sobreexpectación o *hype cycle* de Gartner, que ilustra la trayectoria esperada para cada nueva tecnología, desde la concepción hasta la madurez.

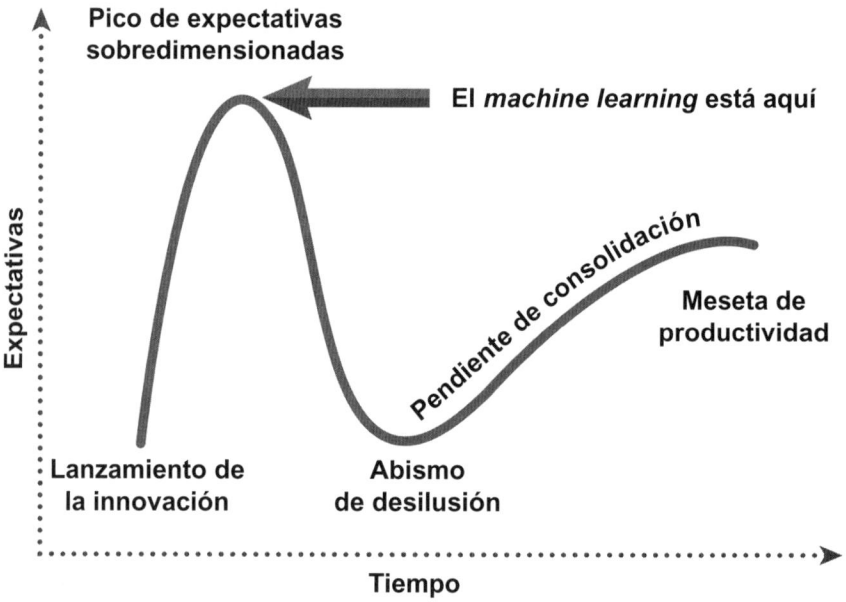

El ciclo de sobreexpectación de Gartner para la tecnología.

Al principio, las expectativas crecen a medida que una nueva tecnología gana impulso. Pero la sobreexpectación llega demasiado lejos y alcanza el "pico de expectativas sobredimensionadas". Con el ML, estamos justo en ese precipicio, listos para caer al "abismo de desilusión". Gartner sugiere que el ML ya ha empezado a deslizarse hacia el abismo, pero yo diría que aún se encuentra en el pico. El entusiasmo de la industria por el ML no parece haberse visto afectado todavía por sus pobres tasas de implementación.

La caída del ML podría ser peor que la de la mayoría. La desconexión entre la sobreexpectación y la realidad parece estar aumentando, ya que está prestándose mucha más atención a la tecnología que al valor de su implementación. Cuando los ejecutivos lo comprendan, rodarán cabezas. Si seguimos en la corriente actual, la caída en desgracia será más escarpada y la desilusión más profunda. Será crucial para un tercer invierno de la IA, una era de entusiasmo y financiación reducidos. Es probable que nuestra subsiguiente escalada por la "pendiente de consolidación" sea más gradual, y la productividad estará más lejos.

## Replantear el ML

"No nos centramos en la tecnología. A decir verdad, no tengo un solo proyecto de analítica. Tengo proyectos empresariales y puede que la analítica sea parte de eso".

—Jack Levis

Si cambiásemos el encuadre del ML, podríamos evitar una caída tan extrema. Aunque creo que todos los inviernos de la IA son inevitables, esa dolorosa caída en picado no tiene por qué llevarse por delante al ML. Si comunicamos de manera realista y concreta lo que ofrece el ML (y, a ser posible, lo llamamos "ML" en vez de "IA"), podemos diferenciarlo del bombo publicitario a menudo mal informado que define la marca IA y salvar al ML de ser víctima de su propio atractivo.

Necesitamos reorientar el foco de atención. No propongas un "proyecto de ML". En su lugar, presenta y lidera un proyecto que mejorará las operaciones y menciona solo como un apunte el ML como parte de la solución. Por lo general, los proyectos de ML se encuadran de este modo:

**La IA mejorará las operaciones.**

Además de prescindir del término "IA", que suele poner en riesgo la claridad, debemos replantear el proyecto de esta manera:

**Mejoraremos las operaciones (utilizando ML).**

A modo de ejemplo, vamos a aplicar este replanteamiento a las historias que hemos visto hasta ahora, de la manera más breve posible:

**Llevaremos a cabo un nuevo proceso de marketing para retener clientes (utilizando el ML para dirigirnos a aquellos con mayor riesgo de cancelar su suscripción).**

**Mejoraremos la eficiencia del reparto de paquetes de UPS (utilizando el ML para predecir los destinos de las entregas).**

Para ver un par de ejemplos más, vamos a plantear bien un proyecto de puntuación para la concesión de créditos y de detección del fraude:

**Mejoraremos el procesamiento de solicitud de crédito de nuestro banco (utilizando el ML para predecir qué solicitantes tienen más probabilidades de dejar de pagar el préstamo).**

**Mejoraremos nuestra detección de las transacciones fraudulentas sin aumentar la carga de trabajo de los auditores (utilizando el ML para predecir qué transacciones tienen más probabilidades de ser fraudulentas).**

Replantear los proyectos de ML de este modo pone el objetivo empresarial en primer lugar, en vez de la tecnología, y, del mismo modo, pasa la acción de la tecnología al negocio. La primera palabra de la frase es un verbo en primera persona del plural, no "la IA", los humanos, no las máquinas.

Además, este ajuste pone la gestión de los cambios de lleno en la agenda. La gestión de cambios es una disciplina consolidada diseñada para facilitar los cambios operativos, pero solo puede hacerlo si se utiliza. Muchos proyectos de ML no reconocen que se aplica la noción de la gestión de cambios, pero la implementación del modelo implica cambiar el modo en que opera el negocio y ese cambio debe gestionarse de manera proactiva como cualquier otro. Al ver el esfuerzo como un proyecto empresarial más que un proyecto tecnológico, la gente reconocerá una verdad que a menudo se pasa por alto: la implementación del ML presenta un desafío al que solo un proceso de gestión de cambios puede hacer frente.

## Los vendedores de ML ayudan, pero las empresas lideran la industria

El software de ML crea valor potencial, pero solo una iniciativa empresarial más amplia puede capturar ese valor. Un proyecto de ML no solo tiene éxito por usar el producto de software de ML, sino también por implementar un paradigma. Para el proyecto empresarial, el software de ML juega un papel crucial, pero es solo de apoyo. Con algunos tipos de tecnología, el producto por sí solo proporciona valor. Hardware para una computación más rápida, soluciones para un mayor almacenamiento y software de bases de datos optimizado ofrecen valor por sí mismos, pero el software de ML es diferente: para mejorar las operaciones empresariales, debe utilizarse solo como una parte de un proceso organizativo más amplio.

Al fin y al cabo, ningún producto de software puede resolver por sí solo el tipo de problemas monumentales que solucionan los proyectos de ML: las ineficiencias operativas. Un proyecto de ML es un trabajo de consultoría, no una instalación tecnológica. Quienes llevan a cabo el proyecto están proporcionando servicios, más que software.

En consecuencia, los vendedores no lideran la industria del ML; lo hacen los usuarios. En este sentido, la industria del ML es diferente a la de los teléfonos móviles, la de los ordenadores portátiles o incluso muchas formas de software para empresas, donde las empresas compiten por una primera posición que defina el mercado a través de los productos que ellas venden. La industria del ML es un movimiento liderado por los innovadores dentro de las empresas que utilizan ML. Es más parecida a la industria de la hostelería, donde los fabricantes de hornos son esenciales, pero los restauradores y los chefs lideran la industria.

El mito del científico de datos ciudadano que hace de todo se extiende en parte por determinados vendedores de ML. Lo hacen cuando venden la falsa narrativa de que su producto de software de ML resuelve un problema empresarial. *Au contraire*, los usuarios sin formación no pueden desarrollar sin ayuda modelos predictivos para nuevas iniciativas de ML. El software de datos requiere la experiencia de la ciencia de datos y utilizarse y, por tanto, crear valor. Y para capturar ese valor se necesita algo más que usar el producto; hace falta una práctica de empresa holística y colaborativa. Las empresas inexpertas acuden a los vendedores de ML en busca de orientación, pero estos carecen de incentivos para dilucidar el contexto completo en el que debe utilizarse su producto. A menudo, explotan esa inexperiencia y venden un producto a un cliente que no se ha dado cuenta de lo que hará falta para capturar valor con él.

Ahora, si estabas esperando quedar cautivado por una tecnología que simplemente "se enchufa" y genera valor, es hora de gestionar tus expectativas. Esa es la creencia de que es mano de santo. Desde ese punto de vista, hay malas noticias:

**Un proyecto de ML es un esfuerzo empresarial, no solo uno técnico que pueda encargarse a los científicos de datos para que lo hagan por su cuenta.**

Al fin y al cabo, un modelo va a cambiar de forma directa las operaciones empresariales, así que el proyecto requiere un proceso totalmente colaborativo guiado por las necesidades del negocio. Esto es diferente por completo a otras iniciativas que utilizan datos de forma intensiva, como implementar un almacén de datos o determinadas soluciones de informes de inteligencia empresarial, que pueden dejarse en manos del departamento de TI y revisarse más tarde para recibir los resultados.

Pero las malas noticias también son buenas noticias:

**Un proyecto de ML es un esfuerzo empresarial, así que los implicados tienen la oportunidad de guiar el proceso y garantizar que el modelo resultante es aplicable dentro del marco de trabajo operativo de la empresa y tiene el mayor impacto dentro del modelo de negocio de la empresa.**

El punto fuerte de un proyecto de ML es la implementación del modelo y la mejora operativa que se consigue al llevarla a cabo, no el uso del software que genera el modelo en primer lugar.

## El conocimiento contextual semitécnico que necesitas

Replantear el encuadre del ML ayudará a corregir la idea equivocada habitual de que los profesionales empresariales no necesitan familiarizarse con sus detalles particulares. Muchas personas meten mentalmente el ML en una caja negra que solo los científicos de datos pueden abrir. A los vendedores de analíticas les encanta esta caja, porque aquello que es misterioso parece poderoso.

Pero la mayoría de los profesionales de los datos están de acuerdo en que los interesados de la parte empresarial necesitan redoblar sus esfuerzos. Según la encuesta "State of Data Science" realizada por el vendedor de analíticas, "solo el 36 % de las personas dijeron que los responsables de la toma de decisiones en la organización entienden muy bien los datos y entienden las historias que se les explican mediante visualizaciones y modelos". Pese a eso, solo el 1,6 por ciento de los encuestados nombran la alfabetización de datos como su "principal área de inversión en datos", de acuerdo con la encuesta "NewVantage Partners 2023" realizada a ejecutivos de analíticas y datos sénior.

Así pues, como cualquier autor técnico que se precie, estoy aquí para desmitificar. Es hora de abrir la tapa y familiarizarse con algo del funcionamiento interno.

Muchos profesionales empresariales se resisten a esta sugerencia. "No necesito entender el funcionamiento interno de un motor para conducir un coche. Dejo toda esa parte técnica para los expertos. Enredar debajo del capó es responsabilidad de otra persona".

Vale, es justo. Pero veamos cómo se aplica en realidad esta analogía: estamos hablando de la autoescuela, no de la escuela de mecánica. Para conducir, necesitas un conocimiento amplio sobre cómo hacerlo, familiarizarte con conceptos fundamentales como la navegación, la aceleración, el impulso, la fricción y las colisiones. Debes aprender muy bien cómo interactúa un coche con el mundo y cómo controlarlo.

Lo mismo se aplica al ML: para conducir el negocio con él, primero debes entender por completo sus conceptos básicos, incluso aunque no estés trabajando "bajo el capó". Además de aprender acerca de los seis pasos de bizML, los profesionales empresariales deben lograr un tipo particular de alfabetización de datos poniendo más interés en determinados detalles semitécnicos, para poder opinar de forma activa sobre ellos. Incluyen:

- **Implementación:** Qué se predice exactamente y cómo cambiarán esas predicciones las operaciones para mejorarlas.
- **Rendimiento:** La aritmética concreta para medir lo bien que funciona e informar sobre ello; cómo predice de manera efectiva y el impacto empresarial final de utilizarlo.
- **Datos:** Cómo obtener y preparar este "material en bruto"; qué aspecto debe tener para que el software de ML pueda utilizarlo.
- **Modelos:** Cómo es su función (qué toman como entrada y qué generan como salida), además de qué ocurre entre medio. Como sucede con los conceptos básicos de la combustión interna, los principios detrás de estas "máquinas de predicciones" están dentro de la capacidad de comprensión de cualquier profesional, y también dentro del ámbito de todo profesional. Después de todo, están preparados para alterar de forma activa las operaciones de tu negocio.

Este libro cubre esos conceptos básicos semitécnicos y los aborda mientras recorre los seis pasos de bizML a lo largo de los seis capítulos siguientes. Si eres un profesional empresarial y hasta ahora has sentido que este tipo de detalles quedan fuera de las responsabilidades de tu trabajo, es hora de que aceptes la paradoja: después de un poco más de esfuerzo, más que nada, los científicos que no son expertos en datos como tú son justo lo que necesitan los proyectos de ML. Con este conocimiento contextual, puedes llegar a un acuerdo con los científicos de datos. Ellos son buenos creando valor; ahora depende de ti capturarlo.

## ¿Quién está al mando?

Esta mejora de las cualidades profesionales no solo te convierte en un participante valioso, sino también en el líder potencial de proyectos de ML, a veces llamado director de productos de datos. BizML y el conocimiento contextual asociado capacitan a los profesionales empresariales para tomar la iniciativa al proporcionar un entendimiento de cómo la implementación cambiará las operaciones exactamente; al fin y al cabo, uno debe conocer el cambio para gestionarlo. Del mismo modo, este aprendizaje capacita a los profesionales de los datos al ofrecer un marco de trabajo holístico para alinear su trabajo técnico con los objetivos empresariales.

El líder no tienes por qué ser tú, pero piénsatelo bien antes de autodescartarte. Si te has tomado esto en serio, estás listo para empezar. Reconoces el valor de la práctica en seis pasos y el conocimiento contextual adicional que quizá sea nuevo para ti. El antiguo proverbio se aplica aquí más que en ningún otro sitio: si quieres que algo se haga bien, tienes que hacerlo tú mismo.

Pero, si no te interesa el liderazgo, hay otra forma de que todavía puedas ser el héroe de tu historia de ML: asegúrate de que la persona que tome la iniciativa esté dispuesta a encabezar la práctica empresarial de principio a fin. Si no eres proactivo de esta manera, corres el riesgo de recurrir por defecto a estructuras de autoridad que, a menudo, han demostrado ser insuficientes. Aunque es entendible que muchos profesionales empresariales deleguen en los científicos de datos para que dirijan el cotarro, la experiencia técnica no va acompañada necesariamente de los conocimientos multifacéticos de liderazgo empresarial que necesitan los proyectos de ML para lograr la implementación.

Por su parte, los científicos de datos se someten a menudo a la autoridad del dinero. Cuando `gay.com` me pagó para modelar cancelaciones de clientes, sentí que era una validación, pero no lo era. Que los que están al mando te estén pagando no quiere decir que estén apuntándose a un cambio operativo grande. He visto a muchos de mis colegas disfrutar también de esta especie de "posición de prestigio", donde su empleador o cliente se siente reconfortado y orgulloso, sabiendo que está persiguiendo la tecnología más importante y reciente; aun así, durante todo ese tiempo, la implementación es solo un sueño lejano.

Pero con solo mejorar un poco las habilidades profesionales, tú o tus compañeros podéis convertiros en esa *rara avis* que, al superar la brecha demasiado común entre habilidades, está preparada para liderar proyectos de ML. Si eres un profesional empresarial, puede que aún necesites adquirir el conocimiento contextual semitécnico del que hemos hablado. Y, si eres un profesional de los datos, puede que también tengas algo que aprender. Según la encuesta "State of Data Science" que he mencionado antes, "las habilidades blandas o relacionadas con los negocios eran las brechas más significativas entre lo que enseñan las universidades [científicos de datos] y lo que necesitan las organizaciones".

Cuando la industria empieza a acostumbrarse a este proceso de mejora de las habilidades profesionales, no hay ningún estándar establecido acerca de quién debería asumir el papel de líder, sino que hay flexibilidad. En principio, la opción más natural sería un jefe de la parte empresarial, ya que la persona que gestiona las operaciones que mejorarán con el ML debería ser quien esté a cargo de optimizarlas. Esta persona suele tener el objetivo empresarial, como la reducción de la tasa de abandono de los clientes. Por otra parte, a menudo son los científicos de datos los que tienen la visión más clara acerca de cómo su trabajo puede generar valor. Para muchos proyectos, el protagonista ha sido un científico de datos, al ser quien ha impulsado la creación del proyecto desde el principio. Como alternativa, podría venir de tu centro de excelencia de analítica un líder experimentado, o tu director de datos podría liderar proyectos de ML, aunque, por lo general, están demasiado ocupados con responsabilidades ejecutivas; se trata de un proceso exigente y profundo, como pretende demostrar este libro.

A la hora de llevar a cabo el proyecto, lo que cuenta es lo que haces, no quién eres. Lo importante es el proceso, no la posición. Los seis pasos de bizML son universales; funcionan siempre, al margen de tu organigrama. Eso es bueno, teniendo en cuenta que la estructura interna varía muchísimo entre empresas. Sería misión imposible prescribir una estructura organizativa "de talla única" para proyectos de analítica. Para todos los miembros de un equipo en un proyecto de ML, incluido el líder, lo que cuenta son las obligaciones del trabajo.

Sea quien sea quien tome el mando, debe facilitar la colaboración estrecha entre la parte empresarial y la tecnológica. Además de gestionar las tareas técnicas, el líder debe reunir a todos los responsables de las decisiones, ejecutivos e interesados clave. El proyecto solo puede garantizar suficiente *feedback* y aceptación por el lado empresarial si conseguimos cierta masa crítica de compromiso a nivel de empresa. Dependiendo del proyecto, esto podría significar implicar al director ejecutivo y doce vicepresidentes o requerir solo al responsable empresarial adecuado para que supervise las operaciones pertinentes. En cualquier caso, el equipo principal deber romper barreras y forjar un intercambio bidireccional próspero entre negocio y tecnología.

## Aprender por las malas

"Creemos que las dos razones principales [de la no implementación] son la ausencia de un liderazgo fuerte y la falta de convicción... lo llevas a cabo sin implicar a los interesados y después, al completarlo, les dices: 'Esto es lo que muestran los datos. Utilizadlo'".

—Jeff Deal y Gerhard Pilcher, *Mining Your Own Business*

El proyecto de gay.com estaba condenado al fracaso. Todo era cosa mía: era el defensor del proyecto, el vendedor, el gestor de datos y el científico de datos, todo en uno. Me faltaba la práctica de liderazgo adecuada, así que, pese a mi ambición, entusiasmo, capacidades y esfuerzos, no pude convencer a mi cliente de que adoptase mi modelo y lanzase un nuevo proceso operativo para aprovecharlo.

Como ocurre con muchos proyectos de modelado, todo se resume a este diálogo:

**Científica de datos:** *¡He desarrollado un modelo predictivo y el rendimiento es genial!*

**Cliente:** *Eso suena interesante.*

**Científica de datos:** *Fíjate en el retorno de la inversión calculado si lo utilizas.*

**Cliente:** *¿Qué quieres decir?*

**Científica de datos:** *Solo tienes que integrar el modelo en este nuevo proceso operativo a gran escala.*

**Cliente:** (Resistiéndose ante el descaro de la empollona de los datos) *¿Quieres que haga qué?*

Esta conversación frustra a la científica de datos. Levanta los brazos y se marcha para pasar un rato a solas calculando datos. Esa falta de visión y de voluntad de aprovechar la oportunidad le resulta desconcertante.

Pero, si vendió el proyecto y le dieron luz verde, la científica de datos tiene gran parte de responsabilidad.

Ha seguido adelante, ejecutando la parte técnica de un proyecto que no puede tener éxito porque está incompleto desde un punto de vista empresarial.

Muchos científicos de datos séniores ya han llegado a sostener esta perspectiva. Van más allá de su papel técnico y ofrecen un liderazgo inestimable. Fíjate en Dean Abbott, un consultor líder en la industria y autor de *Applied Predictive Analytics*, que nos responsabiliza a nosotros, los *quants*: "Pensamos: 'Uf, no lo pillan, no entienden las estadísticas, no comprenden el *machine learning*'. Y es cierto, no lo entienden. Pero es probable que tú tampoco entiendas el negocio ni todo lo que están recibiendo, los factores de estrés que tienen. Por eso tenemos que derribar el muro, ser humildes, hacer muchas preguntas, dejar que expliquen las cosas en su lenguaje y, después, intentar traducirlo para que podamos estar de acuerdo con las mismas ideas".

Cuando presenté `gay.com`, todavía no me había unido a la minoría iluminada. Para ayudar a la empresa a retener más clientes, debería haberles vendido eso, no el ML (o la analítica predictiva, que era el término más común en aquella época). Más que el modelo de *churn* en sí, debería haber reformulado mi discurso para centrarlo en nuevo esfuerzo operativo, con una mención secundaria de la tecnología que lo iba a impulsar:

**Llevaremos a cabo un nuevo proceso de marketing para retener clientes (usando el ML para dirigirnos a aquellos con más probabilidades de cancelar).**

Puede que `gay.com` no se hubiese convencido, pero al menos no les habría vendido un proyecto técnico destinado a requerir unos esfuerzos operativos todavía sin reconocer antes de que llegara a tener valor.

## Aprender por las buenas

Incluso después de mi experiencia con gay.com, todavía no había aprendido la lección. Una sola experiencia no me bastó para ver un patrón. Además, me habían pagado bien por mi tiempo, así que no estaba demasiado motivado para evolucionar.

Pero hay dos formas de que tu segundo proyecto de ML tenga éxito. Una es experimentar una revelación que te lleve a seguir de forma intencionada una práctica empresarial perfeccionada. La otra es por pura suerte.

Cuando conseguí mi segundo encargo como consultor de ML, tuve suerte. A veces, aprendes la lección por las buenas en vez de por las malas. El siguiente capítulo arranca con esa historia.

# CAPÍTULO 1

# Valor

## Establecer el objetivo de la implementación

*En el primer paso de un proyecto de* machine learning, *establecemos la proposición de valor: qué predecirá el modelo y cómo mejorarán esas predicciones las operaciones. Este es el objetivo de la implementación, el lanzamiento pensado para producirse como último paso del proyecto. Ha comenzado la planificación hacia atrás.*

*Como ocurre con cualquier tecnología, un proyecto de ML debe empezar con un objetivo empresarial claro, como "reducir los kilómetros recorridos" o "retener más clientes". Pero no es ahí donde termina la participación de los interesados empresariales; eso es solo el principio. Las consideraciones empresariales también determinan varios aspectos semitécnicos del modo exacto en que la implementación del modelo buscará alcanzar ese objetivo. Más allá de ayudar con la ejecución del proyecto, implicar a los interesados empresariales en los detalles también ayuda a conseguir la aprobación del proyecto en primer lugar. Puesto que el modelo está pensado para hacerse con cierto grado de control, los que están al mando deben estar dispuestos a aceptar cierta pérdida de control. Para conseguir su apoyo, debes ofrecer una transparencia total explicándoles bien la manera concreta en que las predicciones guiarán las decisiones operativas. De este modo, no solo adoptarán el pensamiento probabilístico, sino también la práctica probabilística.*

## La práctica bizML

1. **Valor: Establecer el objetivo de la implementación.**
2. Objetivo: Establecer el objetivo de la predicción.
3. Rendimiento: Establecer las métricas de evaluación.
4. Combustible: Preparar los datos.
5. Algoritmo: Entrenar el modelo.
6. Lanzamiento: Implementar el modelo.

Como jefa de redacción de *ITworld*, Jodie Naze declaró que la publicidad es "la savia de Internet". Sin ella, escribió: "Internet todavía sería un juguete aislado para el uso exclusivo de la élite académica".

Cuando recibí la llamada de la empresa que se iba a convertir en mi segundo cliente, me pidieron que utilizase el *machine learning* para mejorar los anuncios dirigidos (los anuncios que les proporcionaban ingresos). Esta empresa estaba en el negocio infalible de regalar dinero: era el principal motor de búsqueda de ayudas y becas para estudiantes. Uno de cada tres estudiantes del último curso del instituto con planes de ir a la universidad se registraba para averiguar a qué tipo de ayuda económica podía optar. En este libro, voy a llamar a la empresa EduPay.

Los usuarios "pagaban" a EduPay de la misma forma en que se paga la mayoría del contenido *online*: viendo anuncios. Pero estos anuncios eran diferentes. Para empezar, la mayoría era relevante para los intereses de los estudiantes. Algunos presentaban maneras de cubrir la matrícula, como los préstamos estudiantiles y el reclutamiento militar. Otros promocionaban universidades. Además, EduPay integraba de forma visual los anuncios en la experiencia de usuario general. Algunos anuncios incluso pedían datos personales, como un número de teléfono o el curso escolar planeado a cambio de poner al usuario en contacto con el espónsor, en vez de suplicar sin más que se hiciese clic en ellos. Como resultado, muchos usuarios ni siquiera se daban cuenta de que estaban interactuando con un anuncio de pago.

Pero había margen de mejora. El sistema que tenía EduPay en ese momento no personalizaba los anuncios. Los seleccionaba en base a la popularidad global más que a la relevancia, priorizando aquellos con tasas de respuesta más altas entre los usuarios. Esa es una táctica sólida y habitual, pero no selecciona los anuncios en base a las preferencias individuales de los usuarios.

Personalizar anuncios con ML da un empujoncito a la cantidad de anuncios que los usuarios experimentan como algo informativo. En EduPay, un manantial de datos único amplificaba el potencial del ML para personalizar. Su sitio recogía perfiles ricos cuando se registraban los usuarios, incluyendo su origen, intereses y planes educativos. Esto representaba la mejor oportunidad que se podía esperar para orientar anuncios.

Pero Melissa, la directora de productos publicitarios de EduPay, no me llamó solo para mejorar la experiencia del usuario. Quería que la empresa ganase más dinero. Los anunciantes pagaban una remuneración de hasta 25 dólares por cada cliente potencial. Si la tasa de respuesta a los anuncios aumentaba, también lo harían las ganancias, incluso sin un solo usuario ni anunciante nuevo.

## La proposición de valor: definirá una aplicación de ML

Vamos a empezar por el principio, y con eso me refiero al final. Al planificar una implementación de éxito, lo primero que Melissa de EduPay hizo bien, incluso antes de llamarme, fue establecer el plan de implementación, la manera exacta en la que se lanzaría el ML. Eso significa especificar qué se prediciría y el modo en que esas predicciones tendrían efecto y mejorarían las operaciones.

El resultado empresarial deseado de EduPay era simple:

> *Resultado empresarial deseado:* Aumentar la tasa de respuesta a los anuncios (y, por tanto, los ingresos).

Pero, para el paso 1 de un proyecto de ML, debes especificar cómo llegarás a ese resultado, el medio para ese fin. Debes declarar la manera en que planeas implementar; primero, qué se va a predecir y, segundo, qué va a hacerse al respecto:

> *Aplicación:* Dirigir los anuncios
>
> 1. *Qué se predice:* ¿Cómo responderá el usuario a este anuncio?
> 2. *Qué se hace al respecto:* Mostrar el anuncio al que es más probable que responda el usuario.

Puesto que estos dos ingredientes describen el modo en que vas a aplicar el ML, especifican la aplicación del ML, es decir, el caso de uso del ML. Establecen la proposición de valor para un proyecto de ML dado. Los dos determinan, respectivamente, lo que haremos durante los dos pasos de la culminación: el paso 5, entrenar el modelo para predecir algo, y el paso 6, implementar el modelo en el campo para guiar las operaciones.

## Planificación hacia atrás: crear un camino a la implementación del ML

"Las estrategias de IA fracasarán porque la IA es un medio, no un fin. '¿Tienes una estrategia de IA?' tiene tanto sentido como preguntar: '¿Tienes una estrategia de Excel?'".

—Mihnea Moldoveanu,
profesor de Gestión, Universidad de Toronto

"Ser 'IA primero' significa utilizarla lo último".

—Will Grannis, fundador y líder,
director de tecnología de Google Cloud

"Céntrate en las decisiones y trabaja hacia atrás".

—Jack Levis

El proyecto de EduPay tenía posibilidades de lanzarse con éxito, porque teníamos una definición precisa, desde el principio, del modo en que los modelos de ML mejorarían de forma activa las operaciones. Toda iniciativa de ML debe establecer esto de antemano, en el inicio. Muchos no lo hacen y, por tanto, fracasan, punto.

Al establecer el objetivo final, tienes un destino que mantiene el proyecto avanzando en la dirección adecuada. En vez de utilizar la tecnología avanzada porque sí, estás persiguiendo un objetivo operativo.

Toda la planificación es planificación hacia atrás. Empiezas con un objetivo y averiguas cómo vas a llegar a él. Supongamos que estás escribiendo el guion de una película. Según el guionista de Hollywood Steven Pressfield: "Empieza por el final. Comienza por el clímax y, después, trabaja hacia atrás, hasta el principio. *Carrie. El gran Gatsby. Thelma y Louise.* El final dicta el principio. Soy un gran fan de este método de atrás adelante. Sirve para todo; novelas, obras de teatro, discursos comerciales nuevos, álbumes de música, coreografías. Primero, averigua dónde quieres acabar. A continuación, trabaja hacia atrás para preparar todo lo que necesitas para llegar hasta ahí".

Hay un consenso creciente acerca de que hemos estado retrasando el ML por no planificarlo al revés. El problema debería venir primero, no la tecnología. La gente está rechazando la noción invertida de la empresa

"IA primero", un término acuñado por el director ejecutivo de Alphabet, Sundar Pichai, y consagrado como título de libro por el afamado inversor de riesgo Ash Fontana.

Aunque está claro que priorizar el ML tiene mérito (como demuestra la propia Alphabet, ya que Google impulsa la búsqueda en Internet con ML), "IA primero" como movimiento tiende a sugerir que adoptemos primero la tecnología y, después, determinemos su uso específico. De este modo, se trata la IA como una solución milagrosa que apoya las funciones de la empresa.

Es un pensamiento de tipo "tecnología primero" o "solución primero" (aquí, "solución" se refiere a la tecnología en sí, no al uso efectivo de una tecnología). Quienes se oponen a ese pensamiento sugieren que "te encanta el problema, no la solución", como afirma Ash Maurya en su libro *Scaling Lean*.

"La IA no puede venir 'primero'", escribió el ejecutivo y líder de pensamiento del ML Richard Heimann en una reseña de *The AI-First Company* para la publicación que edito, *Machine Learning Times*. "Si ser IA primero significa literalmente la solución primero, nos falta la información específica del problema necesaria para saber algo sobre la solución adecuada y las proposiciones de valor. También nos faltará la dirección relevante para el cliente o el mercado y no lograremos alinear la estrategia con el negocio".

*MIT Technology Review* preguntó al líder de la industria del ML Andrew Ng cómo responde cuando la gente le pregunta: "¿Cómo creo una empresa IA primero?". Ng no mordió el anzuelo. "Por lo general, digo: 'No hagas eso'". Y continuó: "Si voy a un equipo y digo: 'Venga, por favor, sed IA primero', eso tiende a hacer que el equipo se centre en la tecnología, lo cual puede ser genial para un laboratorio de investigación. Pero, en lo que respecta a cómo ejecuto el negocio, tiendo a guiarme por el cliente o por la misión, y casi nunca por la tecnología".

No solo son los líderes de pensamiento. Los científicos de datos en las trincheras también advierten a otros acerca de esta lección aprendida por las malas. Cuando el ingeniero sénior de ML de Bolt Francesco Pochetti dio su opinión *online*, sus tres o cuatro "me gusta" habituales por publicación saltaron a más de 1.700, además de repostearse varias veces. Esto es lo que tuiteó:

**Francesco Pochetti**
@Fra_Pochetti

All ML projects which turned into a disaster in my
career have a single common point:

 I didn't understand the business context first, got
over-excited about the tech, and jumped into coding
too early.

10:08 AM - Mar 12, 2022

Read the full conversation
♡ 1.7k    287 Retweets

Y, aun así, si evitas con prudencia la "IA primero" y empiezas por
establecer el caso de uso empresarial, no has hecho más que empezar.
Hay una buena razón para que estés leyendo un libro completo y no
una pegatina en la luna trasera de un coche: el cambio útil de tono
de la industria por sí solo no es suficiente. El paso de este capítulo del
establecimiento del objetivo de la implementación es necesario, pero
no suficiente. Es solo el primero de los seis pasos de bizML. El resto de
los pasos también son necesarios para lograr el cambio operativo real.

De hecho, este capítulo solo no va a prepararte por completo ni
siquiera para el paso 1; solo el libro entero puede hacerlo. Puesto
que este primer paso del proyecto consiste en planificar con rigor el
paso final, la implementación, no puedes completar el primer paso
hasta que estés familiarizado con los conceptos de la implementación
tratados en el capítulo de la culminación. El capítulo que estás leyendo
ahora introduce la necesidad de la planificación hacia atrás, esboza
el paso 1 y evalúa tus opciones para la aplicación empresarial, pero el
capítulo 6 es donde encontrarás los detalles lógicos y mecánicos de la
implementación de modelos que debe establecerse de antemano. Como
verás, las particularidades prominentes no son arcanas ni muy meticulosas
a nivel técnico, pero ese capítulo determinará lo detallado que debe
ser este primer paso del plan de implementación (más detallado que
"Mostrar el anuncio al que sea más probable que responda el usuario").
Escribí este libro para que se leyese del principio al final, pero puede
consultarse a la inversa.

## Por qué la implementación requiere un salto mental

Los cambios de paradigma no llegan con facilidad. Implementar ML es ejecutar una cantidad ingente de decisiones de forma probabilística, aplicar probabilidades de modo sistemático a un nivel de granularidad mucho más bajo que el concebido tradicionalmente. Si eres científico de datos, deja que destroce tu mundo: el pensamiento probabilístico es una noción de moda, sí, pero la acción probabilística (actuar de manera metódica según las probabilidades) apenas aparece en el radar para la mayoría de las personas.

En los libros y medios más populares, la probabilidad solo sirve para respaldar decisiones singulares, más que millones de decisiones operativas cotidianas. El famoso libro de Nate Silver *La señal y el ruido* nos dice que debemos "pensar de manera probabilística". Se centra en eventos singulares, como ataques terroristas, recesiones económicas, pandemias y elecciones políticas. Y el *best seller* de Peter Bernstein *Contra los dioses* presenta una crónica del desarrollo histórico de los métodos probabilísticos. Ninguno de los dos libros insinúa siquiera la posibilidad de aplicar la probabilidad para cambiar el modo mismo en que gestionamos nuestras operaciones a gran escala. Una cosa es pensar de manera probabilística y otra actuar de manera probabilística cientos de miles de veces al día.

La primera implementación necesita un salto mental. Integrar incluso la aplicación más trillada requiere una mentalidad revolucionaria, si es la primera vez para tu organización, que hoy en día es el caso de la mayoría de las aplicaciones en la mayoría de las organizaciones, ya que la implementación comercial del ML todavía es relativamente nueva. Por ejemplo, imagina una empresa que esté planteándose implementar el ML para la detección del fraude por primera vez:

---

*Aplicación: Detección del fraude*

*Resultado empresarial deseado: Descubrir más transacciones fraudulentas.*

1. *Qué se predice: ¿Resultará la transacción no autorizada?*
2. *Qué se hace al respecto: Auditar de forma manual la transacción.*

---

Antes de implementar ML, un equipo de auditores humanos se esfuerza al máximo por revisar las transacciones para encontrar aquellas creadas por delincuentes. Son simples mortales que solo pueden examinar una fracción pequeña, así que es inevitable que empleen heurística *ad hoc* para focalizar su búsqueda interminable. Dirigir las actividades de auditoría con un modelo añadiría cierta ciencia a este método *ad hoc*. Formalizaría y mejoraría la elección de las transacciones a las que deben dedicar tiempo los auditores.

Para implementar el modelo, la dirección debe aceptar una pérdida de control. El modelo toma las riendas y determina un montón de transacciones que nunca se auditarán: el modelo las ha puntuado como improbables. Cualquier fraude que haya ahí se quedará sin detectar. Y, aun así, si la dirección renuncia al modelo y sucumbe a la tentación de comprobar esos casos no marcados, solo están comprometiendo el beneficio de la implementación del modelo. El objetivo del modelo es señalar los casos que merece la pena auditar.

La clave para conseguir que los responsables de las decisiones no solo autoricen este salto, sino que colaboren en él, es ponerlos al día con el plan del proyecto completo. La confianza y la comodidad crecerán a medida que se familiaricen con el objetivo de la implementación y los pasos para llegar hasta ahí. Eso significa informarlos en detalle, incluyendo dejar claro qué resultado predecirá el modelo, la métrica de rendimiento para evaluar ese modelo, la fuente de los datos, los recursos de ciencia de datos que se necesitarán para producir un modelo y el plan de ingeniería para su implementación.

¿Cuál es el medio para transmitir esa información y la especificación del proyecto completo? Llevar a cabo los cinco pasos restantes de bizML que vienen después de este (de manera colaborativa con las partes interesadas). Al hacerlo, conseguiremos que entiendan los aspectos particulares del proyecto, opinen sobre ellos y los aprueben. Pero, antes de seguir con el resto de los pasos, vamos a acabar este primero. Es hora de elegir nuestro objetivo de implementación del ML guiado por el valor.

## Decisiones, decisiones: elegir tu primer proyecto de ML

"La analítica es la parte fácil. La hemos clavado. La primera parte de un proyecto de *machine learning*, y la más complicada, es definir por completo el problema empresarial. Si dedicas un tiempo de antemano a hacer bien eso, entonces, al final del proceso, irás en la dirección adecuada, haciendo que sea mucho más rápido y menos costoso que tener que cambiar de trayectoria hacia las partes posteriores más caras del proyecto".

—Gerhard Pilcher,
presidente y director ejecutivo, Elder Research

Céntrate en la aplicación del ML que ofrezca el mayor potencial de impacto. Elige la opción más fácil: la aplicación que mejore el proceso operativo a gran escala con más margen de mejora.

Aun así, empieza con algo pequeño. Incluso aunque la ganancia potencial sea grande, el ámbito del proyecto es pequeño en una cuestión clave: solo solucionas los problemas de uno en uno. Cada proyecto debe centrarse en una sola oportunidad de alcance modesto con la precisión de un láser. Eso significa decidirse por una aplicación del ML, una única proposición de valor definida por lo que se predice y lo que se hace al respecto. Esto aumenta la probabilidad de que la primera iniciativa de ML de tu organización tenga éxito. Esa victoria temprana sentará un precedente valioso para futuros proyectos de ML.

Elegir qué proceso mejorar con el ML es una decisión empresarial muy específica de cada negocio. No hay una respuesta única que valga para todos. Depende de tu sector, tu modelo de negocio, la naturaleza de tus operaciones y cuánto pueden soportar para mejorar. Tu modelo, método y cultura operativos actuales deben guiar la elección.

En primer lugar, pasa tiempo con interesados operativos para entender sus puntos problemáticos y sus limitaciones. Como grupo, las partes interesadas son tu cliente para el proyecto. Ese es el consumidor al que vas a servir.

Explora. ¿Cuál es la operación de volumen alto más madura, el proceso que se lleva a cabo repetidamente muchas veces en tu organización que podría soportar beneficiarse primero? ¿Hay una decisión operativa frecuente que ya esté total o parcialmente automatizada, pero no optimizada todavía? Las opciones parecen ilimitadas.

Los modelos predictivos determinan qué declaraciones de impuestos auditar, con qué clientes contactar para las campañas de marketing, a qué deudores aprobar para el aumento de los límites de crédito, a qué pacientes examinar clínicamente, a qué empleados convencer de que no dimitan, a qué personas de interés investigar y qué equipamiento inspeccionar para buscar fallos inminentes.

Mientras investigas oportunidades y sopesas tus opciones, vamos a familiarizarnos con el terreno repasando algunas de las aplicaciones más comunes del ML.

## La elección depende, en parte, del sector

"Los tipos de casos de uso con el mayor valor potencial varían según el sector. [...] En las industrias de cara a los consumidores, como la venta al por menor, por ejemplo, marketing y ventas es el área con más valor. En industrias como la fabricación avanzada, en las que el rendimiento operativo impulsa el rendimiento corporativo, el mayor potencial está en la cadena de suministro, la logística y la manufacturación".

—*Notes from the AI Frontier* de McKinsey

Algunos de los casos de uso más típicos del ML se aplican a sectores verticales de la industria, como los del marketing y la publicidad. Otros son específicos de la industria. Veamos algunos ejemplos:

| **Aplicación** y resultado empresarial deseado | **Qué se predice** (salida del modelo) | **Qué se hace al respecto** (implementación) |
|---|---|---|
| Modelo de respuestas para incrementar la tasa de respuesta del marketing. | ¿Comprará el cliente si contactamos con él? | Enviar un folleto a aquellos con probabilidades de comprar. |
| Dirigir anuncios para aumentar los clics. | ¿Responderá el usuario a este anuncio? | Mostrar el anuncio al que es más probable que responda el usuario. |
| Modelo de *churn* para reducir el índice de abandono de clientes. | ¿Se marchará el cliente si no contactamos con él? | Contactar con una oferta de permanencia a los que tienen más probabilidades de marcharse. |
| Puntuación de créditos para reducir impagos. | ¿Dejará de pagar el deudor su préstamo? | Denegar solicitudes de crédito arriesgadas. |
| Gestión de cadena de suministro para optimizar inventario. | ¿Cuánta demanda habrá para cada artículo? | Mantener niveles de *stock* en consecuencia. |
| Predicción de reparto para planificar entregas más eficientes. | ¿Recibirá esta dirección un paquete? | Planificar la asignación de camiones de paquetes predichos junto a los conocidos. |

En marketing, el modelado de respuestas es la aplicación más consolidada, con varias décadas de resultados demostrados. Pero, por norma general, podría decirse que los modelos de *churn* son una aplicación de marketing más atractiva, ya que a menudo es una manera más rentable de hacer crecer un negocio. Pese a eso, puede que tus circunstancias se alejen de esta tendencia. Por ejemplo, si el índice de abandono de tus clientes es muy bajo, eso limita el beneficio potencial que obtendrías con un modelo de *churn*, así que quizá te interese más un modelo de respuesta.

En los servicios financieros, la puntuación para créditos es una práctica habitual. Si tu empresa no está aplicando ya ML para evaluar el riesgo de cada deudor, esta sería una gran oportunidad para hacerlo. Las aseguradoras aplican con frecuencia el ML para establecer precios y acelerar las reclamaciones. Por otra parte, la mayoría de las empresas medianas y grandes podrían beneficiarse de orientar su marketing, incluyendo las firmas de servicios financieros. La mayor oportunidad con el ML no viene dictada solo por el sector.

En el sector público, el ML se aplica a menudo para gestionar el riesgo, dirigiendo todo tipo de medidas de seguridad e investigaciones proactivas para situaciones de riesgo, como puentes que podrían derrumbarse, edificios con más probabilidades de incendiarse, pozos con más probabilidades de explotar, casas con más probabilidades de exponer a los niños a envenenamiento por plomo, restaurantes con más probabilidades de violar la regulación sanitaria, conductores que pueden marcarse como poco observadores y prácticas laborales con más probabilidades de causar lesiones.

## Detectar una situación en vez de predecir un resultado

Para algunas aplicaciones de ML, el modelo detecta o diagnostica un problema, más que predecir el futuro, aunque, por convención, utilizamos la palabra "predecir" en cualquier caso, como cuando hablamos de "predecir qué transacción es fraudulenta", y lo seguimos llamando modelo predictivo. En la práctica, es a grandes rasgos el mismo tipo de tarea. Como ocurre con los modelos que predicen un resultado futuro, un modelo de "detección" está intentando verificar algo desconocido y se aplican los mismos métodos de modelado técnico. Veamos algunos ejemplos:

| Aplicación y resultado empresarial deseado | Qué se predice, es decir, detecta (salida del modelo) | Qué se hace al respecto (implementación) |
|---|---|---|
| Detectar el fraude para evitar más fraudes. | ¿Es la transacción fraudulenta? | Retener las transacciones de alto riesgo o enviarlas a auditores humanos. |
| Diagnóstico de salud para mejorar tratamientos. | ¿Sufre el paciente la enfermedad? | Marcar al paciente para pruebas adicionales que puedan confirmar el diagnóstico. |
| Filtrar el *spam* para que veamos menos *spam*. | ¿Es un correo *spam*? | Relegar el *spam* a una bandeja de correo aparte. |
| Reconocimiento de discurso para transcribir lo que se dice. | ¿Es X la palabra que se corresponde con el segmento de audio? | Etiquetar el segmento con la palabra predicha como más probable. |
| Detección de fallos para reducir el número de artículos rotos. | ¿Es el artículo defectuoso (por ejemplo, tal y como sale de la cadena de montaje de la fábrica)? | Inspeccionar artículos que se ha predicho que probablemente sean defectuosos. |
| Conducción autónoma para disminuir la carga de trabajo de los humanos y mejorar la seguridad. | ¿Hay una señal de stop en la imagen? | Detener el vehículo cuando se detecta una señal de stop. |

Hay muchas, muchas más formas de aplicar el ML. No tengas miedo de inventar una nueva, en fusión de la naturaleza exacta de tu negocio y sus operaciones principales. Permite a la amplia variedad de casos de uso consolidados inspirar de forma potencial uno original. Aparecen casos nuevos hasta debajo de las piedras todo el tiempo. Se ha utilizado ML para clasificar pepinos, predecir el resultado de proyectos de construcción, detectar fugas de aguas residuales y troles *online* y encontrar motos aparcadas ilegalmente en la acera.

También me gustaría animarte a considerar las aplicaciones que benefician a la sociedad. Por ejemplo, modelos que pueden identificar a las personas más vulnerables o en riesgo para intervenir. La organización sin ánimo de lucro Predict Align Prevent aplica ML para identificar a niños con riesgo de sufrir malos tratos. Los modelos de la organización mejoran la detección e intervención tempranas. Por poner otro ejemplo, la Comisión para la Igualdad de Oportunidades en el Empleo de EE. UU.

predice la discriminación, indicando qué grupos de personas en una industria específica son más susceptibles. El ML también sirve como una herramienta importante para la tecnología climática, por ejemplo, al predecir la cantidad de carbono capturado mediante proyectos de reforestación y agricultura regenerativa, predecir el suministro y la demanda de energía renovable y su almacenamiento y predecir riesgos de tiempo extremo para el mercado inmobiliario y los cultivos (la serie de conferencias que fundé incluye una filial centrada en esto, Predictive Analytics World for Climate Technology).

Al decidirte por una aplicación de ML, has establecido tu objetivo de implementación. Ahora, lo único que tienes que hacer es venderlo.

## Obtener la aprobación

Este libro termina con el principio del proyecto; la conclusión te orienta acerca de cómo vender proyectos de ML. Pero, por ahora, vamos a cerrar el paso 1 viendo cómo UPS y EduPay recibieron impulso para sus respectivos casos de uso.

Cuando Jack Levis quiso optimizar las rutas de reparto de UPS, tuvo que convencer a mucha gente. "Las llamadas que recibía eran increíbles. 'Es hora de parar esto. Ningún ordenador puede decir a un profesional cómo repartir mejor. Tienes que bajar de las nubes'". Pero Jack tenía un as en la manga: estaba vendiendo beneficios potenciales, no solo una tecnología chula. Y sabía que la clave para convencer era revelar los detalles de la implementación planeada e incluso mostrarla en acción (literalmente, ya que se llevó al ejecutivo a dar aquel trascendental paseo).

Jack también sabía reclutar mientras convencía. A medida que un proyecto de ML progresa, la persuasión y la educación evolucionan hasta convertirse en colaboración. Las partes interesadas y los responsables del lado empresarial deberían transformarse de escépticos a miembros clave del equipo. Ellos llevan a cabo las operaciones, así que deberían ayudar a conformar los cambios en esas operaciones. No puedes negociar un plan de implementación completamente detallado sin ellos. Mientras aleccionas, también reclutas.

Por el contrario, a la hora de vender un cambio operativo, EduPay estaba en desventaja: me tenían a mí en vez de a Jack Levis. Yo había salido del mundo académico enamorado de la tecnología. Incluso después de la decepción del proyecto de gay.com, aún no había aprendido la lección: primero debe venderse la implementación.

Por suerte, yo no estaba al mando. Mi labor era la de científico de datos, no la de jefe del proyecto. EduPay había acudido a mí con un plan de implementación específico ya en mente. Mi trabajo era diseñar un enfoque técnico para el modelado. No tenía que venderle a EduPay un cambio operativo. La empresa ya estaba decidida a hacerlo.

La jefa del proyecto, Melissa, iba viento en popa. Tras concebir su proyecto, su creación, ya se había asegurado el apoyo de sus superiores para implementar su visión. Había ido bien. EduPay era una empresa pequeña y Melissa tenía mucha autonomía en su responsabilidad sobre el sistema de publicidad. Además, el cambio que proponía era relativamente gradual: en vez de automatizar las decisiones sobre la selección de anuncios por primera vez, su objetivo era simplemente cambiar el modo en que estaban tomándose esas decisiones automáticas. El sistema de EduPay ya estaba seleccionando qué anuncios mostrar, basándose sobre todo en la popularidad general de cada anuncio; ahora íbamos a cambiarlo para seleccionar qué anuncio mostrar para cada usuario individual.

## Siguientes pasos

Pero, incluso con un camino hacia la implementación relativamente despejado, yo no estaba listo todavía para entrenar modelos para EduPay. Decidir sobre la proposición de valor (lo que se predice y lo que se hace al respecto) es solo el primer paso de la planificación antes de la producción. El siguiente paso es ser más específicos en cuanto a lo que predecirá el modelo; mucho más específicos.

Como veremos a lo largo de los capítulos restantes, todavía queda mucho por aprender del proyecto de EduPay. Puede que no todos seamos líderes del ML natos como Jack Levis, pero podemos aprender a hacerlo bien.

# CAPÍTULO 2

# Objetivo

## Establecer el objetivo de la predicción

*Como hemos visto en el capítulo anterior, para planificar la implementación del* machine learning, *debes empezar por establecer qué va a predecir el modelo y qué va a hacerse al respecto de cada predicción. En este capítulo, vas a definir de forma más completa el primero de esos dos elementos, el objetivo de la predicción. Debe especificarse con gran detalle.*

*Bienvenido a la intersección clave entre tecnología y negocio, donde la pragmática empresarial ayuda a conformar los detalles técnicos y donde los interesados de la parte del negocio deben ahondar en esos detalles. Tu misión, si la aceptas, es forjar una colaboración poco frecuente, reclutar a los líderes empresariales para que opinen sobre las limitaciones y cualificaciones que determinan el objetivo de la predicción en toda su detallada gloria. Si tienes éxito, habrás traducido una intención empresarial ampliamente definida a un requisito bien definido para la ejecución técnica.*

## La práctica bizML

1. Valor: Establecer el objetivo de la implementación.
2. Objetivo: Establecer el objetivo de la predicción.
3. Rendimiento: Establecer las métricas de evaluación.
4. Combustible: Preparar los datos.
5. Algoritmo: Entrenar el modelo.
6. Lanzamiento: Implementar el modelo.

Jack Levis no recuerda el momento exacto de la epifanía cuando se le ocurrió la predicción de las entregas. Es el tipo de idea genial que solo parece darse por hecho una vez que está sobre la mesa. Pero, antes de que alguien la concibiese, UPS no podía optimizar por completo. Recuerda cómo formuló Jack la paradoja que había estado siendo un lastre para la empresa:

> *La paradoja del reparto: No puedes planificar de manera óptima la carga de los camiones hasta que sepas todos los repartos que habrá que hacer. Pero, para cuando conoces todos los repartos, te has quedado sin tiempo para cargar los camiones.*

Para salir de esta paradoja, solo puedes usar la predicción. El mismo tipo de problema surge para optimizar todo tipo de logística; puede ser que estés organizando el uso compartido de un vehículo para llevar a un grupo de niños y cualquiera de ellos puede llamar en el último momento para decir que está enfermo; quizá estés preparando un reparto de grandes estrellas en una película y cualquiera de ellas podría decir que sí por sorpresa justo después de que hayas ofrecido el papel a alguien menos famoso; puede que aceptes a un nuevo cliente para un trabajo de consultoría, incluso aunque sabes que mañana podría surgir una oportunidad con un cliente más grande. Pero estas operaciones son demasiado pequeñas para el *machine learning*. Seamos serios: es probable que no reporte ningún beneficio para lo de compartir coche para llevar a los niños.

Cuando se aplica a operaciones grandes, las predicciones ayudan, incluso sin expectativas poco realistas en cuanto a su precisión. Cuando UPS predice una entrega, la supone sin ser presuntuoso. Solo se trata como algo que se da por hecho de forma provisional, con el fin de cargar los camiones. Para cuando los camiones salen, todos los paquetes se han vuelto reales; han llegado al centro de reparto y han acabado en un camión. Todas las predicciones que no han llegado a materializarse se han descartado.

Con un esquema tan bien concebido (potente pero prudente), cabría esperar que Jack activase el proyecto de ML lo antes posible. Al fin y al cabo, el objetivo de predicción parece claro y simple: predecir qué direcciones recibirán una entrega de UPS mañana. Solo hay que poner en marcha el motor predictivo e introducirle los datos.

No tan rápido. Jack sabía que el peligro acechaba en los detalles. ¿Debería el modelo predecir qué edificio recibiría un paquete o debería ser más granular y predecir apartamentos individuales u oficinas dentro de un edificio? ¿Debería predecir el número de paquetes o solo si habría que realizar al menos una parada en el edificio? ¿Y qué pasa con el desglose de predicciones según la hora del día? Algunos paquetes deben entregarse a primera hora de la mañana, mientras que otros solo tienen el compromiso de entregarse a lo largo del día. En aquel momento, UPS ofrecía trece niveles de servicio que garantizaban la entrega para diferentes horas del día.

## El plan de implementación conforma el objetivo de la predicción

Si el ML te parece guay pero este tipo de detalles te parecen aburridos, padeces una enfermedad común, pero tratable. Este es el antídoto, una ley que te permite mantenerte centrado en el valor:

> *La ley de la planificación del ML: Asegúrate de que la implementación es tu prioridad. La manera precisa en que las predicciones afectarán a las operaciones y las mejorarán conforma cada paso del proyecto de ML.*

Fiel a esa ley, Jack se fijó mucho en cómo se usarían las predicciones. Cada día, el proceso de optimización existente de UPS asignaba cada camión a una zona que pudiese cubrir el repartidor en una jornada laboral. Había varios factores que determinaban si una jornada asignada sería gestionable, incluyendo el tamaño de la zona, el número de paradas necesarias y la cantidad de paquetes en cada parada.

Este procedimiento funcionaba en todas partes, desde los densos centros urbanos a las áreas rurales donde había kilómetros entre paradas. Gestionaba esta diversidad con granulaciones dinámicas. En el campo, a un camión se le podían asignar unos pocos códigos postales para la salida del día siguiente, pero, en la ciudad, un camión podía cubrir un área que incluyese solo un par de docenas de direcciones de entrega.

Para que la predicción de paquetes fuese compatible con los procedimientos actuales, tenía que hablar el mismo lenguaje. Debía hacer predicciones con los mismos niveles variados de granulación, dependiendo de la región. En UPS, este tipo de unidad que tiene distintos tamaños se denomina secuencia. Es la unidad geográfica más pequeña que se tiene en cuenta cuando se planifican las cargas y entregas de un camión. En algunas áreas, una secuencia corresponde a una sola dirección de entrega. En zonas menos pobladas, puede corresponder a un grupo de direcciones. Y, en la mayoría de las regiones rurales, una secuencia corresponde a un código postal completo.

Puesto que el proceso de planificación existente operaba respecto a la secuencia de cada paquete, los paquetes predichos también debían determinarse en el nivel de la secuencia. Pero no se quedaba ahí. Dentro de una secuencia, ya fuese grande o pequeña, la cantidad de paquetes y la cantidad de veces que el camión necesitaría hacer una parada eran cruciales para determinar si la asignación a un repartidor era factible en una jornada laboral. Después de ocuparse de los detalles, así fue como Jack formuló su objetivo de predicción.

> *Objetivo de predicción de UPS: Para cada secuencia (un tipo de región geográfica dinámica), ¿cuántos paquetes a lo largo de cuántas paradas se requerirán mañana, para cada compromiso de tiempo de entrega? Por ejemplo, la secuencia 457, un grupo de tres edificios de oficinas con veinticuatro conjuntos de negocios, requerirá dos paradas con tres paquetes cada una para las 8:30 de la mañana y cinco paradas con ocho paquetes cada una para las 5:00 de la tarde.*

Antes de que UPS introdujese la predicción de paquetes, el proceso de planificación ya trabajaba con este nivel de detalle para las entregas conocidas. Una vez que este proceso pudo trabajar también con el mismo nivel de detalles para entregas predichas, pudo planificar de manera aún más efectiva. Con las predicciones diseñadas para ser compatibles con el proceso existente, encajaban bien.

Perseguir este objetivo de predicción requería algo de esfuerzo. El modelo principal predecía probabilidades de reparto a nivel de direcciones de entrega individuales. Pero el objetivo de predicción exigía, en general, predicciones para un área geográfica más amplia; además, ninguna predicción iba a ser una respuesta de sí o un no a la pregunta "¿habrá una entrega?", sino una predicción de cuántas entregas. Para calcular esta predicción cuantitativa para cada secuencia, algún código diseñado a mano "implementó" predicciones individuales por dirección, sumándolas para hacer la predicción por secuencia requerida.

## La diferencia entre el éxito y el fracaso del ML

Resulta que es fácil meter la pata con esto y no lograr alinear el objetivo de la predicción con el modo en que se operacionalizarán las predicciones. Puesto que estamos aún en el paso 2, una desalineación así embarulla el proyecto desde el principio. Definir el objetivo de la predicción marca un punto de inflexión crucial al que todos los proyectos de ML llegan poco después de su concepción. Muchos proyectos lo hacen mal; no se molestan en desarrollar de forma escrupulosa el objetivo de la predicción antes de pasar al análisis. Es un error fatal, que por lo general hace que el modelo se embalsame en vez de adoptarse. Así pues, definir de forma adecuada el objetivo de la predicción es tu oportunidad de brillar, no haciendo ostentación de métodos avanzados, sino ejerciendo el control y la meticulosidad.

Vamos a revisar la aplicación de marketing clásica, el modelado de respuestas. Tiene como objetivo aumentar los beneficios mediante el marketing dirigido. Así es como lo hemos descrito en el capítulo anterior:

| Aplicación y resultado empresarial deseado | Qué se predice (salida del modelo) | Qué se hace al respecto (implementación) |
|---|---|---|
| Modelo de respuestas para incrementar la tasa de respuesta del marketing. | ¿Comprará el cliente si contactamos con él? | Enviar un folleto a aquellos con probabilidades de comprar. |

Como vemos de nuevo, cada aplicación de ML está definida por lo que se predice y lo que se hace al respecto. En este paso de bizML, estamos definiendo el objetivo de la predicción, la parte del "qué se predice". En un paso posterior, la preparación de los datos utilizará ese objetivo de predicción para rellenar una columna de datos, conocida para los científicos de datos como variable dependiente y llamada en este libro variable de salida. Cuando esta columna está lista, el conjunto de datos global se conoce como datos etiquetados o supervisados. Después de preparar los datos, el algoritmo de ML los utilizará para entrenar un modelo que predice de la mejor manera posible. Con el paso actual, estamos definiendo el objetivo para ese modelo predictivo.

El objetivo de la predicción tiene que ser más específico. Debemos definirlo por completo, en toda su detallada gloria. Para la mayoría de los proyectos de modelado de respuestas, "¿comprará el cliente si contactamos con él?" deja demasiado sin especificar. Mientras ponemos en orden los detalles, la ley de la planificación del ML nos dice que prioricemos la implementación. Para esta aplicación, las predicciones del modelo orientarán el marketing. Determinarán a quién se incluye y a quién no en la lista de contactos de una campaña.

La pregunta es "¿a quién merece la pena dirigirse?". Bueno, un cliente debe comprar bastante para ser rentable. Y necesitamos un plazo realista; un cliente que compra un año después no cuenta normalmente para el retorno de la inversión de una campaña, y ese tipo de demora hace que el seguimiento sea difícil. Teniendo eso en mente, veamos un paso en la dirección correcta:

> *Objetivo de la predicción del modelado de respuestas (ejemplo hipotético):* *Si envío un folleto, ¿comprará el cliente en los siguientes trece días hábiles con un valor de compra de al menos 125 dólares tras el envío y no devolverá el producto para obtener un rembolso en un plazo de 45 días?*

Ahora ya estamos en marcha. Hemos definido por completo la tarea de la predicción que perseguirá el ML, las especificaciones de los requisitos para el modelo predictivo. Y se basa en el contexto particular del negocio: las prácticas existentes en las que se integrarán las predicciones del modelo y la manera en que harán efecto. Este es el nivel de detalle que necesitas establecer antes de preparar los datos y entrenar el modelo con ellos.

Los objetivos de predicción como este determinan lo que hará un modelo para cada individuo. El objetivo plantea una pregunta acerca de un solo individuo, una pregunta de sí o no para modelos binarios (consulta la nota más adelante). Esa es la pregunta que el modelo intentará responder cada vez que puntúe a un individuo. "¿Comprará el cliente?" se refiere al individuo al que el modelo está puntuando, ya que puntúa de uno en uno.

Antes de que profundices demasiado en la definición del objetivo de la predicción, hay una trampa con la que debes tener cuidado: quedarse con una aproximación pobre del verdadero objetivo de la predicción. A veces, los datos disponibles son solo un indicador del objetivo pertinente de la predicción. Por ejemplo, el objetivo de las fuerzas de seguridad es predecir la futura delincuencia para guiar las decisiones sobre sentencias y libertades condicionales, pero solo hay datos disponibles sobre reincidencias. La verdad fundamental de si un acusado puesto en libertad ha vuelto a cometer un delito no se sabe de forma directa; es solo algo aproximado, de manera imprecisa, con datos que hagan un seguimiento de si se le ha detenido de nuevo. Pero utilizar "¿se arrestará de nuevo al convicto?" como objetivo de la predicción conlleva un problema ético crucial con la vigilancia policial predictiva. Puesto que los grupos históricamente desfavorecidos como las personas negras están más vigilados por la policía, eso infla de manera injusta la frecuencia relativa de los arrestos y, como resultado, de los arrestos predichos por un modelo entrenado para ese objetivo de predicción. De manera similar, por poner otro ejemplo, un modelo muy utilizado para guiar un tratamiento sanitario se entrenó para predecir el coste de la asistencia médica más que la necesidad. Puesto que los datos reflejaban que se había invertido menos en los pacientes negros de media, al modelo se le enseñó a perjudicar a esos pacientes. En la conclusión de este libro se exploran otros problemas éticos que surgen con la implementación del ML.

---

**Modelos binarios**

*A diferencia del objetivo de UPS para la predicción de paquetes, el modelado de respuestas persigue un objetivo de predicción binaria: predice la respuesta a una pregunta de sí o no. Esto es válido tanto para el objetivo simplificado, "¿comprará el cliente si contactamos con él?", como para el objetivo de predicción más completo del que acabamos de hablar, y también es válido para el resto de ejemplos de este capítulo y de la mayoría de este libro. Un modelo entrenado para un objetivo de predicción binaria se denomina modelo binario o clasificador binario.*

*Para la mayoría de las iniciativas de ML nuevas, los modelos binarios suelen ser el mejor sitio para empezar. La mayoría de los problemas de predicción pueden encuadrarse como binarios (para clasificar si los individuos se comportan o no de una manera definida, por ejemplo, si gastarán más de una cantidad determinada, incurrirán en impago de su tarjeta de crédito, o harán clic y comprarán). Esto se aplica también a las tareas de detección: ¿es esta transacción un fraude? ¿Es este mensaje de correo spam? ¿Está defectuoso este artículo fabricado?*

*Pero los modelos también pueden predecir el cuánto, no solo el sí o el no. Los modelos así predicen el número de compras, la cantidad gastada, la magnitud de las reclamaciones al seguro o el valor de vida de un cliente, que es la cantidad de ingresos o beneficios esperados a lo largo de un periodo de tiempo relativamente largo (un objetivo de predicción ideal, pero, a veces, demasiado ambicioso). Estos modelos se denominan en ocasiones modelos numéricos o continuos.*

*Los modelos binarios tienen un par de ventajas significativas. En primer lugar, incluso aunque atañen solo a dos resultados posibles, calculan en qué punto queda ese resultado dentro de un continuo de probabilidades. Es decir, proporcionan una probabilidad para el resultado (¿cuál es la probabilidad de que el cliente compre?) en vez de generar solo un "sí" o un "no" definitivos. Puesto que una probabilidad indica el grado de incertidumbre, guía de manera más efectiva todo tipo de procesos de toma de decisiones, desde el establecimiento de los precios a la selección de anuncios y la gestión de riesgos.*

*Además, los modelos que predicen el "cuánto" tienden a ser más complicados a nivel técnico, tanto para desarrollarlos como para evaluarlos. Para muchos proyectos, los modelos binarios ofrecen un enfoque más directo que evita introducir una complejidad innecesaria.*

## Prevenir malos resultados de manera proactiva

Algunos modelos tienen como objetivo predecir malos resultados para poder intervenir antes de que se produzcan. Para el marketing, eso significa predecir el abandono de los clientes para que podamos dirigir nuestros esfuerzos de retención de manera más efectiva. Aquí entran los modelos de *churn*:

| **Aplicación** y resultado empresarial deseado | **Qué se predice** (salida del modelo) | **Qué se hace al respecto** (implementación) |
|---|---|---|
| Modelo de *churn* para reducir el índice de abandono de clientes. | ¿Se marchará el cliente si no contactamos con él? | Contactar con una oferta de permanencia a los que tienen más probabilidades de marcharse. |

Pero decir sin más: "Vamos a predecir qué cliente se marchará" omite algunos detalles cruciales. ¿Atañe la pregunta a todos los clientes, incluso a los nuevos? ¿Estamos prediciendo solo los que abandonan de manera explícita o queremos predecir también aquellos que reducirán de forma significativa su actividad con nosotros? Y ¿con cuánto tiempo de antelación estamos prediciendo?

Incluso en mi primer trabajo de consultoría con gay.com, esta parte la hice bien. Al vender con ingenuidad la parte del modelado en vez del cambio operativo genuino, arruiné mi oportunidad de lograr la implementación, pero reconocí la necesidad de definir con cuidado el objetivo de la predicción de forma que se pudiese actuar en función de las salidas generadas por el modelo en un contexto empresarial:

> *Objetivo de la predicción del modelo de* **churn** *(para* gay.com*): Para los clientes que tienen solo planes mensuales o trimestrales, ¿cancelará el cliente la suscripción de manera intencionada y explícita en los siguientes tres meses? La cancelación pasiva debida a un fallo de la tarjeta de crédito no cuenta.*

Los detalles importan. Queremos predecir quiénes serían clientes que podrían cancelar y a los que tal vez todavía podríamos retener. Predecir un futuro demasiado lejano, como de aquí a un año, a menudo resulta demasiado difícil para un modelo. Además, no queremos contactar con ellos con un incentivo para quedarse (como una oferta de descuento cuantioso) hasta que su marcha no sea más inminente. Eso supone dejar a un lado a aquellos clientes con planes anuales, ya que puede que todavía falte un año hasta su siguiente renovación (podríamos ocuparnos de ellos con un proyecto de modelo de *churn* separado). Por último, solo podemos intentar hacer que cambien de opinión aquellos que cancelan a propósito. Para aquellos a los que se les rechaza la tarjeta de crédito, lo cual lleva a una cancelación automática, quizá baste con que la empresa realice una acción reactiva más que predictiva, potencialmente sin necesidad de ofrecer un descuento. Esos clientes no están cancelando de forma intencionada, así que su índice de abandono es otra cuestión para otro proyecto.

## Predecir demasiado tarde

Algunos proyectos para la creación de modelos de *churn* predicen bien, pero demasiado tarde. El consultor de ML Karl Rexer compartió conmigo un ejemplo perfecto de esto que surgió cuando estaba ayudando a un banco. El objetivo era identificar a clientes con probabilidades de cerrar sus cuentas. Karl descubrió que, si los saldos de depósitos y préstamos del cliente bajaban mucho (en combinación con otros factores acerca del cliente), este tenía un 44 por ciento de probabilidades de cancelar la cuenta en menos de un mes. Desde una perspectiva amplia, es un descubrimiento asombroso. Hablando en términos relativos, un 44 por ciento es muy alto. Entre todos los clientes, las probabilidades eran solo del 2 por ciento.

Para cualquiera de estos clientes, el banco se enfrentaba a un riesgo elevado de perderlo. Por desgracia, como Karl descubrió, no había mucho que se pudiese hacer al respecto. Estas predicciones eran casi inútiles, porque ya era demasiado tarde para hacer que el cliente cambiase de opinión. Es decir, no se podía actuar en función de esa información. Para cuando el titular de la cuenta reducía su saldo, ya tenía un pie en la puerta. Ya había vaciado la mayoría de sus cuentas y liquidado todo, y solo tenía que cerrar la cuenta formalmente como paso administrativo. Llegado ese punto, esos clientes eran casi imposibles de retener.

Para que estas predicciones tuviesen valor, tendrían que hacerse mucho antes. Si un cliente está destinado a abandonar, pero no en los próximos meses, todavía hay una oportunidad de retenerlo. Es más difícil predecir con más antelación, así que puede que no logres un impulso predictivo tan glorioso, pero, al hacerlo, las predicciones son mucho más adecuadas para actuar de acuerdo con ellas. Al fin y al cabo, hay más tiempo para intervenir si la cancelación probable del cliente está más lejos en el futuro en el momento en que se marca al cliente como uno de alto riesgo. Y, como veremos en el siguiente capítulo, incluso cuando un modelo produce probabilidades menos fiables, sigue siendo muy valioso.

Esto es lo que hizo Karl con el banco que era su cliente, en combinación con otra táctica: en vez de predecir si un cliente cancelaría por completo sus cuentas, su modelo predecía si el cliente se desvincularía de modo parcial mostrando una caída pronunciada de las transacciones. Esto hizo las predicciones más valiosas. Al predecir un comportamiento más temprano que a menudo precede al abandono absoluto, el banco aún podía llevar a cabo acciones para evitar de manera potencial perder al cliente.

Para ilustrar el aspecto que podría tener esto, fíjate en este objetivo de predicción plausible para un servicio de suscripción *online*:

> *Objetivo de predicción del modelo de* **churn** *(ejemplo hipotético): Entre los suscriptores que están en el servicio desde hace al menos cuatro meses, ¿reducirá el cliente su consumo mensual en un 80 por ciento en los próximos tres meses y no incrementará su uso de otro producto interno?*

Si un cliente reducirá de manera drástica su uso del producto, eso es ya de por sí un motivo de preocupación, incluso si no hemos predicho que cancele su cuenta por completo. Valdría la pena intervenir con antelación. Por supuesto, un descenso en el uso solo es significativo entre clientes que han estado en el servicio el tiempo suficiente para establecer un punto de referencia de interacción. Por eso nuestro objetivo es predecir solo para aquellos con una permanencia de al menos cuatro meses. Por último, si un cliente se desvincula, pero lo compensa aumentando el uso de otro de nuestros productos, eso no "cuenta" como abandono; quizá no merezca la pena invertir en prevenir ese tipo de cambio.

## Predecir los pasos intermedios

Predecir un paso parcial también se aplica a la predicción de resultados buenos, más que malos (predecir el compromiso del cliente en vez de la desvinculación). Piensa en las actividades de recaudación de fondos dirigidas para una organización benéfica, que es algo muy similar al modelado de respuestas para el marketing directo:

| **Aplicación** y resultado empresarial deseado | **Qué se predice** (salida del modelo) | **Qué se hace al respecto** (implementación) |
|---|---|---|
| Recaudación de fondos dirigida para aumentar las donaciones. | ¿Hará el individuo una donación? | Enviar una carta a aquellos con probabilidades de donar. |

El objetivo de la predicción estándar es obvio: ¿hará el individuo una donación? En algunos casos, esta es la mejor táctica, por ejemplo, para orientar las solicitudes por correo directo.

Pero, en el mundo de las recaudaciones de fondos, el correo directo solo consigue donaciones pequeñas en su mayoría. Solicitar donaciones grandes es una cuestión diferente. Garantizar que haya donantes importantes puede requerir años de desarrollo en las relaciones. Estas donaciones son difíciles de predecir porque son poco habituales y es complicado vincularlas a una acción anterior en particular. En vez de eso, una organización benéfica predijo un paso intermedio para garantizar una donación grande:

*Objetivo de la predicción para una recaudación de fondos (una organización benéfica):* ¿Accederá el donante potencial a tener un encuentro en persona si se le ofrece un regalo?

Si el donante potencial esta dispuesto a reunirse, eso significa al menos que siente cierta afinidad por la organización benéfica y marca el comienzo de lo que, con suerte, será una relación a largo plazo.

Este enfoque funcionó. Al dirigir el correo electrónico, el correo directo y el contacto telefónico con estas predicciones, la organización benéfica identificó a un 40 por ciento más de clientes potenciales de valor elevado dispuestos a reunirse. Y, en una evaluación retrospectiva del modelo, este identificó a un 75 por ciento de donantes importantes que ya habían donado.

## Decidir "cuál" en vez de "si"

Con las aplicaciones de marketing que hemos visto hasta ahora, el modelo guía la elección entre un tratamiento activo y pasivo para cada individuo: contactar o no contactar, esa es la cuestión. Los modelos de respuestas deciden si hay que contactar con material de ventas, y los modelos de *churn* deciden si hay que contactar con una oferta de permanencia.

Pero, para EduPay, los modelos necesitaban decidir qué anuncio mostrar. No era una cuestión de si había que mostrar un anuncio; siempre iba a mostrarse uno. El tratamiento pasivo nunca fue una opción. De hecho, había una plétora de opciones: un grupo de 291 anuncios entre los que elegir. Estos anunciantes estaban dispuestos a pagar cada vez que un usuario respondiese a su anuncio.

Sin el ML, los anuncios ya estaban funcionando muy bien. Al mostrar primero los anuncios más populares, el sistema ya estaba generando 1,5 millones de dólares en ingresos mensuales. Pero las opciones eran "de talla única", algo parecido a anunciar taquillazos de Hollywood en televisión. No eran anuncios personalizados. No intentaban dirigirse a usuarios individuales con los anuncios a los que era más probable que respondieran.

Necesitábamos un truquito para definir el objetivo de la predicción para la selección de anuncios, ya que no era tan directa. No podemos predecir sin más "¿a qué anuncio respondería el cliente?". La razón es que no tenemos los datos. No tenemos registros que hagan un seguimiento de cualquier usuario al que se le hayan mostrado todos los anuncios para ver a cuáles ha respondido. Nunca realizamos ese experimento ni ningún otro; el objetivo era utilizar datos que la empresa ya hubiese acumulado de manera orgánica.

Los datos disponibles nos decían cómo respondía cada usuario cuando se le mostraba un solo anuncio, entre un número limitado de anuncios para cada usuario. Estos son los datos recopilados en el transcurso regular del negocio, también conocidos como datos encontrados. Codifican la experiencia de la que puede aprender el proceso de modelado.

La solución a este dilema fue desarrollar un modelo para cada anuncio; 291 modelos diferentes, cada uno de los cuales predice si el usuario responderá a ese anuncio. Eso supone 291 objetivos de predicción distintos, cada uno con esta forma:

> *Objetivo de la predicción para anuncios dirigidos (EduPay): ¿Responderá el usuario a este anuncio si se le muestra?*

Para elegir un anuncio para un usuario determinado, todos los modelos se aplicaban de manera sistemática y la elección de qué anuncio mostrar se basaba en las probabilidades predichas. Algunos modelos podrían decir que las opciones son solo una fracción de un porcentaje, y otros podrían indicar hasta un 20 por ciento de probabilidad o incluso más, lo cual es mucho si tenemos en cuenta que los anuncios *online* suelen ignorarse sin más. De este modo, la elección de un anuncio se personalizó, las probabilidades generales mejoraron y el número de respuestas creció con el tiempo.

Los anuncios no se seleccionaban solo en base a las probabilidades del modelo. También entraban en juego otros factores, como la cantidad que el anunciante estaba dispuesto a pagar y los requisitos de elegibilidad estipulados por los anunciantes. Veremos esa mecánica y otras en el paso 6, la implementación del modelo, cuando lleguemos al capítulo de ese paso.

## Colaborar en el objetivo de la predicción

"Haz partícipe del proceso de desarrollo a toda persona que vaya a tocar el modelo analítico. [...] El éxito o el fracaso de las iniciativas de analítica y ciencia de datos depende a menudo de si aquellos que están en 'primera línea' del negocio las usan y las siguen de verdad".

—Tom Warden, director de Datos y análisis, EMPLOYERS

Cuando te planteas estas consideraciones y formulas el objetivo de predicción hasta el último detalle, necesitas ayuda de toda la empresa. No puedes hacerlo solo. Todo aspecto semitécnico que define lo que vas a predecir depende de consideraciones empresariales pragmáticas. Para que el modelo resultante sea fiable a nivel operativo, tienes que reunir un equipo multidisciplinar.

Al colaborar de manera estrecha, los expertos en el negocio y los científicos de datos pueden pulir el objetivo de la predicción hasta que se encuentre en la intersección de dos conjuntos de objetivos de predicción, los que busca el lado empresarial y los que ofrece el lado técnico:

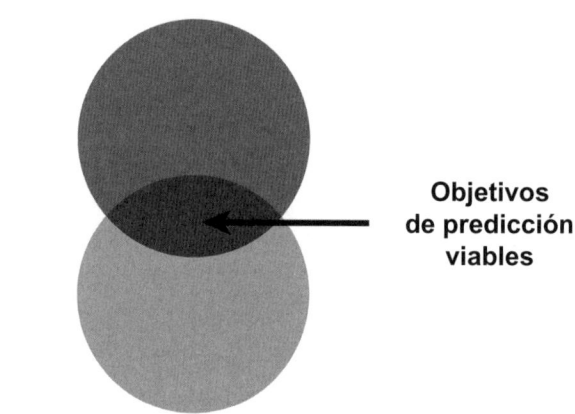

**Objetivos de predicción concebibles que serían valiosos**

**Objetivos de predicción viables**

**Comportamientos que pueden predecirse analíticamente**

En la parte superior, la gama de objetivos de predicción concebibles que podrían ser valiosos para el negocio solo está limitada por la imaginación de su personal de operaciones y de marketing. Podrían encontrar valor en predecir todo tipo de comportamientos o resultados individuales, incluyendo quién estrellará su coche, se enamorará, incurrirá en impago, dejará su trabajo o cometerá fraude. El problema es que, para una empresa determinada, solo algunas de estas ideas pueden conseguirse de manera factible con el modelado, dependiendo, por ejemplo, de lo bien que necesitase predecir y la disponibilidad de datos pertinentes.

El conjunto de la parte inferior también contiene muchas posibilidades. Muchas cosas podrían predecirse de forma analítica, ya que tenemos muchos datos que registran muchos tipos diferentes de resultados y comportamientos. El problema es que muchas ideas que suenan atractivas en el laboratorio nunca se utilizarían en realidad. De los múltiples resultados que podrían modelarse, solo hay una parte en base a la cual pueda actuar la empresa. Por ejemplo, un científico de datos podría generar un modelo para dirigir una campaña de marketing directo, solo para descubrir que los directores de marketing prefieren contactar con su lista completa sin dirigir de forma más específica. Que el científico de datos haya creado un modelo efectivo no quiere decir que la empresa esté lista para basarse en él para tomar decisiones. Con demasiada frecuencia, la ausencia de jefes convencidos o la existencia de limitaciones empresariales imprevistas frenan la implementación del modelo. Esa es la causa principal de los bajos índices de implementación de ML actuales.

Una perspectiva empresarial inteligente navega hacia un objetivo de predicción viable dentro de la intersección de estos dos conjuntos, uno que es tanto alcanzable como utilizable. Debes reclutar a los expertos operativos más preparados para determinar qué comportamientos predichos tienen un valor empresarial potencial. En definitiva, el objetivo de predicción detallado requiere colaboración y convicción por parte de los colaboradores, incluyendo aquellos que realizan operaciones que se verán afectadas y dirigidas por la implementación del modelo, como el personal de marketing, que debe estar dispuesto a cambiar la orientación en consecuencia.

Al asegurar esta colaboración multidisciplinar incondicional, estás rompiendo barreras y participando en un tipo de trabajo en equipo muy poco habitual. Estás implicando a un grupo más grande en los aspectos cuasitécnicos detallados de un objetivo de predicción que ha quedado tradicionalmente fuera del radar de los interesados de la parte empresarial, como:

- Predecir un resultado final o uno intermedio.
- Con cuánta antelación predecir.
- Quién o qué está prediciéndose; a qué tipo de cliente u otro elemento organizativo se aplicará cada predicción.

Con esta participación sostenida de la parte empresarial, las puntuaciones predictivas generadas por tu modelo causarán el mayor impacto. Estarán en línea con la estrategia de negocio y se podrá actuar en base a ellas dentro del marco operativo de la empresa. Además, los responsables de las operaciones aprobarán su integración.

## Detección frente a predicción: unas veces es más fácil y otras es más difícil

Cuando definas el objetivo de la predicción, ten cuidado con las diferencias entre un objetivo para predecir el futuro en el sentido literal de predicción y un objetivo que predice una situación o diagnóstico, es decir, un objetivo de detección. Como hemos visto en el capítulo anterior, por lo general utilizamos la palabra "predecir" con cualquiera de los dos sentidos, como cuando decimos "predecir qué transacción es fraudulenta" y lo seguimos llamando modelo predictivo. Pero hay algunas diferencias significativas entre los dos que podrían acabar haciendo que el proyecto fuese más fácil o más difícil.

A primera vista, los objetivos de detección parecen más fáciles de definir. Cuando se trata de predecir (detectar) qué transacción es fraudulenta, qué correo electrónico es *spam* y qué imagen médica significa un diagnóstico determinado, ¿cuántas limitaciones y cualificaciones podría haber?

La respuesta es: no muchas. Puesto que el modelo no predice un acontecimiento futuro, no hace falta que nos peleemos con el concepto de tiempo al definir exactamente qué se va a predecir. No necesitamos decidir con cuánta antelación hay que predecir, como "¿cancelará el cliente antes de tres meses?". No necesitamos definir hasta qué punto se produce el acontecimiento, como "¿reducirá el cliente su uso en un 80 por ciento?". Y no necesitamos plantearnos predecir acciones intermedias que ocurren antes del comportamiento más importante, como "¿accederá el donante potencial a una reunión?".

Cuando se define una tarea de detección, no hay mucho margen para la variación. Por ejemplo, una transacción se autoriza o es fraudulenta. Especificar el objetivo de predicción tiende a ser más simple.

Por otra parte, los proyectos para predecir el futuro recogen los beneficios de los *big data* de una forma en que no pueden hacerlo las tareas de detección: el entrenamiento del modelo puede aprender de la historia. Sabemos qué clientes compraron o no en el pasado, cuáles cancelaron su suscripción y cuáles hicieron clic en un anuncio. Esta información ya está codificada en los datos que se han recopilado durante el transcurso normal de la actividad del negocio. Estos datos encontrados sirven como experiencia de la cual aprender. En el paso 4, se formará la base para la preparación de los datos de entrenamiento que alimentan la persecución del objetivo de predicción que estamos estableciendo en este paso.

Por el contrario, para la detección, los datos de entrenamiento deben etiquetarse a mano. No podemos beneficiarnos de la naturaleza "del tiempo dirá" de los datos encontrados. El tiempo ha dicho dónde tienden a entregarse los paquetes, y eso proporciona ejemplos para el aprendizaje, pero necesitamos humanos que etiqueten si una transacción es fraudulenta o si una imagen médica significa un diagnóstico positivo. Debido a esto, los datos necesarios para entrenar modelos de detección suelen ser más caros que los necesarios para predecir resultados futuros.

Y, aun así, el embotellamiento humano para los datos etiquetados no siempre es tan malo. Cuando lleguemos al paso 4 (preparar los datos), veremos que, para algunas tareas de detección, aunque se requiere la contribución humana para cada etiqueta, no hace falta mucho esfuerzo humano adicional más allá de lo que la gente ya está haciendo en el transcurso normal de la actividad empresarial.

## Rendimiento del modelo: ¿cómo de bien podemos lograr el objetivo de predicción?

Ahora que hemos definido el propósito funcional de un modelo (lo que debería hacer) la siguiente pregunta lógica es: ¿qué tal lo hace? Hemos establecido lo que debería predecir; ahora, queremos saber qué tal lo predice, y qué métrica de rendimiento es la adecuada para informar sobre ello. Ese es el paso del siguiente capítulo. Advertencia: si estás pensando que hay que utilizar la "exactitud del modelo", te vas a llevar una sorpresa.

# CAPÍTULO 3

# Rendimiento

## Establecer las métricas de evaluación

*Una vez que hayas establecido lo que predecirá el* machine learning, *la siguiente cuestión es cómo lo predecirá. Por suerte, evaluar el rendimiento no requiere convertirse en un experto técnico, ya que puedes comparar un modelo sin tener en cuenta su funcionamiento interno. Aquí, solo juzgamos lo bien que predice, no cómo predice. Es solo una cuestión de aritmética, no de "ingeniería aeroespacial". A menudo, oirás hablar de exactitud, un recuento de con qué frecuencia predice correctamente un modelo. Pero la exactitud no solo es la medida errónea para la mayoría de los proyectos de ML, sino que también alimenta una falacia común que gestiona muy mal las expectativas.*

*Entonces, si no es la exactitud, ¿qué métrica usamos? Una es* lift *o elevación, un multiplicador simple que nos indica cuántas veces mejor que las suposiciones son las predicciones del modelo. Otra es el coste, el precio de cada falso positivo y el precio (por lo general, muy diferente) de cada falso negativo. Una vez establecidas, las métricas sirven para evaluar tanto el entrenamiento del modelo (paso 5) como su implementación (paso 6). Este capítulo va al meollo de la cuestión. ¿Qué valor tiene exactamente una predicción imperfecta? ¿De qué modo sirven todas las implementaciones de ML para triar y priorizar? ¿Y cómo se traduce un rendimiento predictivo bruto en métricas empresariales auténticas como el beneficio?*

## La práctica bizML

1. Valor: Establecer el objetivo de la implementación.
2. Objetivo: Establecer el objetivo de la predicción.
3. Rendimiento: Establecer las métricas de evaluación.
4. Combustible: Preparar los datos.
5. Algoritmo: Entrenar el modelo.
6. Lanzamiento: Implementar el modelo.

Los titulares sobre el *machine learning* prometen un poder predictivo casi divino. Veamos algunos ejemplos:

• *Newsweek:* "La IA puede decir si eres gay: la inteligencia artificial predice la sexualidad a partir de una foto con una exactitud sorprendente".

• *The Spectator:* "El análisis lingüístico puede predecir con exactitud la psicosis".

• *The Daily Mail:* "Escáneres que utilizan IA pueden identificar a personas en riesgo de sufrir un infarto mortal con casi una década de antelación... con una exactitud del 90 por ciento".

• *The Next Web:* "Esta IA aterradora ha aprendido a identificar a criminales por sus caras".

Todo eso es mentira. El ML no puede decir cosas así con confianza acerca de cada individuo. En la mayoría de los casos, estas cosas son demasiado difíciles de predecir con certeza.

Vamos a ver cómo funciona la mentira. Primero, los investigadores informan de una exactitud "alta", sugiriendo así (y engañando de forma fiable al lector para que crea) que su modelo puede identificar tanto casos positivos como negativos y, por lo general, tendrá razón. Para muchos problemas de predicción, ese nivel de rendimiento solo puede conseguirse en la ciencia ficción.

Estos informes revelan más tarde, con información enterrada entre los detalles de un artículo técnico, que estaban utilizando mal la palabra exactitud para referirse a otra medida de rendimiento relacionada con la exactitud, pero, en realidad, no tan impresionante como lo que "exactitud alta" implica.

Pero la prensa lo utiliza. Una y otra vez, esta argucia consigue embaucar a los medios, una bestia que con demasiada frecuencia prospera gracias a la hipérbole. Esta práctica de larga tradición genera repetidamente trucos publicitarios flagrantes que llaman a engaño.

Ahora bien, los modelos predictivos sobre los que están informando merecen a menudo recibir halagos. La capacidad para predecir mejor que una suposición aleatoria, incluso aunque en muchos casos no se haga con una gran certeza, mejora todo tipo de procesos empresariales. Eso es un chollo. Y, en algunos campos limitados, el ML puede predecir extremadamente bien, como en el reconocimiento de semáforos en fotografías o el reconocimiento de la presencia de determinadas enfermedades a partir de imágenes médicas.

Pero muchos comportamientos humanos desafían las predicciones fiables. Predecirlos es como intentar predecir el tiempo que va a hacer con muchas semanas de antelación. No se puede lograr una certeza elevada de manera consistente. No hay una bola de cristal mágica.

## El "gaydar" de Stanford no funciona por la cara

Piensa en el bombo que rodeó al tristemente célebre estudio sobre el "gaydar" de la universidad de Stanford. En su resumen inicial (el *abstract*), un artículo publicado en 2018 por los investigadores Michal Kosinski y Yilun Wang afirma que su modelo predictivo logra una exactitud del 91 por ciento al distinguir entre hombres gays y heterosexuales a partir de imágenes faciales. Eso animó a los periodistas a publicar afirmaciones muy exageradas acerca del rendimiento predictivo. Empezó un artículo de *Newsweek* con "Ahora la IA puede decir si eres gay o heterosexual con solo analizar una foto de tu cara". La portada de *The Economist* mostraba una cara que parecía una huella dactilar con el titular "Qué pueden decir las máquinas a partir de nuestra cara".

La cobertura mediática engañosa resultante es esperable. La afirmación inicial de los investigadores sobre la exactitud del 91 por ciento transmite de forma tácita e inevitable (a los lectores legos, los periodistas no técnicos e incluso a lectores técnicos casuales) la idea de que el sistema puede decir quién es gay y quién no y, en general, estar en lo cierto en ambas categorías.

Pero esa aseveración es falsa. El modelo no puede "decir" eso con seguridad acerca de cualquier individuo dado en general. En realidad, lo que puede hacer el modelo de Stanford el 91 por ciento de las veces es mucho menos extraordinario: puede identificar cuál de un par de dos hombres es gay cuando ya se ha establecido que uno lo es y el otro no.

Esta comparación (a la que yo llamo "prueba de pares") puede parecer una historia convincente, pero es engañosa. En principio, puede parecer un indicador razonable del rendimiento de un modelo predictivo, ya que la prueba crea un campo de juego equilibrado donde cada caso tiene unas probabilidades de 50/50. Y, de hecho, el resultado de esta prueba confirma que el modelo tiene un rendimiento mejor que las suposiciones aleatorias. La mayoría de los científicos de datos conocen la prueba de pares por un nombre más técnico, AUC (*Area Under the receiver operating characteristic Curve*, área bajo la curva ROC). Y, aun así, la mayoría de los científicos de datos, según mi experiencia, no se han dado cuenta de que las dos métricas son la misma. La AUC es igual a nivel matemático al rendimiento observado al realizar la prueba de pares (suponiendo que la realices las veces suficientes). Son solo dos maneras diferentes de calcular el mismo número. Aunque la AUC es bastante popular entre los científicos de datos, sus detalles técnicos quedan fuera del ámbito de este libro. Pero, puesto que la prueba de pares es más fácil de entender y es una medida equivalente, ese es el término que voy a utilizar en este capítulo.

Pero la capacidad del modelo para acertar en la prueba de pares el 91 por ciento de las veces se traduce en un rendimiento bajo fuera del laboratorio de investigación, donde no hay un escenario artificial que presente pares así. En el mundo real, emplear el modelo requería moverse por un escenario de compensación complicado. Por ejemplo, podrías ajustar el modelo para que identificase de forma correcta dos tercios de todos los individuos gays, pero también podría identificar a otros como gays de forma equivocada, errores conocidos como falsos positivos. ¡De hecho, cometería muchos errores así y predeciría de manera incorrecta más de la mitad de las veces que identificase a alguien como gay! Y, si configuras sus parámetros para que identifique correctamente a más de dos tercios, el modelo cometería errores así aún más a menudo.

Esto se debe a que una de las dos categorías es poco frecuente, en ese caso, los individuos gays, que representan alrededor del 7 por ciento de la población general de hombres (según las estadísticas citadas por el estudio de Stanford). Cuando una categoría está en minoría, eso hace de forma intrínseca que sea más difícil de predecir.

Además, aquí la exactitud no es una referencia útil, para empezar. La exactitud solo nos dice con qué frecuencia la predicción del modelo es correcta.

---

*Exactitud: La proporción de casos que un modelo predictivo predice correctamente, es decir, con qué frecuencia el modelo está en lo cierto.*

---

Para este proyecto, no significaría nada conseguir una exactitud deslumbrante del 93 por ciento: solo tienes que clasificar a todo el mundo como heterosexual. Al hacerlo, aciertas el 93 por ciento de las veces, incluso aunque no logres distinguir correctamente a nadie de la minoría, el 7 por ciento que es gay. Mejorar eso e identificar de forma correcta al menos algunos casos de la minoría requeriría compensaciones: la introducción de los falsos positivos y, en general, una exactitud global más baja.

El modelo de Stanford tuvo éxito hasta cierto punto (podía hacer predicciones mejores que suposiciones), pero, después, los investigadores malinterpretaron su rendimiento en la prueba de pares al llamarlo "exactitud". *Voilà!* Los periodistas y los lectores creen que el modelo puede "decir" si eres gay o heterosexual.

Algunas cosas son muy difíciles de predecir de manera fiable. "Gaydar" como concepto popular se refiere a una forma inalcanzable de clarividencia humana. No deberíamos esperar tampoco que el ML consiga capacidades sobrenaturales.

## Exactitud: una palabra que a menudo se usa de forma inexacta

El estudio de Stanford es un ejemplo perfecto de un paso en falso habitual al que llamo la falacia de la exactitud, que exagera sobremanera el rendimiento del ML en diferentes dominios. Lleva al público a creer equivocadamente que el sistema puede conseguir un nivel de rendimiento que no es realista, como si fuese una "bola de cristal"; en concreto, puede distinguir casos positivos y negativos y, en general, estar en lo cierto tanto para casos positivos como para negativos. Eso no es factible para muchos objetivos de predicción notables. Puesto que muchos comportamientos importantes, como hacer clic o comprar, tienden a ocurrir con menos frecuencia, son especialmente difíciles de predecir. Ningún modelo podría "decir" esas cosas con una fiabilidad alta en general.

En algunos casos, los investigadores llevan a cabo una variación de la falacia de la exactitud: informan de la exactitud de la clasificación que obtendrías si la mitad de los casos fuesen positivos. Por ejemplo, las universidades de Emory y Harvard informaron sobre un modelo que predice la aparición de la psicosis con una "exactitud del 90 por ciento", según se evaluó a partir de los datos de un mundo donde al 50 por ciento de los pacientes se les acaba diagnosticando una psicosis. Hay una palabra para medir la exactitud de esa manera: trampa. A nivel matemático, esto suele inflar la "exactitud" de la que se informa un poco menos que la prueba de pares, pero es una maniobra similar y exagera mucho el rendimiento de una manera muy parecida.

La argucia de la falacia de la exactitud se aplica por todas partes, en informes sobre la predicción de la criminalidad, el suicidio, las dimisiones en el trabajo, las ventas de libros, los *deepfakes*, los tsunamis y los infartos. La lista continúa y es muy larga. Para ver una cobertura más amplia de la falacia de la exactitud, consulta las notas de este capítulo, en inglés, en www.bizML.com.

Revisar estos proyectos resalta partes buenas y malas de la industria del ML. Ambos estudios tergiversan el rendimiento predictivo, pero, en conjunto, ilustran la amplia aplicabilidad del ML en múltiples industrias. Muchos de ellos son, por lo demás, proyectos legítimos, que han generado un modelo sólido con potencial para ser valioso. El único problema está en cómo transmiten de forma engañosa el rendimiento predictivo que consigue el modelo.

La falacia de la exactitud contribuye al bombo publicitario de la IA. Al transmitir niveles de rendimiento inflados y referirse a la tecnología como IA en vez de ML, los investigadores explotan (y, al mismo tiempo, alimentan) la fascinación del público con poderes asombrosos, pero ficticios.

La responsabilidad recae, en primer lugar, sobre los investigadores, que deben informar de manera inequívoca y no engañosa a los periodistas y, en segundo lugar, sobre los periodistas, que deben asegurarse de que ellos y sus lectores entienden la capacidad predictiva acerca de la que están informando. Pero, dadas las circunstancias actuales, todos debemos perfeccionar nuestras habilidades de vigilancia: ten cuidado con las afirmaciones sobre "exactitud alta" en el ML. Si suena demasiado bueno para ser cierto, probablemente lo es.

## La cháchara sobre predicciones imperfectas

Mientras nosotros desmontamos, con razón, las afirmaciones pretenciosas sobre una predicción fantástica, otros desmontan, de forma equivocada, algunos de los pronósticos más sagaces, aunque imperfectos. Los *quants* que comunican con sinceridad los límites de sus modelos se enfrentan, no obstante, a una amenaza a su reputación por culpa de una mala interpretación reaccionaria.

Tomemos como ejemplo al conocido *quant* electoral Nate Silver. Pese a su impresionante historial de pronósticos políticos, los críticos lo crucificaron después de que Donald Trump derrotase a Hillary Clinton en las elecciones de 2016 para la presidencia de EE. UU. El pronóstico electoral de Silver había establecido una probabilidad del 70 por ciento de que el resultado fuese el contrario. Como dijo la *Harvard Gazette*, "expertos políticos asombrados culpan a los encuestadores y pronosticadores y proclaman la 'muerte de los datos'".

Pero eso es injusto e injustificado. "70 por ciento" no significa que Clinton va a ganar con claridad, y un 30 por ciento de probabilidades de una victoria de Trump no es una posibilidad remota en absoluto. Algo que ocurre un 30 por ciento del tiempo es bastante común y normal. Y eso es la probabilidad. Significa que, en una situación como esta, ocurrirá 30 de cada 100 veces, o 3 de cada 10 veces. No son grandes probabilidades.

A menos que finjas ser adivino, transmitir incertidumbre no es un pecado; al contrario, es a menudo una virtud. La probabilidad del 70 por ciento para Clinton estaba más cerca del 50/50 de opciones que de una "cosa segura" al 100 por cien. La conclusión que se extrae de un pronóstico del 70 por ciento para Clinton no es que tiene el puesto asegurado. No, la conclusión es "no lo sé". En aquel momento, la mayoría de los pronósticos prominentes situaban las opciones de Clinton mucho más arriba, entre el 92 y el 99 por ciento. Estos modelos mostraban un exceso de confianza. El modelo de Silver no se comprometía demasiado. Expresaba, ante todo, incertidumbre. Pero, por desgracia, la probabilidad de su modelo se malinterpretó como una predicción definitiva, como si hubiese hecho una afirmación absoluta.

## Obligarse a actuar

A menudo, no comprometerse es prudente. La mejor defensa de Silver frente a la confusión del público podría ser simplemente abstenerse cuando hay un grado considerable de incertidumbre y revelar solo su predicción cuando las probabilidades del candidato sean muy elevadas.

Pero, para muchas implementaciones de ML, hay que comprometerse incluso cuando la predicción es incierta. Debe tomar decisiones de sí o no una y otra vez. ¿A quién deberíamos dirigirnos para vender? A los que se predice que comprarán. ¿A quién deberíamos aprobar para una tarjeta de crédito? A los que se predice que siempre pagarán las facturas. Como veremos más adelante en el capítulo sobre la implementación, la ruta desde la predicción hasta la acción no siempre es tan simple, pero, al final, las predicciones guían las decisiones operativas, y las decisiones en cuestión suelen ser binarias.

Esto tiene muchas papeletas para salir mal. Sabemos que, cuando el ML hace predicciones con un compromiso, el rendimiento que suele lograr está lejos de ser perfecto.

Sabemos que una exactitud elevada no es el objetivo adecuado. Y sabemos el precio que pagó Nate Silver. Por suerte, el juego en el que participa el ML es más fortuito que el juego en el que participa Nate Silver, el juego de pronósticos electorales singulares y únicos en el que cada uno se somete al escrutinio público. El ML predice repetidamente, afectando a una cantidad enorme de decisiones operativas y acumulando un largo historial por el camino.

## El valor de la predicción imperfecta

"Todos los modelos se equivocan, pero algunos son útiles".

—Afamado profesor de estadística George Box

El acto de la predicción repetida y frecuente trae consigo una gran noticia: para muchas aplicaciones de ML, hacer un buen número de predicciones erróneas está bien. Siempre y cuando prediga mejor que una simple suposición, a menudo eso es más que suficiente para mejorar las operaciones a gran escala y los resultados. Yo llamo a esto el "efecto predicción" (introducido en mi libro anterior, *Analítica predictiva*):

> *El efecto predicción: Una predicción pequeña recorre un largo camino. La ley de los grandes números está de nuestro lado; predecir mejor que lo que se supone suele ser más que suficiente (cuando se aplica en muchas predicciones) para proporcionar valor.*

Al desplegar el ML, disfrutamos de la seguridad de un juego de números que es mucho más fiable que un único pronóstico, ya que es fácil hacer mal cualquier pronóstico. ¿Irá la economía hacia arriba o hacia abajo en el siguiente trimestre? ¿Alcanzaremos nuestra cuota de ventas el mes que viene?

En su implementación empresarial, el ML guía muchas decisiones operativas repetidas. Al jugar con las probabilidades todo el tiempo, el rendimiento global tiene un buen resultado ya que las predicciones del modelo mejoran la eficiencia organizativa. El proyecto no se evalúa en función de un solo caso; no tienes que preocuparte por pasos en falso individuales.

Vale, entonces un modelo es, potencialmente, lo bastante bueno para ser valioso, pero ¿cómo de bueno exactamente? ¿Cómo medimos y comunicamos el rendimiento predictivo? Una vez que hemos determinado que la exactitud no es pertinente y a menudo es engañosa, ¿cuál es la métrica adecuada?

## *Lift*: una medida significativa del rendimiento

Para medir el rendimiento predictivo de una manera significativa, tienes que diferenciar entre casos positivos y negativos. La exactitud no hace eso. Solo dice "¿con qué frecuencia es correcto el modelo?", tanto con casos positivos como con negativos. Puesto que no diferencia, por lo general no logra informar sobre el rendimiento de una manera útil. Un mal modelo puede parecer bueno. Por ejemplo, si solo un 1 por ciento de los clientes compra, un modelo que prediga "no" para cada cliente consigue una exactitud del 99 por ciento, pero no consigue predecir de manera correcta ningún caso positivo, es decir, cualquier cliente que vaya a comprar.

Para remediar esto, un enfoque habitual es medir con qué frecuencia identifica el modelo correctamente casos positivos en particular. Para el marketing dirigido, por ejemplo, eso significa que medimos con qué frecuencia contacta la campaña con los clientes adecuados, aquellos que comprarán. Para la mayoría de los proyectos, positivo significa la clase menos frecuente (que suele ser aquella cuya identificación correcta es más valiosa), por ejemplo, clientes que cancelarán su suscripción, deudores que incurrirán en impago, imágenes médicas que indican la presencia de una enfermedad o pacientes que sufrirán un infarto.

De manera más específica, queremos saber con qué frecuencia identifica el modelo casos positivos en comparación con realizar simples suposiciones. Puede que no haya muchos casos positivos; por ejemplo, digamos que solo el 1 por ciento de los clientes comprará como respuesta al marketing. ¿Puede un modelo identificar un "grupo de interés" que sea mucho más rico en cuanto a personas que responden? Si el modelo identifica un grupo que compra el 3 por ciento de las veces, entonces es tres veces mejor que la selección aleatoria. Esto se conoce como *lift* de tres. Parece un buen grupo al que dirigirse para vender.

Espera un momento; ese modelo no es mucho mejor que un mono con los ojos vendados lanzando dardos. Sus predicciones no son muy seguras. Entre los clientes que identifica para el contacto de marketing, solo el 3 por ciento acaba comprando. No tiene mucha confianza respecto a cualquier cliente que responda. Nunca afirma: "Es casi seguro que este cliente comprará".

Pero mejorar la predicción en un porcentaje tan pequeño puede servir para mucho. Predecir tres veces mejor que adivinar puede suponer el triple de beneficios. Digamos que el modelo ha hecho estas predicciones positivas para el 25 por ciento de los clientes, es decir, el grupo al que ha dirigido para el contacto representa un cuarto de la población total. Esto podría multiplicar el beneficio por más de cinco, como el ejemplo que vemos en la siguiente nota.

---

**El beneficio del modelado de respuestas**

*Para una situación hipotética de ejemplo, veamos un poco de aritmética básica que muestra cómo un* lift *de tres se traduce en un beneficio multiplicado por más de cinco.*

*Número de clientes: 1.000.000*

*Coste por contacto: 2 dólares*

*Beneficio por compra: 220 dólares*

*Número de clientes que compran: 1 por ciento*

*Beneficio sin un modelo predictivo (marketing masivo para todos los clientes):*

*Beneficio total = ingresos − coste*

*= (220 dólares × 10.000 respuestas) − (2 dólares × 1 millón)*

*= 200.000 dólares*

*Beneficio de dirigirse (solo) al 25 por ciento de los clientes, con un* lift *de tres (orientado con un modelo predictivo):*

*Número de clientes: 250.000*

*Coste por contacto: 2 dólares*

*Beneficio por compra: 220 dólares*

*Número de clientes que compran: 3 por ciento*

*Beneficio total = ingresos − coste*

*= (220 dólares × 7.500 respuestas) − (2 dólares × 250.000)*

*= 1.150.000*

Dado el claro beneficio de conseguir un *lift* determinado, vamos a definirlo de forma adecuada:

> **Lift:** *Un multiplicador: Cuántas veces más a menudo aparecen casos positivos dentro de un grupo identificado por un modelo predictivo, en comparación con qué frecuencia aparecen en general.*

El *lift* captura la mejora multiplicativa de las operaciones, el retorno aumentado de nuestros esfuerzos, cuánto más se gana por cada dólar. Con un *lift* de tres, el marketing dirigido al grupo será tres veces más efectivo. Al auditar al grupo marcado para las transacciones encontrará el triple de fraudes. Al examinar a los pacientes delimitados encontrará el triple de diagnósticos positivos. De este modo, el *lift* cuantifica la contribución de un modelo, incluso para modelos que no tienen mucha seguridad ni se acercan a una bola de cristal mágica.

El *lift* refleja una limitación intrínseca de cada modelo: predice con menos confianza cuando el objetivo son grupos más grandes. Cuantos más casos predice como positivos, más bajo tenderá a ser el *lift*. El *lift* siempre se mide con relación al grupo al que se ha dirigido el modelo. En el ejemplo del modelado de respuestas, el modelo conseguía un *lift* de tres para un cuarto de la población global (el 25 por ciento que se había predicho que tenía más probabilidades de comprar). Si fuésemos un poco más allá y tomásemos una mitad, el 50 por ciento con más probabilidades de comprar según la predicción, el *lift* sería más bajo, ya que este grupo incluye a individuos que no habían llegado al primer 25 por ciento.

Como alternativa, el modelo podría conseguir un *lift* más elevado si se utilizase para identificar una porción más pequeña y selecta de la población. Por ejemplo, un modelo podría conseguir un *lift* de 20 para el primer 1 por ciento de la población. Pero hay un inconveniente en dirigirse solo a un grupo tan pequeño: a cambio de unas predicciones más seguras, acabas con un grupo mucho más pequeño de clientes potenciales; para el marketing, eso significa un número más pequeño de compradores potenciales a los que vender.

## Incluso un *lift* pequeño ayuda mucho

A veces, tiene sentido dirigirse a grupos más grandes, aunque eso suponga un *lift* más bajo. Vamos a fijarnos en las puntuaciones para la concesión de créditos, donde el modelo predice si el solicitante de un crédito incurrirá en impago de su préstamo. Supongamos que el 10 por ciento de los solicitantes acabará incurriendo en impago y el modelo obtiene un *lift* de 1,7 al 50 por ciento. Es decir, identifica a una mitad del grupo total de solicitantes que tienen de media una probabilidad 1,7 veces mayor de incurrir en impago; eso significa que es un 70 por ciento más probable que la media. En este caso, la mitad que ha sido el objetivo tiene un 17 por ciento de probabilidades de incurrir en impago.

Quizá el 17 por ciento no parezca el peor riesgo del mundo, pero es alto en comparación con la otra mitad, con menor riesgo, que solo incurre en impago en un 3 por ciento. ¿Cómo llegamos a ese 3 por ciento? La aritmética es simple: las dos mitades deben promediar una tasa global de impago del 10 por ciento. Puesto que esa es la media de 17 y 3, sabemos que el grupo de menos riesgo debe tener una tasa de impago del 3 por ciento.

¡Esa diferencia es un mundo! Al traducir esto a beneficios, se entiende con más claridad; la siguiente nota muestra que podemos elegir entre ganar o perder cientos de millones de dólares.

---

**El beneficio de las puntuaciones para la concesión de créditos**

*Número de solicitantes de préstamos: 1.000.000*

*Pérdida media de un deudor que incurre en impago: 5.000 dólares*

*Ganancia media de un deudor que devuelve el préstamo: 500 dólares*

*El modelo predice que la mitad de los participantes son de alto riesgo, con una tasa de impago del 17 por ciento, y la otra mitad es de bajo riesgo, con una tasa de impago del 3 por ciento.*

**Si apruebas las solicitudes de alto riesgo:**

*Ganancia = 83 % × 500.000 × 500 dólares = 207,5 millones de dólares*

*Pérdida = 17 % × 500.000 × 5.000 dólares = 425 millones de dólares*

*Beneficio = ganancia − pérdida = −217,5 millones de dólares (una pérdida)*

**Si apruebas las solicitudes de bajo riesgo:**

*Ganancia = 97 % × 500.000 × 500 dólares = 242,5 millones de dólares*

*Pérdida = 3 % × 500.000 × 5.000 dólares = 75 millones de dólares*

*Beneficio = ganancia − pérdida = 167,5 millones de dólares (un beneficio)*

El *lift* se aplica de manera universal, en distintas aplicaciones de ML. No importa para qué estés usando ML, el *lift* sirve como métrica fundamental interdisciplinar para informar acerca del rendimiento predictivo puro de un modelo. Proporciona una lectura clara de lo bien que puede un modelo identificar a individuos que tienen, relativamente, más probabilidades de comportarse de una manera determinada.

Pero el *lift* solo puede calcularse para un modelo una vez que el modelo se ha orientado a un grupo. Eso significa que debe comprometerse a predicciones de sí o no que determinan qué individuos pertenecen al grupo y cuáles no. Calcular el *lift*, así como el beneficio, solo es posible con relación a ese grupo. Sin embargo, un modelo bruto no se compromete. Para cada individuo, genera una puntuación probabilística dentro del espectro del 0 al 100 por ciento. Así pues, para determinar quién pertenece al grupo objetivo, debe establecerse un umbral para comprometerse a una decisión para cada individuo. Los individuos con puntuaciones por encima del umbral pertenecen al grupo objetivo.

Entonces, ¿dónde trazamos esa línea?

## Un ejemplo ilustrativo: ¿cómo de grande es tu televisión?

Cuando enseño el *lift* en el aula, hago que todos se levanten y se conviertan en los datos. Cada persona sostiene un trozo de papel con el tamaño del televisor más grande de su casa y el grupo se coloca en una fila ordenada por el tamaño de la televisión:

Personas en orden según el tamaño de su televisor (un cero significa que no tienen). Aquellas con la mano levantada están suscritas a HBO.

Después, hago una pregunta relacionada con el uso de la televisión, por ejemplo, "¿quién tiene una suscripción a HBO?". Como no me olvido de definir de forma concienzuda el objetivo de la predicción, mi pregunta es, en realidad, más precisa: "¿Quién vive en una casa que no solo use, sino que pague por una suscripción a HBO o Max?".

Como ves, los casos positivos están más concentrados dentro de la porción superior (el lado izquierdo) de este "conjunto de datos humano". Vamos a calcular el *lift* de la porción superior. En total, el 32 por ciento de los individuos tiene HBO (12 de 38). Pero, entre el *top ten*, es el 70 por ciento. Eso es un *lift* de 2,2: esa porción superior tiene 2,2 veces más casos positivos que la población total.

Ahora bien, este ejercicio de clase simplifica en exceso las cosas de un par de formas. Es un conjunto de datos muy pequeño, así que los resultados están lejos de ser fiables. Y las predicciones se basan en una única variable: el tamaño de la televisión (es lo que llamamos modelo univariante). Además, las puntuaciones no están escaladas para ser probabilidades, aunque sirven de todos modos para establecer un orden y calcular el *lift*. Pese a estas limitaciones, el efecto visual y la aritmética simple ilustran los conceptos con fines didácticos.

¿Por qué he calculado el *lift* para el *top ten* en vez de, por ejemplo, para el *top* veinte? La respuesta es pragmática. Quizá solo tengo un presupuesto de marketing concreto para contactar con esa cantidad. O tal vez solo merece la pena intentar vender mi producto donde la tasa de suscripciones a HBO es de al menos el 70 por ciento. Vamos a pasar a ejemplos más realistas para explorar más.

## Implementar ML es triar y priorizar

Esta historia es la misma para un proyecto de modelado a gran escala: los casos con más probabilidades de ser positivos y, por tanto, más dignos de atención, quedan más arriba en la clasificación.

En vez de esas 38 personas en un aula, digamos que tenemos una lista de 100.000 clientes. Estos son los cuatro primeros:

| Nombre: | Puntuación del modelo: | Compra: |
|---|---|---|
| E. Siegel | 85,628 % | Sí |
| G. Clooney | 85,626 % | No |
| T. Mitchell | 85,625 % | Sí |
| T. Bayes | 85,623 % | Sí |
| ... | | |

El modelo ha puntuado a cada individuo y hemos ordenado la lista en función de esa puntuación. El primero tiene una puntuación de 85,628 por ciento. Para el modelado de respuestas, eso significaría que el modelo ha calculado eso como la probabilidad de que compre si contactamos con él, que sería una probabilidad bastante alta, teniendo en cuenta que las campañas de marketing tienden a tener índices de respuesta bastante bajos en general, de un solo dígito o incluso solo una fracción de un porcentaje.

A continuación, vamos a fijarnos en la columna de la derecha, para ver si el caso es positivo o negativo (sí o no). Para mostrar más, estos son los valores de esa columna para los 100 primeros casos; los casos positivos se muestran como un 1 y los negativos como un 0:

1011111111011110111100111111101111110111111111111110111

1100111111101111110111101111100111011111101101 11

Con un simple vistazo, puedes ver la alta densidad de unos en esta porción que está arriba en la clasificación. La frecuencia de unos no se reduce necesariamente a medida que avanzamos por esta lista de 100, ya que esta es solo una porción pequeña de una lista mucho más larga. Pero, si sacásemos los 100 clientes que están hacia la mitad de la lista, tendríamos una imagen muy diferente, con una mezcla más equilibrada de casos positivos y negativos:

10110100010110101110001000101111011100000110101110100

11011010010001011011010001011011101011011110000

Y, después, los 100 últimos serían en su mayoría casos negativos:

11000000001010010000100000001000000001000010000001000

0011000000001001000010000110000100001000001 00100

La misma tendencia general se produce en esta larga lista y en el conjunto pequeño de estudiantes con el tamaño de los televisores: muchos casos positivos aparecen pronto en la clasificación y van reduciéndose hasta ser números pequeños al final de la lista.

Un modelo consigue este mismo efecto valioso en todo tipo de aplicaciones de ML. Sus puntuaciones predictivas sirven para colocar a los individuos en una clasificación de manera que la porción superior es más densa en cuanto a casos positivos y la porción inferior tiene muchos menos casos positivos.

Al crear una clasificación de los individuos, el ML capacita a la organización para triar y priorizar. Contactar con los clientes con más probabilidades de comprar. Invertir esfuerzo para la retención en los clientes con más probabilidades de marcharse. Auditar a mano las transacciones con más probabilidades de ser fraudulentas. Inspeccionar los edificios con más probabilidades de sufrir un incendio.

Este concepto se extiende de manera natural a la búsqueda en Internet. Es el antídoto para la sobrecarga de información. Google te hace el favor de utilizar ML para colocar una cantidad difícil de manejar de elementos en un orden significativo. Facebook también lo hace, ordenando el *feed* mediante la predicción de cuáles de los múltiples elementos que tus contactos han publicado recientemente te resultarán más interesantes. Airbnb y Match.com se unen también a la tendencia y te ayudan a revisar una oferta excesiva de contactos potenciales, ya sean propiedades en alquiler o parejas sentimentales.

Por supuesto, esto también se aplica en el triaje en su sentido más literal, el triaje médico. Atiende primero a los pacientes a los que el modelo ha puntuado como aquellos con más probabilidades de sufrir un empeoramiento de su salud o con más probabilidades de recibir un diagnóstico positivo. Reexamina a pacientes que según la predicción tienen más probabilidades de ser reingresados a lo largo del siguiente año. Contacta con pacientes con más probabilidades de no recoger una medicina recetada o de saltarse una cita médica.

En todos los casos, el modelo selecciona objetivos de manera proactiva en función del riesgo o la oportunidad. Señala a los individuos con el riesgo o la ganancia potencial más elevados, aquellos en los que vale la pena invertir tiempo y recursos limitados.

## Trazar la curva de beneficios

La lista de la clasificación nos indica dónde trazar la línea (dónde establecer el umbral) para guiar una decisión operativa de tipo sí o no. Considera la decisión de si deberías contactar con cada cliente mediante una campaña de marketing. Puedes ver los beneficios acumulados cuando enviamos un folleto promocional a los clientes, de los que tienen más probabilidades de comprar a los que tienen menos.

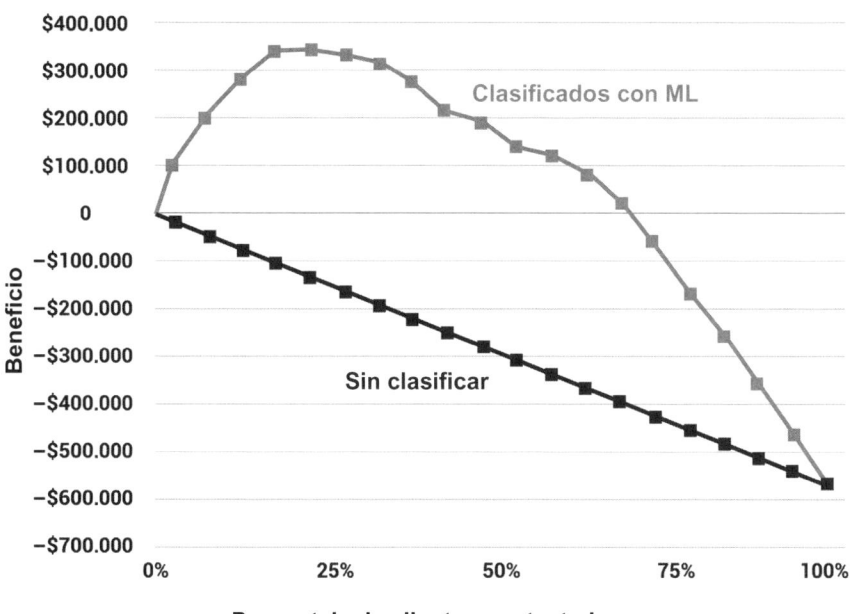

**Porcentaje de clientes contactados**

Esta es una curva de beneficios típica. El eje horizontal corresponde a hasta qué punto hemos bajado en la lista ordenada. A medida que nos movemos de izquierda a derecha, empezamos con aquellos que han recibido la puntuación más alta del modelo. En cada posición, el beneficio se calcula del mismo modo en que lo hemos hecho en la nota anterior sobre el beneficio del modelado de respuestas, basado en cuánto hemos invertido en contactar con todos esos clientes y cuánto hemos obtenido de aquellos que, a su vez, respondieron con una compra.

Siguiendo la curva superior, puedes ver los altibajos de la campaña. Al principio, cuantos más clientes contactamos, más sube el beneficio. Aunque invirtamos más para movernos hacia la derecha (contactar cada vez con más clientes), estamos recibiendo suficientes respuestas positivas para generar un beneficio. Aquí es donde sacamos el máximo partido a nuestra inversión en marketing.

Si avanzamos hasta alrededor de un cuarto de la lista, vemos que empieza a establecerse un rendimiento decreciente. Hemos agotado la porción más receptiva de la lista y empezamos a perder dinero; el beneficio acumulativo empieza a disminuir a medida que vamos contactando con más clientes, pero ya no obtenemos tantas respuestas positivas.

La campaña de marketing global es un fiasco si contactas de verdad con toda la lista. Si contactas con el 100 por cien de los clientes, avanzando hacia la derecha del gráfico, acabarás con unas pérdidas de alrededor de 550.000 dólares.

Para el ejemplo de curva de beneficios mostrado, si no tienes ningún modelo, solo pierdes. Para visualizar esa situación, la línea recta inferior muestra lo que pasaría sin un modelo y, por tanto, sin ningún medio para ordenar la lista. Al seguir un orden aleatorio de manera efectiva, perderías dinero a un ritmo constante a medida que avanzas por la lista, así que la línea inferior sigue siendo una línea recta hacia abajo hasta el extremo con el resultado final. Esa línea sirve como punto de referencia para la comparación. Por el contrario, el aumento y la caída final de la línea de beneficios superior es una prueba de cuánto valor puede proporcionar un modelo.

En cualquier caso, en el extremo derecho, acabamos en el mismo punto, perdiendo unos 550.000 dólares. Esto se debe a que, si intentamos vender a todo el mundo, el orden en que lo hagamos no importa; siempre acabamos con la misma pérdida total, un beneficio negativo. Si planeamos contactar con todo el mundo, no estamos usando marketing orientado, así que no sirve para nada tener un modelo predictivo.

Volviendo a la curva de beneficios superior, es probable que estés sintiendo la necesidad de pisar el freno, quizá en torno a la marca del 25 por ciento. Si parases ahí, el beneficio sería de 350.000 dólares. A menudo, esa es la mejor opción, pero no es un absoluto. A veces, el beneficio del marketing de contactar con más personas tiene una prioridad estratégica más alta, incluso si hacerlo no se refleja en los beneficios a medio plazo. En ese caso, podría argumentarse que parar alrededor del 72 por ciento, cuando no hay ganancias ni pérdidas, sería una opción mucho mejor que invertir más de medio millón de dólares en contactar con todo el mundo. De ese modo, te diriges básicamente a casi tres cuartos de la lista de forma gratuita. Al final, la elección depende de la estrategia de marketing a largo plazo y de otros factores pragmáticos de tu organización. En cualquier caso, una curva de beneficios como esta ayuda a guiar esta decisión.

El ascenso y el descenso de esta campaña de marketing parece contar una historia trágica. Si tan solo conocieses la historia completa antes de desarrollarla, podrías terminarla antes, abandonando mientras vas ganando (en el punto más alto), en vez de aprender por las malas y acabar en el punto inferior derecho mortal del gráfico. ¿Hay alguna forma de contar la historia antes de vivirla?

## Implementar de forma agresiva o defensiva: tu límite marca la diferencia

Voy a dejarte patidifuso: la curva de beneficios es solo una proyección. Puedes trazarla antes de llevar a cabo la campaña de marketing. En vez de hacer un seguimiento de cómo ha funcionado el marketing, calcula de antemano cómo funcionaría. Para eso son los datos. No solo sirven para entrenar el modelo, sino para evaluarlo y planificar su implementación. Profundizaremos en los datos en el siguiente paso de bizML ("preparar los datos"), pero, por ahora, quédate con esto: antes de la implementación, los modelos se prueban de forma provisional con el mismo tipo de datos históricos utilizados para desarrollarlos.

Antes de la implementación, puedes trazar este tipo de curva proyectada del mismo modo para casi cualquier proyecto de ML. Para ayudarte a decidir a cuántos individuos dirigirte, ves el espectro de opciones correspondientes a la manera en que el modelo ha organizado a los individuos en la clasificación. A medida que avanzas por el espectro, decidiendo con cuántas personas contactar, a cuántas aprobar un préstamo o a cuántas auditar en busca de fraude, a menudo ves el mismo patrón: un tramo hacia arriba seguido de un descenso. Hay un punto óptimo, una zona de habitabilidad, que suele ser el mejor lugar para detenerse. Al establecer un umbral (también conocido como límite) en esa posición, el modelo servirá para ser selectivo, dirigiéndose para el tratamiento a aquellos que han recibido una puntuación por encima del umbral. De este modo, el modelo proporciona una amplia variedad de opciones. Cuando trazas la línea, estás estableciendo por qué opción decantarte en la implementación; estás decidiendo con precisión cómo utilizar el modelo.

Por ejemplo, un modelo de respuestas podría aplicarse para aumentar los ingresos o reducir los costes. Al fin y al cabo, la mejora en la eficiencia puede conseguirse de cualquiera de las dos formas. Para reducir costes mientras mantienes las ventas actuales, dirígete a un número más pequeño de clientes potenciales que estén más arriba en la clasificación. En comparación con el marketing masivo sin un modelo, esto podría generar las mismas ventas incluso mientras se invierte menos en la campaña. O, para aumentar las ventas sin incrementar los costes, invierte el presupuesto actual para marketing con más inteligencia orientando la campaña con el modelo de respuestas. De ese modo, estarás contactando con un grupo más receptivo. La diferencia entre estas dos opciones se reduce a dónde trazar la línea, es decir, hasta dónde quieres bajar en la lista de clientes clasificados.

De manera similar, la detección del fraude proporciona el mismo tipo de opciones de compensación. Por ejemplo, Citizens Bank desarrolló un modelo de detección de fraude con cheques que podía utilizarse, bien para evitar un 20 por ciento más de pérdidas, bien para reducir su personal de prevención del fraude en un 30 por ciento. Por una parte, un equipo establecido de auditores humanos detectaría más fraudes si dedicasen el tiempo a un grupo de transacciones más específico que incluyese más fraudes. De este modo, su tiempo estaría mejor invertido. Por otra parte, el modelo podría mantener el nivel actual de detección del fraude con un equipo de auditores más pequeño. Con un equipo más pequeño auditando un grupo de transacciones más pequeño (pero con una mayor densidad de fraude), encontrarían la misma cantidad de fraudes que un equipo grande sin modelo. De nuevo, la elección entre estas opciones está determinada por dónde situamos el umbral y trazamos la línea.

Puedes pensar en estos pares de opciones como en la presentación de una elección entre una implementación más agresiva y otra más defensiva. La decisión es estratégica. Aunque hay un debate intenso alrededor de cuál es mejor, no hay una opción que valga para todos los casos. Si la economía está hundiéndose y tu empresa está teniendo un mal trimestre, cabe esperar que el foco estará en recortar costes. Y algunas aplicaciones de ML suelen publicitarse más en el lado "defensivo" como reductoras de costes, como el mantenimiento predictivo y la optimización de la cadena de suministro. Otras aplicaciones se venden con mayor frecuencia como un medio para incrementar los ingresos, como la optimización de los precios y las recomendaciones de productos. Pero, para cualquier caso de uso, siempre hay una variedad de opciones para la implementación del modelo.

En estos ejemplos, el beneficio final generado por un modelo ha determinado cómo se planifica su implementación. No utilizaríamos solo el *lift* para decidir dónde trazar estas líneas, así que ¿por qué necesitamos una medida bruta de rendimiento predictivo como *lift* cuando una métrica empresarial siempre va por delante?

## Métricas empresariales frente a métricas del modelo

Las métricas empresariales, como el beneficio o el retorno de la inversión, guían los proyectos de ML. Definen el objetivo empresarial, determinan el plan de implementación y miden el éxito del proyecto. Por el contrario, a muchos jefes de negocios les parece que los informes sobre la pura capacidad predictiva de un modelo son abstractos y arcanos. Les resultan irrelevantes. Las métricas de rendimiento como el *lift* o las pruebas de pares nos indican la capacidad técnica de un modelo y nos ofrecen una lectura de su éxito analítico (por ejemplo, *lift* nos indica cuántas veces es mejor que una simple suposición), pero no nos dicen de manera directa cuál es el valor empresarial que proporcionará la implementación del modelo.

Así pues, ¿por qué no trabajar solo con la métrica empresarial con relevancia directa, como los beneficios, y dejar fuera por completo las métricas técnicas, como *lift*?

Medir el poder predictivo de un modelo puede ser abstracto, pero también tiene una ventaja. Las métricas de rendimiento de un modelo se aplican a nivel universal, y nos indican lo bien que predice el modelo, al margen del área de la aplicación y la industria. Dada la gran aplicabilidad del ML, unas métricas así establecen un lenguaje que todos los científicos de datos (y sus herramientas) pueden hablar en diferentes proyectos y distintas industrias. Y sirven para validar y depurar un modelo bruto antes de incluir las complejidades de su contexto empresarial planeado. Vamos a poner nombre a este concepto:

> *Métrica de rendimiento predictivo:* *Una medida del rendimiento predictivo puro de un modelo, como el* lift, *la exactitud o la prueba de pares. Una métrica así sirve para evaluar el rendimiento técnico de un modelo, pero no evalúa de forma directa el valor empresarial de un modelo. Por tanto, cuando es posible, esta métrica bruta se traduce a una métrica empresarial.*

Entre las muchas métricas de rendimiento de uso habitual, este capítulo se centra en el *lift* porque es un buen punto de partida para muchos proyectos. Como "multiplicador predictivo", es intuitivo y, para muchos proyectos, se traduce en beneficios con una aritmética clara, como ya hemos visto.

Más allá del *lift* y la prueba de pares, las métricas de rendimiento predictivo también incluyen el valor F, la precisión, la sensibilidad y la suma de cuadrados. No vamos a dedicar parte de este libro a explicarlas, solo hace falta que sepas que siguen la misma tendencia: son relativamente arcanas para los responsables empresariales, pero cada una tiene su momento y su lugar para los científicos de datos.

Pese a la orientación que proporcionan las métricas de rendimiento del modelo al proceso de desarrollo técnico de modelos, al final las que mandan son las métricas empresariales. Son las que tienen la última palabra. Y aparecen en primer lugar en los resúmenes de los proyectos. Para el proyecto de predicción de entregas de UPS, no te he hecho esperar hasta el capítulo 6 sobre la implementación para conocer los beneficios de las métricas empresariales. Las he mencionado con claridad en la introducción de este libro: 35 millones de dólares y un ahorro de 29 millones de kilómetros al año.

Lo cual me lleva al siguiente punto: el beneficio no es la única métrica empresarial. Ahorro, ingresos, retorno de la inversión, índice de respuesta al marketing e índice de deudores que incurren en impago son solo algunas otras. ¿Cómo elegimos?

## Métricas empresariales: indicadores clave del rendimiento

"La métrica más importante para el rendimiento del modelo es la métrica empresarial sobre la que se supone que va a influir".

—Wafiq Syed, director de Productos de datos, Walmart

En lo que respecta a las métricas empresariales, tampoco hace falta reinventar la rueda. Vamos a hacerlo "a la antigua usanza". El objetivo empresarial de tu proyecto de ML es optimizar algo y ese algo es un KPI:

> *Indicador clave de rendimiento (KPI,* **key performance indicator***): Una medida de rendimiento empresarial operativo que es clave para una estrategia de negocio. El valor empresarial de un proyecto de ML se expresa como una mejora de KPI, también conocida como métrica empresarial.*

Tal vez la palabra KPI te queme los oídos con el sonido de la jerga del siglo XX. A menudo, se asocia con el antiguo dominio de la inteligencia empresarial. Al fin y al cabo, los KPIs son simples, tanto a nivel conceptual como a nivel matemático. Por lo general, simplemente tienen que ver con contar algo.

Pero los KPIs son lo más importante, porque nos informan acerca de las nociones más fundamentales del éxito en una organización. Un KPI mide el grado hasta el que se ha logrado un objetivo estratégico. Así, los líderes empresariales se sentirán más familiarizados y cómodos con un KPI que con una métrica de rendimiento predictivo. Y estarán más entusiasmados al respecto. El KPI guiará el proyecto de ML, así que selecciona uno que:

1. Esté en línea con objetivos estratégicos.
2. Convenza a las partes interesadas de que se comprometan con el proyecto de ML.
3. Sea medible, para poder hacer un seguimiento del éxito del ML.

Aunque los ingresos y los beneficios son, a menudo, elecciones obvias, a veces ir tan directos a por el "oro" indica estrechez de miras. Por ejemplo, ¿qué es más importante cuando se reduce el índice de abandono de clientes? ¿Retener solo a los clientes más valiosos? No necesariamente. El índice de abandono absoluto entre todos los clientes, incluidos aquellos que apenas reportan beneficios, habla de la integridad de tu negocio y de hasta qué punto la experiencia del cliente es satisfactoria.

La detección del fraude plantea la misma pregunta. A corto plazo, compensa interceptar las transacciones fraudulentas más grandes, así que podrías hacer que tu prioridad fuese evitar que los delincuentes se hiciesen con bienes por valor de 50.000 dólares, en vez de solo 50. Pero también hay valor en castigar a los delincuentes grandes y pequeños para reducir el índice de criminalidad global y proteger la integridad fundamental de las transacciones comerciales.

¿Qué hay de los objetivos empresariales idealistas que se oyen a menudo, como "cumplir las expectativas crecientes de los clientes actuales" o "mejorar la experiencia del usuario?". Por sí solos, no son lo bastante específicos para cumplir el tercer requisito de un KPI: ser medible. Deben traducirse a medidas cuantitativas bien definidas, como "frecuencia de devoluciones de productos" o "grado de satisfacción del cliente representado en una encuesta".

Parece que tenemos el pie izquierdo y el pie derecho en dos mundos muy diferentes. Los KPIs persiguen objetivos empresariales. Las métricas de rendimiento como el *lift* persiguen un poder predictivo puro. ¿Cómo se relacionan las dos cosas?

## Distinguir falsos positivos de falsos negativos

"Las cantidades que los científicos de datos están formados para optimizar, las métricas que utilizan para evaluar el progreso en sus modelos de ciencia de datos son, en esencia, inútiles para los interesados empresariales y están desconectadas de estos sin una traducción profunda".

—Katie Malone, *Harvard Data Science Review*

A veces, traducir una métrica de rendimiento a un KPI es algo directo. En un par de notas anteriores en este capítulo, hemos visto que aplicar algo de aritmética basada en el *lift* del modelo sirve para calcular beneficios (para el modelado de respuestas y la puntuación para la concesión de créditos). La intuición detrás de estos cálculos es clara: el *lift* nos indica cuántas veces es mejor la predicción del modelo que una suposición, y ese multiplicador señala con cuánta más frecuencia podemos aprovechar casos más rentables o evitar casos más costosos.

A nivel más general, a menudo podemos tender un puente matemático entre el rendimiento técnico y el rendimiento empresarial mediante la incorporación del precio que pagamos cuando un modelo predice mal. Incurrimos en gastos de clasificación errónea por dos tipos de errores de predicción:

> *Falso positivo (FP): Cuando un modelo predictivo dice "positivo", pero se equivoca. Es un caso negativo que el modelo ha marcado erróneamente como positivo. También se conoce como falsa alarma o bandera falsa.*
>
> *Falso negativo (FN): Cuando un modelo predictivo dice "negativo", pero se equivoca. Es un caso positivo que el modelo ha marcado erróneamente como negativo.*

**Un falso positivo**

**Un falso negativo**

Como hemos visto, la exactitud es un instrumento contundente. Una cosa es saber que el modelo se equivoca, digamos, el 12 por ciento del tiempo (que es lo mismo que decir que acierta el 88 por ciento del tiempo; es decir, tiene una exactitud del 88 por ciento), y otra cosa, mucho más útil, es desglosar por separado con qué frecuencia se equivoca para casos positivos y con qué frecuencia se equivoca para casos negativos. La exactitud no hace eso (y la prueba de pares tampoco).

Para eso sirven los FN y los FP. Un FP se produce cuando el modelo dice "positivo", pero se equivoca. Se trata de un caso negativo que el modelo ha marcado erróneamente como positivo. También se denomina falsa alarma. La historia del pastorcillo mentiroso trata sobre el muchacho generando falsos positivos de forma intencionada. Un FN se produce cuando el modelo dice equivocadamente "negativo". Ha pasado por alto un caso positivo.

## Calcular el ahorro basado en los costes de clasificación errónea

Entonces, ¿cómo asignamos un coste a cada uno de estos tipos de clasificación errónea? Todo se reduce a cuánto importe cada tipo de error. Para casi todos los proyectos, el grado de importancia es diferente para un FP frente a un FN.

Pensemos en la detección del fraude. Cuando el modelo de nuestro banco bloquea de forma equivocada una transacción legítima con nuestra tarjeta de crédito como si fuese fraudulenta, es una molestia. Eso es un FP. Podría costar al banco una media de 100 dólares, dado que quizá necesites recurrir a otra de tus tarjetas, no solo para la compra actual, sino en general.

El otro tipo de error es peor. Cuando el modelo del banco permite equivocadamente que se realice un cargo fraudulento a una tarjeta de crédito, eso podría costar al banco una media de 500 dólares, ya que el criminal se va de rositas con el contrabando. Eso es un FN.

Esos costes no son poca cosa. Las pérdidas por fraude en pagos con tarjeta a nivel global han superado los 28.000 millones de dólares. El titular de la tarjeta o un auditor con buen ojo pueden darse cuenta del cargo falso más tarde, pero, para las compras con tarjeta, si el modelo no lo detecta sobre la marcha, se lo lleva el viento. En Estados Unidos, el banco suele ser responsable de esta pérdida.

Al determinar los costes de las dos clasificaciones erróneas, establecemos un análisis coste-beneficio no solo para el proyecto entero, sino también para cada decisión individual acerca de si se deniega o autoriza una transacción. A continuación, sumaremos esos costes individuales para calcular un KPI para el proyecto global: el ahorro de costes. Sin un modelo de detección del fraude implementado, un banco regional mediano podría estar perdiendo 50 millones de dólares al año. La siguiente nota se explica paso a paso a través un escenario para un banco así, mostrando el ahorro conseguido mediante la introducción de un modelo de detección del fraude.

---

**El ahorro de costes de la detección del fraude**

*Pensemos en un banco que ha emitido 100.000 tarjetas de crédito; con cada una se realiza una media de 1.000 transacciones al año y una de cada 1.000 es fraudulenta. Para resumir:*

    *Transacciones anuales: 100 millones*

    *Porcentaje de las que son fraudulentas: 0,1 por ciento*

    *Transacciones fraudulentas anuales: 100.000*

    *Coste por transacción fraudulenta: 500 dólares (el coste del FN)*

    *Pérdidas anuales derivadas del fraude: 100.000 × 500 dólares = 50 millones de dólares*

*Bueno, parece que el crimen sale rentable. Pero, antes de que dejes tu trabajo para unirte a las filas de los estafadores, vamos a ver qué puede hacer la detección del fraude para mejorar la situación.*

*Si el banco está dispuesto a tratar dos de cada 1.000 intentos de transacción como un posible fraude (deteniendo la transacción y, posiblemente, molestando al cliente), entonces la responsabilidad del modelo de detección de fraude es marcar qué transacciones deberían detenerse.*

*Supongamos que el modelo obtiene un* lift *de 300. Eso es mucho más alto que, por ejemplo, el* lift *de 3 que hemos visto en el ejemplo anterior. Pero recuerda que el* lift *siempre es relativo al tamaño del grupo objetivo. En este caso, solo nos interesa el* lift *entre la parte superior, la porción pequeña de transacciones puntuadas con la mayor probabilidad de ser fraudulentas; el 0,2 por ciento superior se bloqueará. No bloquearemos ningún intento de transacción más que esos, así que esa porción es lo único que cuenta. Dado que se trata de una porción muy pequeña, el* lift *elevado es factible; las puntuaciones de un modelo pueden, de manera potencial, clasificar las transacciones lo bastante bien para que al menos la porción superior incluya una alta concentración de casos positivos.*

*Primero, necesitamos calcular cuántos errores se producen, desglosados en FP y FN (con qué frecuencias bloquea erróneamente el modelo una transacción legítima y con qué frecuencia deja pasar una transacción fraudulenta). Veamos este desglose:*

*Transacciones bloqueadas: 200.000 (dos por cada 1.000)*

*Porcentaje bloqueado que son un fraude: 30 por ciento*

*(Lift × tasa de fraude total = 300 × 0,1 por ciento)*

*Transacciones fraudulentas bloqueadas: 60.000 (30 por ciento × 200.000)*

*FP; transacciones legítimas bloqueadas: 140.000 (200.000 − 60.000)*

*FN; transacciones fraudulentas permitidas: 40.000 (100.000 − 60.000)*

Este modelo se equivoca con frecuencia, pero es muy valioso. Cuando bloquea una transacción, suele equivocarse; solo el 30 por ciento de las transacciones bloqueadas son un fraude. Eso no es inusual. Puesto que el fraude es tan infrecuente, sería muy difícil detectar correctamente algunos casos sin marcar también transacciones legales de forma incorrecta todavía más a menudo. Con transacciones legítimas, es decir, casos negativos, clasificar mal incluso una porción pequeña de ella implica muchos FP.

Así pues, lo mejor que podemos esperar de un modelo es que proporcione una compensación ventajosa entre FP (menos costosos) y FN (más costosos). Para calcular el balance final, sumamos los costes. Ya hemos establecido el coste para los errores individuales:

*Coste de un FP: 100 dólares (molestia para un cliente)*

*Coste de un FN: 500 dólares (el delincuente se sale con la suya)*

Por tanto, solo necesitamos multiplicar estos costes por la frecuencia con la que se producen:

*Coste acumulado de FP: 14 millones de dólares (140.000 a 100 dólares cada uno)*

*Coste acumulado de FN: 20 millones de dólares (40.000 a 500 dólares cada uno)*

*Coste total con la detección del fraude: 34 millones de dólares*

Hemos recortados las pérdidas por fraude en 30 millones de dólares (de 50 millones a 20 millones de dólares), pero hemos introducido 14 millones de dólares en costes nuevos resultantes de los FP. Está claro que esta compensación merece la pena.

*Ahorro de costes total: 16 millones de dólares (50 millones de dólares − 34 millones de dólares)*

Si quieres acceder a una hoja de cálculo con estos cálculos y probar diferentes escenarios, como variar el lift del modelo, el número de transacciones detenidas o el coste de cada FP y FN, puedes consultar las notas de este capítulo en www.bizML.com.

La detección del fraude solo consigue el ahorro de costes que se muestra en la nota si sacrifica un poco de exactitud. El modelo en ese ejemplo tiene una exactitud del 99,8 por ciento, un poco más baja que la exactitud del 99,9 por ciento de un modelo "tonto" que simplemente asume que toda transacción es legítima (y, por tanto, no realiza ninguna acción para prevenir el fraude). En este caso, en realidad ha sido mejor un modelo menos exacto.

Para entender por qué, solo hay que repasar el fallo fatal de la exactitud: no distingue entre diferentes tipos de errores, trata los FP y los FN como si fuesen igual de malos. Puesto que no tiene en cuenta diferentes costes de clasificaciones erróneas, la exactitud simplifica en exceso todos los proyectos de ML, salvo algunos muy poco comunes en los que los costes no difieren. Para la mayoría de los proyectos, la exactitud es una pista falsa.

Más allá de ofrecer valor empresarial, la detección del fraude persigue también un objetivo social: lucha contra el crimen. En el ejemplo que se muestra, bloquea más de la mitad de los intentos de transacciones fraudulentas. Al hacerlo, cumple las expectativas de los clientes. Aunque a veces los ciudadanos en general se enfadan por ser parte de las predicciones de un modelo (porque los encasillan electrónicamente para recibir anuncios o créditos malos), a la hora de usar su tarjeta, muchos clientes dan la bienvenida a la predicción y aguantan con tranquilidad el bloqueo ocasional de alguna transacción. De hecho, se enfadan cuando no hay una intervención predictiva y les cobran una compra que nunca han realizado. Aunque quizá no sean del todo conscientes de ello, los titulares de tarjetas típicos tienen unas expectativas sobre la detección del fraude.

En el siguiente capítulo, volveremos a esta aplicación de ML vital, la detección del fraude con tarjetas de crédito. Pero, primero, debemos terminar nuestra explicación sobre los costes de las clasificaciones erróneas.

## Costes subjetivos: diagnóstico erróneo frente a diagnóstico no realizado

Establecer los costes de la clasificación errónea es crucial. Al hacerlo, podemos salvar una brecha precaria, ya que traducimos un rendimiento predictivo puro a un KPI empresarial. El consultor analítico Tom Khabaza lleva mucho tiempo diciéndonos lo importante que es eso, desde que llamábamos al ML "minería de datos". Su ley del valor de la minería de datos afirma que "no hay una medida técnica del valor [de un modelo]... El único valor es el valor empresarial".

Pero, a veces, es casi imposible determinar los costes. Piensa en un diagnóstico médico. Si dices por error a un paciente sano que acaba de sufrir un infarto, es algo muy malo. Puedes imaginar el estrés y los tratamientos innecesarios que posiblemente le administren. Pero, si por error no detectas un infarto real, es peor. Dejas que una afección grave se quede sin tratar. ¿Cuántas veces peor es un diagnóstico no realizado que un diagnóstico positivo equivocado? ¿Cien veces peor? ¿Diez mil veces peor? Alguien tiene que poner un número a eso, y me alegro de no ser yo.

Pero todos debemos servirnos de este tipo de juicio personal con más frecuencia de la que nos damos cuenta. Por ejemplo, piensa en la decisión sobre si hacerte un test de COVID-19 durante la pandemia. Como los modelos predictivos, los test de antígenos caseros son imperfectos. En la primavera de 2021, durante la ola de la variante delta, un test de antígenos casero me convenció durante un breve periodo de tiempo de que tenía COVID, pero una serie de test subsiguientes de antígenos negativos además de unas cuantas pruebas PCR negativas me demostraron que había sido, casi con toda seguridad, un falso positivo. Ese FP tuvo un coste: antes de darme cuenta de que estaba sano, mi vida se vio trastocada porque me aislé de mi familia y cancelé varios planes.

El coste de la inconveniencia quizá palidezca en comparación con un caso de COVID sin detectar, pero no fue un coste cero. La ponderación de estos costes rara vez se hacía explícita, pero subyacía un desacuerdo implícito respecto a cómo compararlos en las polémicas disputas públicas acerca de las políticas y la etiqueta relativas al COVID. De hecho, cuando Estados Unidos recortó a la mitad el periodo de cuarentena recomendado en diciembre de 2021, fue en parte porque la gente estaba evitando de forma intencionada hacerse pruebas para librarse de las consecuencias de un FP potencial.

El mismo desafío se aplica a la vigilancia policial predictiva, donde los modelos que predicen un nuevo arresto de alguien que ya fue arrestado una vez influyen en las sentencias y en las decisiones a favor o en contra de conceder la libertad condicional a un convicto encarcelado. Un FP significa que alguien está en la cárcel más tiempo, incluso aunque no vaya a volver a delinquir. Un FN significa que alguien es puesto en libertad antes, incluso aunque vaya a volver a delinquir. La disyuntiva de cómo determinar los costes relativos de estos dos tipos de errores recae en el corazón de la justicia. Y, cuando una raza, etnia u otro grupo protegido experimenta a menudo una injusticia mediante un modelo, es decir, cuando el modelo marca más FP para unos grupos que para otros, eso se denomina sesgo algorítmico. Para profundizar en la ética del ML como tema general, ofrezco una visión general al final de la conclusión de este libro. Para ahondar en el sesgo algorítmico y otras cuestiones sobre la ética del ML, consulta mis artículos y vídeos en `www.civilrightsdata.com`.

Para muchas aplicaciones empresariales de ML, lo tenemos mucho más fácil. Los costes de las clasificaciones erróneas son, a menudo, evidentes, basados en realidades empresariales como el coste del marketing, el coste del fraude o el coste de la oportunidad para cada cliente que se pasa por alto y que hubiese respondido si hubiésemos contactado con él.

Pero no siempre es así. Incluso la detección del *spam* puede salir mal y costarnos algo incalculable, como una oportunidad laboral perdida o incluso una cita perdida con alguien con quien podrías haber acabado casándote. Un FP significa que quizá no recibas un mensaje importante y un FN significa que tienes que filtrar a mano el correo no deseado en tu bandeja de entrada. No hay un consenso acerca de cuál es la mejor forma de determinar el coste relativo de estas dos cosas, pero quien esté detrás de tu filtro tomó esa determinación, quizá no de manera explícita, pero sí permitiendo al sistema que actuase, a los efectos, de forma arbitraria.

Algunos responsables de la toma de decisiones deben cuantificar lo incuantificable. Deben comprometerse a asumir costes específicos por clasificaciones erróneas, pese a la subjetividad y los dilemas éticos. Los costes guían el desarrollo, la evaluación y el uso del modelo. "Asegúrate de asignar costes para FP y FN que sean mejor a nivel direccional que asumir sin más de manera pasiva que los dos costes son iguales", me dijo el líder de la industria Dean Abbott, "incluso cuando no tienes una base verdaderamente objetiva para hacerlo".

## Los retos de traducir las métricas de rendimiento predictivo a KPIs

La parálisis por análisis que podemos experimentar cuando determinamos los costes no es el único obstáculo. A veces, para traducir el rendimiento predictivo bruto a mejoras de KPIs potenciales, hay que hacer asunciones atrevidas. Algunos proyectos requieren un salto hipotético para calcular el valor empresarial esperado que proporcionará la implementación.

Yo di un salto así cuando presentaba la implementación a mi primer cliente, `gay.com`. Aunque no la utilizaron, puedes estar seguro de que presenté el valor potencial del modelo de *churn*. Al 27 por ciento, mi modelo mostraba un *lift* de 1,5, que se traducía en un beneficio potencial de 286.000 dólares. Ahí es donde la hermosa curva de beneficios que les enseñé llegaba a su punto más alto y pronosticaba el efecto de una campaña de marketing dirigido ofreciendo un descuento a los clientes con más riesgo de cancelar su suscripción.

Pero el valor de los modelos de *churn* es más difícil de predecir que el valor de los modelos de respuestas. Un modelo de respuestas se entrena con datos que registran una campaña de marketing anterior, pero un modelo de *churn* solo se entrena con el historial de quién canceló y quién no. Gay.com no había llevado a cabo una campaña para retener clientes, así que, incluso si el modelo prometía dirigirse bien hacia probables desertores, solo podíamos hacer conjeturas sobre cuántos de esos desertores cambiarían de opinión después de recibir un descuento pensado para hacer que se quedasen. Para gay.com, asumí que la empresa ganaría una media de 100 dólares en valor por cada desertor potencial al que se ofreciese un descuento de 25 dólares. El cálculo de los beneficios también había tenido en cuenta que la empresa perdería 25 dólares de ingresos para FP (clientes a los que se les ofreciese el descuento, pero que en realidad no iban a cancelar la suscripción).

Aunque gay.com no llevó a cabo la implementación, mi segundo cliente, EduPay, lanzó con valor mis modelos para anuncios dirigidos, pese a tener un nivel igual de alto de incertidumbre. Recuerda que, para EduPay, generé 291 modelos diferentes, cada uno de los cuales predecía si el usuario respondería a su anuncio correspondiente. Podía ver qué tal predecía cada modelo, pero eso solo hablaba de forma indirecta de qué tal funcionaría la implementación a nivel financiero. ¿Cuánto mejoraría el uso de estas predicciones el proceso existente de mostrar anuncios que son populares entre los usuarios en general? Hasta que no realizamos el experimento definitivo que es la implementación del modelo, no pudimos estar seguros de cuánto valor generaría.

## Lanzar es dar el salto

En UPS, esta incertidumbre solo añadía más presión a Jack Levis. Magnificaba el reto presentado por la paradoja de la innovación (cuanto más novedosa o radical es una idea, más cuesta conseguir apoyo para ella). Además de eso, Jack se enfrentaba ahora a la paradoja de la implementación:

*La paradoja de la implementación: Para algunos proyectos, el valor empresarial de la toma de decisiones mejorada es difícil de calcular antes de la implementación; solo puede establecerse de manera fiable después de implementar.*

El modelo de Jack era sólido a nivel técnico y predecía hasta el 93 por ciento de las entregas del día siguiente de manera correcta. Y él sabía cómo calcular los costes de las clasificaciones erróneas. Cada FP costaba bastante de media, ya que el plan resultante incluía un destino de entrega innecesario. Los FN no eran tan malos, porque, a menudo, era relativamente fácil corregir más tarde la planificación de la ruta del camión mediante la incorporación de un destino nuevo.

Pero Jack quería traducir esto a métricas empresariales. Como él decía: "Quería saber cuánto valía una mayor exactitud a nivel económico". Sin embargo, para el complejo sistema de planificación de entregas de UPS, esta traducción no era tan clara. La predicción de las entregas inyectó conocimiento dentro del complejo sistema de planificación de UPS. Cuánto mejoraría este método más sofisticado las operaciones en términos empresariales era algo que solo podía decirse de forma aproximada de antemano. Los KPIs pertinentes incluían dólares y kilómetros conducidos anuales ahorrados. También incluían una métrica más floja de paradas por kilómetro, que aumentaba a medida que la planificación de las rutas de los camiones se volvía más eficiente (cuanta más densidad de entregas tuviera la ruta, más valor se generaba en cada kilómetro conducido).

Jack hizo unos cálculos aproximados, pero solo encontraría el valor definitivo de su sistema de optimización mediante el seguimiento de su rendimiento durante la implementación. Cuando lleguemos al tema de la implementación en el capítulo 6, veremos los altibajos que experimentó su sistema. Y veremos también los resultados de la implementación de EduPay en ese capítulo.

Pero aún nos quedan un par de pasos más para llegar a la implementación. En el siguiente capítulo, prepararemos los datos con los que se va a entrenar el modelo.

# CAPÍTULO 4

# Combustible

## Preparar los datos

*Los datos triunfan sobre el algoritmo. Puede que los algoritmos del* machine learning *sean la parte sexy y divertida (todo el mundo quiere colarse en esa fiesta), pero la mejora de los datos es donde sueles obtener la mayor recompensa. Los datos son la fuente del poder predictivo. Codifican sucesos anteriores del mundo, la experiencia a partir de la cual aprenderá el ML. Que el software de ML sea bueno depende de los datos que le demos. Para utilizar los datos que tenemos, necesitamos reconfigurarlos de manera experta para convertirlos en datos de entrenamiento, que toman una forma simple: sea lo que sea lo que queremos predecir, necesitamos un montón de ejemplos de aprendizaje positivos y negativos. Pero, a pesar de esta simplicidad, los datos de entrenamiento no son más fáciles de preparar que un menú con estrellas Michelín. Tomen la forma que tomen los datos existentes al final, es probable que no se reuniesen pensando en el ML. Como resultado, preparar los datos de entrenamiento suele representar el mayor embotellamiento técnico de los proyectos de ML.*

*Entonces, ¿por qué la preparación de los datos suele subestimarse, minimizarse e infravalorarse con tanta frecuencia? ¿Cómo guían las prioridades del lado empresarial los requisitos para los datos? ¿Cuántos datos necesitamos? ¿Y cómo sabemos qué ejemplos de aprendizaje son positivos y cuáles son negativos; de dónde sacamos esas etiquetas? Por último, ¿qué tipo de ruido en los datos mata al ML y qué tipo es excelente?*

## La práctica bizML

1. Valor: Establecer el objetivo de la implementación.
2. Objetivo: Establecer el objetivo de la predicción.
3. Rendimiento: Establecer las métricas de evaluación.
4. **Combustible: Preparar los datos.**
5. Algoritmo: Entrenar el modelo.
6. Lanzamiento: Implementar el modelo.

Scott Zoldi lucha contra el crimen por todo el mundo. Su superpoder son los datos y un proceso innovador y sin precedentes para reunir esos datos.

Tiene mucho trabajo por delante. Todos los días, hordas de criminales trabajan para explotar vulnerabilidades sistémicas en el modo en que tú y yo compramos. Sus esfuerzos incesantes socavan la integridad misma del comercio en general.

Estoy hablando del fraude. Los delincuentes obtienen los datos de tu tarjeta de crédito para poder llevar a cabo una transacción y escapar con el botín. En 2021, las pérdidas por fraude con tarjeta de crédito alcanzaron los 28.580 millones de dólares en todo el mundo. Estados Unidos lo sufre más que ningún otro país, con más de un tercio de esas pérdidas. Para empeorar las cosas, el fraude aumentó durante la pandemia, en parte debido a las transacciones virtuales "sin presencia de tarjeta". Algunos lo denominan "estafademia".

Scott es el director de análisis de FICO. Supervisa la operación antifraude con mayor alcance del mundo. Día tras día, su producto Falcon monitoriza todas las transacciones que se hacen con la mayoría de las tarjetas y los cajeros automáticos del mundo, 2.600 millones de tarjetas a nivel global. Con Falcon, los bancos y otras instituciones financieras pueden bloquear al instante compras y retiradas de dinero sospechosas.

Esta capacidad depende del *machine learning*, y exige un conjunto de datos impresionante. Como hemos visto en el último capítulo, el modelo de detección del fraude debe predecir bien y lograr un equilibrio complicado de forma que reconozca muchos fraudes y que, al hacerlo, no incurra en demasiados falsos positivos. Con este fin, los datos deben cumplir unos requisitos exigentes. Si visualizas los datos como una tabla simple, una gran hoja de cálculo, deben ser largos, anchos y etiquetados; veamos a qué me refiero:

1. **Largos:** Necesitas datos sobre transacciones reales; muchos datos. Esta lista de muchos, muchos casos de ejemplo de los que aprender debe ser larga. Y, al incluir un surtido amplio de casos de todo el mundo, los datos pueden ser representativos. Cada caso forma una fila de los datos.

2. **Anchos:** Necesitas información reveladora de cada caso, incluyendo características de comportamiento tanto del titular de la tarjeta como del vendedor. Estos son los factores en los que el modelo basará sus predicciones. Puesto que cada fila enumera todos estos factores, los datos también son anchos. Cada factor forma una columna de los datos.

3. **Etiquetados:** El software de ML necesita muchos ejemplos conocidos de fraude de los que aprender, transacciones anteriores que se hayan designado como tal. ¿Cómo se etiquetan estos casos? Los estafadores que cometen estos delitos saben cuál es cuál, pero hasta ahora no se han mostrado muy colaboradores. Eso significa que necesitamos humanos de nuestro lado para etiquetar a mano muchos ejemplos. Estas etiquetas suelen aparecer en la columna del extremo derecho de los datos.

**Los datos anchos tienen más información sobre cada caso**

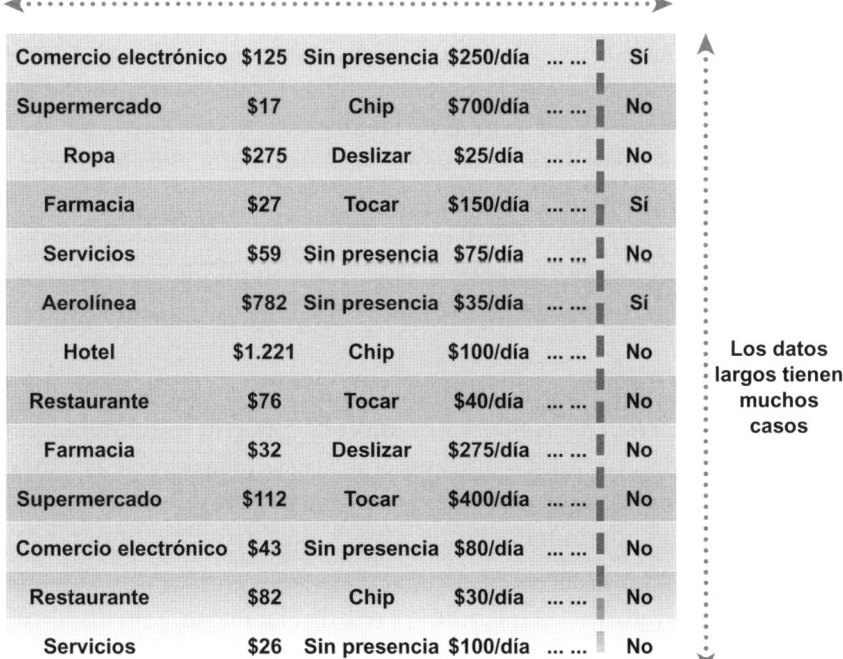

| | | | | | |
|---|---|---|---|---|---|
| Comercio electrónico | $125 | Sin presencia | $250/día | ... ... | Sí |
| Supermercado | $17 | Chip | $700/día | ... ... | No |
| Ropa | $275 | Deslizar | $25/día | ... ... | No |
| Farmacia | $27 | Tocar | $150/día | ... ... | Sí |
| Servicios | $59 | Sin presencia | $75/día | ... ... | No |
| Aerolínea | $782 | Sin presencia | $35/día | ... ... | Sí |
| Hotel | $1.221 | Chip | $100/día | ... ... | No |
| Restaurante | $76 | Tocar | $40/día | ... ... | No |
| Farmacia | $32 | Deslizar | $275/día | ... ... | No |
| Supermercado | $112 | Tocar | $400/día | ... ... | No |
| Comercio electrónico | $43 | Sin presencia | $80/día | ... ... | No |
| Restaurante | $82 | Chip | $30/día | ... ... | No |
| Servicios | $26 | Sin presencia | $100/día | ... ... | No |

Los datos largos tienen muchos casos

Los conjuntos de datos así resultan casi imposibles de adquirir. Solo podrían obtenerse de múltiples bancos de todo el mundo. E incluso si convencieses de alguna manera a todas esas instituciones para que cooperasen y obtuvieses un montón de transacciones de ejemplo, las fraudulentas no van a etiquetarse solas. Para obtener estos datos, Scott ha tenido que hacer que se alineen los astros.

## La savia de la optimización

La mayoría de la gente cree que los datos son aburridos. La palabra "datos" arruina conversaciones en fiestas y cócteles. Lo sé por experiencia... tengo los datos.

Pero los datos no son solo un montón arcano de unos y ceros. Son un registro de la historia, una lista de eventos anteriores. Codifican la experiencia colectiva de una organización a partir de la cual es posible aprender, de manera analítica, cómo predecir.

Preparar los datos representa tanto la parte más significativa como la más mundana de un proyecto de ML. Aunque no es la parte de la "ciencia aeroespacial", es como se construye el potencial predictivo. Es el paso técnico que más tiempo lleva, una disciplina en sí misma que, a menudo, requiere la intervención de un especialista denominado ingeniero de datos. Suele calcularse que la preparación de los datos exige alrededor del 80 por ciento de los esfuerzos técnicos de un proyecto de ML y, por lo general, suele llevar más tiempo del esperado. Normalmente, se subestima.

¡Pero merece la pena! Los datos de entrenamiento resultantes son el combustible que alimenta el ML. Incluso los responsables empresariales deben familiarizarse a nivel conceptual con su formato relevante (y simple).

La preparación de datos es un tema que se deja muy desatendido y, por lo general, no se enseña. Su omisión es un error entendible, pero costoso, que daña al ML como campo: los recién llegados se lanzan en manada a la emoción del entrenamiento de modelos práctico sin pensar en cómo se han obtenido los datos (y sus requisitos) para empezar.

Quizá más sorprendente es que los educadores y otros líderes alienten este camino equivocado en vez de corregirlo. La mayoría de los libros y cursos técnicos sobre ML dan por sentada la preparación de los datos; la pasan por alto. El primer día, el primer paso es cargar los datos en el software de ML. Se presupone que todos los datos están configurados y listos para usarse. Pero esta presuposición es falsa. Papa Noel no existe; debes reunir y preparar los datos tú mismo.

Como dice Jennifer Redmon, la "evangelista" de datos principal de Cisco, "los recién graduados en ciencia de datos tienen la falsa sensación de seguridad de que los datos que recibirán serán buenos".

Al no saltarnos los pasos que llevan a la preparación de datos (incluida), planificamos de forma adecuada la implementación. En particular, el paso 2 establecía un objetivo de predicción digno de la implementación (basado en un proyecto bien fundado, socializado y, por último, aprobado) y los datos de entrenamiento, a su vez, encarnarán ese objetivo de predicción; la forma de perseguir ese objetivo es preparar los datos en consecuencia.

## Qué aspecto tienen los datos de entrenamiento: filas y columnas

Antes de ver cómo obtienen los datos Scott y su equipo en FICO, vamos a tratar los conceptos básicos a través de una historia más simple y típica.

Cuando reuní los datos para el proyecto de EduPay, lo tuve mucho más fácil que Scott. Tenía los datos que necesitaba al alcance de la mano. Eso es algo típico. Al fin y al cabo, la mayoría de los proyectos de ML buscan optimizar solo la empresa, no todo el mundo, así que no hace falta buscar por todo el planeta para conseguir datos. Los datos internos son suficientes, al menos para empezar.

Incluso así, la preparación de los datos siempre supone un gran desafío. Preparar un conjunto de datos largos, anchos y etiquetados a partir de fuentes internas ya es bastante difícil sin reunirlos desde diferentes organizaciones.

Los datos sirven al objetivo de la predicción, así que ese objetivo debe reflejarse dentro de los datos. El objetivo de la predicción determina de qué constan los datos y afecta a su longitud, anchura y etiquetas. Para EduPay, teníamos este objetivo:

> *Objetivo de predicción para anuncios dirigidos (EduPay): ¿Responderá el usuario a este anuncio si se le muestra?*

Necesitaba una lista larga de ejemplos con casos positivos y negativos, situaciones en las que el usuario respondió al anuncio y situaciones en las que no. Estas son tres filas de datos de muestra relativas a una universidad:

| Ya visto | Curso | Género | Recibir correos | Ciudadanía | email | N.º carreras | Nota SAT | Respondió |
|---|---|---|---|---|---|---|---|---|
| Y | 10 | M | Y | Y | yahoo! | 1 | 600 | N |
| N | 14 | F | N | Y | gmail | 0 | 520 | Y |
| N | 12 | M | N | N | hotmail | 2 | 710 | N |

Tres filas de datos de entrenamiento para el modelado
de respuestas para un anuncio de una universidad.
Solo aparece una muestra de las variables de entrada (columnas).
Curso 14 se refiere al segundo año de universidad.

Cada fila cuenta una pequeña historia a partir de la cual aprenderá el proceso de modelado. Por ejemplo, en la primera fila, un usuario que ya había visto previamente el anuncio estaba en décimo curso, era hombre, había aceptado recibir correos, etc. Cuando se le mostró el anuncio, el usuario no respondió (un ejemplo negativo). La columna de resultados de la derecha (respondió o no respondió) alberga el objetivo de predicción establecido en el paso 2.

Ahora conoces los principales requisitos de los datos de entrenamiento:

> *Datos de entrenamiento: Los datos de los que aprende el modelado, es decir, los datos a partir de los cuales el ML genera un modelo predictivo. Si los datos de entrenamiento incluyen etiquetas que indican si cada ejemplo es positivo o negativo, se trata de datos de entrenamiento supervisados, algo necesario para el ML supervisado, el tipo de ML del que hablamos en este libro.*

Para la mayoría de las aplicaciones empresariales del ML, los datos de entrenamiento son realmente así de simples: una tabla bidimensional con una fila por cada ejemplo. Por eso yo los llamo con afecto BOFF ("*big ol' flat file*", un buen archivo plano). Puede que hayas empezado con una base de datos con muchas tablas interconectadas, pero tienes que dar a los datos esta forma bidimensional antes de introducirlos en el software de ML. El software los necesita de esa manera (técnicamente hablando, hay software de ML que solo requiere que se describan de ese modo, como una vista de base de datos, en vez de reconvertirlos en un BOFF, pero el esfuerzo conceptual es el mismo). Preparar los datos de entrenamiento es un prerrequisito para el modelado.

La excepción más notable es para los modelos que manejan archivos grandes, como imágenes y sonidos, conocidos más comúnmente como modelos de *deep learning* o redes neuronales profundas. En ese caso, los datos brutos para cada caso no encajan con elegancia en una sola fila. Así, que, por ejemplo, cuando aplicas el *deep learning* para clasificar imágenes médicas, los datos de entrenamiento no están concebidos como una tabla bidimensional. Cada caso consta de una imagen (bidimensional en sí misma) y la etiqueta de la imagen, por ejemplo, si es un diagnóstico médico positivo. Los datos tan poco tabulares se conocen a veces como datos desestructurados, mientras que los datos tabulares se denominan datos estructurados. Y, aun así, incluso con datos desestructurados, todavía se aplica el concepto más amplio: es una lista larga de ejemplos positivos y negativos, incluso aunque cada elemento de la lista no esté estructurado como una fila de datos simple.

## Los datos dictan lo que hace el modelo

Para un proyecto de modelado estándar, las columnas que configuras en los datos de entrenamiento determinan el propósito funcional del modelo, su entrada y su salida. La columna "objetivo", que suele ser, aunque no siempre, la del extremo derecho, es lo que el modelo intentará predecir; corresponde a la salida del modelo. Aquí es donde entra en juego el objetivo de predicción establecido en el paso 2. Al rellenar esa columna con esos valores, estás dictando lo que predecirá el modelo.

Configurar los datos es configurar el modelado. Más que cualquier configuración que puedas ajustar cuando utilices una herramienta de software de modelado predictivo, son los datos de entrenamiento que das a esa herramienta los que determinan lo que el proyecto de modelado está preparado para hacer, lo que el modelo predecirá para cada individuo. No caracterizas o "describes" de alguna manera el objetivo de predicción para el software de modelado, sino que la única forma de la que puedes configurar el objetivo de predicción establecido es aquí y ahora en el paso 4, rellenando esa columna de datos.

El resto de las columnas son con lo que tratará de predecir el modelo; tomará sus valores como entradas. Al poner esas columnas de datos en su sitio, estás estipulando que estarán disponibles para el modelo resultante. Estas entradas constituirán los ojos y los oídos del modelo, la única información que tendrá para hacer su predicción sobre cualquier individuo. Son el alimento que el modelo masticará antes de generar una puntuación predictiva.

Como todos los científicos de datos saben, las columnas de entrada de los datos de entrenamiento se conocen técnicamente como variables independientes (también llamadas características) y la columna de salida se denomina variable dependiente, pero, en este libro, voy a llamarlas variables de entrada y salida o entradas y salidas.

Al poner las variables de entrada junto a la variable de salida en cada fila, yuxtaponemos lo que sabemos en un momento dado del tiempo al resultado que se ha descubierto después, que nos gustaría poder predecir. Esta yuxtaposición es lo que permite al sistema descubrir cómo cosas conocidas en un punto se relacionan con (y, por tanto, son predictivas de) algo que ocurrirá después.

Para ser claro, en estos datos, tanto las entradas como la salida ya se conocen; no se requiere una predicción, sino que cada fila es un ejemplo del que aprender. Una vez que tengas por fin un modelo, lo aplicaremos a casos que parezcan similares a los de los datos de entrenamiento, salvo porque la salida todavía será desconocida. Al fin y al cabo, ese es el objetivo del proceso de modelado: cuando el modelo resultante se utilice en la implementación, lo único que tendrá serán las variables de entrada. El resultado será parte de ese desconocido definitivo al que llamamos futuro. Asignar probabilidades a esa eventualidad es justo para lo que estamos creando el modelo.

## Grandes datos de entrenamiento para anuncios dirigidos

Por supuesto, los datos de entrenamiento reales crecen hasta ser mucho más anchos y largos que la muestra pequeña de tres filas y nueve columnas que hemos visto antes. Son más anchos porque más entradas en el modelo suponen tener más con lo que predecir. Para EduPay, preparé 33 entradas, lo que hacía que los datos de entrenamiento tuviesen una anchura de 34 columnas si contamos también la variable de salida. Esto incluía otros elementos del amplio perfil que EduPay recopila de sus usuarios, como sus objetivos profesionales, clubes escolares o experiencia militar. También incluía entradas que diseñé con la esperanza de que proporcionasen un valor predictivo innovador, como:

- La relación entre las puntuaciones en los exámenes SAT de lengua y matemáticas. Esto refleja si una persona presenta una orientación relativa mayor hacia "la lengua" o "las matemáticas". Por ejemplo, si un usuario obtuvo una nota de 700 en lengua y de 580 en matemáticas, el valor para esta variable sería 1,2.

- Categoría universitaria, determinada por palabras clave en el nombre de la institución, por ejemplo, Ivy League, escuela pública, universidad, instituto politécnico o centro de estudios superiores.

Cuando piensas entradas nuevas como estas, se conocen como variables derivadas y tu esfuerzo por añadirlas se denomina ingeniería de características. Por lo general, suele ser un proceso manual *ad hoc* que aprovecha tu propia creatividad. Se trata de una oportunidad clave durante el proyecto para que la parte empresarial contribuya con sus opiniones, actuando como complemento para determinar hasta qué punto la máquina formará combinaciones automáticas que sean útiles para el objetivo predictivo que se persigue. Algunas de las variables que se le ocurren a la gente serían difíciles para el ML, por no decir imposibles, de derivar de manera automática, así que diseñar a mano nuevas entradas es una parte importante del proceso de preparación de los datos. Colaborar con los interesados empresariales para generar ideas para variables derivadas nuevas genera a menudo un impacto valioso.

Algunas de las variables derivadas más fructíferas surgen de pensar de manera poco convencional. Por ejemplo, un líder de analítica sénior, Brandon Southern, diseñó entradas para detectar cuentas fraudulentas hace varios años, cuando trabajaba en eBay. Su hipótesis era que, puesto que un estafador crearía normalmente muchas cuentas, automatizaría el proceso y, por tanto, el tiempo para crear una cuenta nueva sería relativamente corto, igual que el tiempo para subir un primer listado para una subasta. Al introducir estos factores como entradas del modelo, el sistema de detección del fraude pudo detectar los *bots* mejor y contribuyó a reducir las pérdidas en unos 20 millones de dólares en múltiples proyectos de detección del fraude en los que trabajó.

Aunque ahora trabaja en Amazon, Brandon reflexiona sobre el éxito de su visión creativa y la necesidad crucial de que haya una ingeniería de características experta. "Para 2025, se recogerán más de 465.000 petabytes de datos en todo el mundo a diario", dice. "Sin embargo, solo una fracción de un porcentaje de estos datos se considera útil para el análisis y los modelos. Para localizar los atributos más útiles, la ingeniería de características es una habilidad vital".

Por otra parte, debe tener cuidado de no cargar los datos de entrenamiento con demasiadas entradas, ya que no salen gratis. Usama Fayyad, conocido por ser el primer director de datos del mundo, primero en Yahoo! y después en Barclays, enfatiza la importancia de vincular la inversión en datos al valor empresarial. Al fin y al cabo, todas y cada una de las entradas que incluyas en los datos de entrenamiento significan un compromiso a largo plazo: necesitas mantenerlas de aquí en adelante durante todo el tiempo que el modelo implementado esté en juego. "Limita la extracción de datos para poder justificarla... y destina los datos a un solo caso de uso cada vez", aconsejaba Fayyad durante una conferencia inaugural de Machine Learning Week.

Pero vamos a pasar a la parte realmente grande de estos *big data*: su longitud. Utilizando datos de ocho meses de operaciones de EduPay, tenía más de 50 millones de casos de entrenamiento (filas). La empresa había reunido esta gran cantidad de experiencia de la que aprender porque su sitio web era popular. Había sido testigo de muchos episodios en los que se mostraba a un usuario un anuncio al que respondía o no respondía. Y eso era solo para anuncios intercalados, donde se mostraba al usuario un anuncio a pantalla completa para aceptar o rechazar antes de continuar. No incluíamos los anuncios corrientes más pequeños que aparecen incrustados en páginas web normales durante este proyecto.

Sin embargo, esta carga descomunal se descomponía en realidad en 291 conjuntos de datos de entrenamiento más pequeños. Recuerda que yo estaba produciendo 291 modelos, uno por anuncio, cada uno entrenado para predecir las probabilidades de que el anuncio generase una respuesta si se mostraba al usuario. Eso suponía una media de unos 170.000 casos por conjunto de datos de entrenamiento.

170.000 filas parecen muchas, pero no podemos asumir alegremente que son suficientes.

## ¿Cómo de grande es lo bastante grande?

¿Cuántos datos necesitamos? En realidad, esa no es la pregunta adecuada. Lo que importa en realidad es cuántos casos positivos tenemos, porque esos son más raros. Necesitamos una mezcla saludable de ejemplos positivos y negativos. Si tenemos suficientes casos positivos, seguro que también tenemos suficientes casos negativos.

Por ejemplo, si el índice de respuesta de un anuncio es de un 1 por ciento, entonces el 1 por ciento de los datos de entrenamiento serán casos positivos y el resto serán negativos. En esa situación, los casos negativos son 99 veces más frecuentes que los positivos. Con 1.000 casos positivos, tendríamos 99.000 casos negativos.

Vale, entonces, ¿cuántos de esos casos positivos menos comunes necesitamos? A menudo, tendremos miles o incluso cifras de seis o siete dígitos. Pero, cuando los casos positivos son muy poco frecuentes o el conjunto de datos global es muy pequeño, es cuando surge esta cuestión. Las respuestas a los anuncios son escasas. Los casos de fraude lo son aún más, ya que representan alrededor del 0,1 por ciento de las transacciones con tarjeta.

Esta pregunta solo puede responderse de forma vaga. Para muchos proyectos, basta con unos pocos miles de casos positivos. Incluso unos pocos cientos pueden ser suficientes para hacer un proyecto viable; sigue valiendo la pena intentarlo. Unas pocas docenas nos sitúan más, por lo general, en el territorio del "proyecto de investigación". Pero aquí no hay absolutos. Nunca sabes qué tal va a funcionar el modelado hasta que lo pruebas. No hay una teoría concreta que ofrezca una respuesta absoluta, ya que los factores en juego son demasiado complejos. Estos incluyen lo bien que sirvan las entradas (columnas) para el objetivo de predicción, lo bien que deba rendir el modelo para proporcionar valor (dependiendo del contexto empresarial) y lo "difícil" que sea el objetivo de predicción. Algunas cosas son más fáciles de predecir que otras. Por ejemplo, pedir al modelo que prediga un futuro más lejano suele ser más difícil que predecir el futuro inmediato, en el sentido de que es probable que el rendimiento del modelo sea más bajo para una predicción a largo plazo.

Cualquiera que sea la cantidad de datos que baste para entrenar el modelo, en realidad necesitamos un poco más que eso con el fin de evaluar el modelo; tenemos que probar los datos. Es una muestra de, pongamos, el 20 por ciento de los datos de entrenamiento que se reserva durante el entrenamiento del modelo. Puesto que no están disponibles durante la formación del modelo, los datos de pruebas sirven como base para evaluar qué tal es el rendimiento del modelo en general; en situaciones nuevas, eso se extiende más allá de los casos de entrenamiento utilizados para desarrollarlo.

Así pues, a pesar de la mitología en torno a ahogarse en "demasiados" datos, el verdadero reto científico se presenta cuando tenemos "datos pequeños", en especial cuando el número de casos positivos es muy pequeño. Por ejemplo, en la asistencia sanitaria, algunas enfermedades son muy raras y puede ser difícil encontrar historiales de pacientes aplicables. El modelado con conjuntos de datos muy pequeños es un área de investigación muy rica. Se han publicado estudios con cantidades pequeñísimas de casos positivos en los datos de entrenamiento, mientras que otros esfuerzos de modelado similares han fracasado por completo.

Pero, para las aplicaciones empresariales, por lo general tenemos datos suficientes, y eso no se debe solo a la "explosión de datos" general de la actualidad. La razón es más específica: las operaciones a gran escala por las que merece la pena el esfuerzo de mejorar son las que se repiten con frecuencia y, por tanto, son para las que hemos acumulado un montón de datos. Es casi una buena noticia evidente: cualquier cosa que hagamos mucho genera los datos que necesitamos para mejorar el propio proceso. Los datos que necesitamos ya han crecido de forma orgánica en el transcurso de las operaciones realizadas. Por ejemplo, si llevas a cabo con regularidad campañas de marketing por correo, ya tienes un historial de campañas de ese tipo, incluyendo con quién se ha contactado y si esa persona ha respondido o no. Si emites tarjetas de crédito, ya has hecho un seguimiento de qué clientes han resultado ser deudores fiables y cuáles no. Muchas veces, los anuncios también se han mostrado y la respuesta se ha registrado. Del mismo modo, muchas transacciones se han aprobado y las fraudulentas las han detectado titulares de tarjetas descontentos. Merece la pena mejorar todas las cosas importantes que hacemos, y son las mismas cosas para las que acumulamos experiencia (es decir, datos) de la que aprender.

La abundancia de datos es algo bueno; cuantos más mejor. Siempre y cuando los datos sean representativos de todos los tipos de casos que se darán al modelo en la implementación, tener más filas de datos de entrenamiento, con ejemplos tanto positivos como negativos, ayudará a entrenar más el modelo.

Pero, incluso cuando acumulamos tantos datos como es posible, la relación de casos positivos y negativos suele ser sesgada. Los datos simplemente reflejan la realidad: esos resultados positivos tan importantes ocurren con menos frecuencia. ¿Desbaratará la situación el carácter asimétrico de los datos?

## ¿Están infrarrepresentados los casos positivos?

Los casos positivos suelen ser más importantes; la recompensa por predecirlos correctamente es mayor, así como el coste de predecirlos incorrectamente (falsos positivos, cuando el modelo ha predicho por error un caso positivo como negativo). Las mayores victorias vienen de identificar esos clientes poco comunes que responderán a un anuncio y esas transacciones poco comunes que son fraudulentas.

Y, aun así, a menudo son los casos negativos los que dominan los datos de entrenamiento. ¿Significará eso que el entrenamiento del modelo prioriza los casos negativos, generando así un modelo que predice mejor para ellos que para los casos positivos?

La respuesta es no; ese problema se ha resuelto. Para algunos métodos de modelado, las matemáticas pueden resolverlo mediante la aplicación de determinados ajustes al algoritmo de entrenamiento que tengan en cuenta el desequilibrio. En otros casos, lo mejor es reducir la abundancia de casos negativos, básicamente "deshaciéndose" de algunos de ellos, sobre todo si hay tantos datos que al hacerlo se ahorra mucho tiempo de procesamiento a cambio de una pérdida muy pequeña en el rendimiento del modelo. Pero existe una limitación crítica, que a menudo se pasa por alto: si reduces al mínimo los datos de entrenamiento de esta manera, no lo hagas para el conjunto de datos utilizado para probar el modelo después de entrenarlo. Los datos de prueba deben retener el equilibrio verdadero original, como va a ocurrir "en la naturaleza". Si no, estarás adentrándote en el territorio de la falacia de la exactitud que hemos explorado en el capítulo anterior.

De hecho, tener menos casos positivos a menudo está en línea con tener un proyecto de ML más valioso. Cuando tú y tus colegas definís el objetivo de la predicción, es decir, lo que sería valioso que predijera el modelo, qué significa ser un caso positivo, es natural que ocurra en contadas ocasiones. Por ejemplo, si el objetivo es predecir qué clientes cancelarán su suscripción en los 3 meses siguientes, podrías acabar con, digamos, un 15 por ciento de casos positivos. Pero, si tu objetivo de predicción es saber quiénes cancelarán en los próximos 5 años, es una ocurrencia más común; podría ser la mitad de la base de clientes actual. Saber que algún cliente cancelará en algún momento de los próximos cinco años es una información respecto a la que hay menos posibilidades de actuación. No exige con claridad una respuesta inmediata. Saber que es probable que un cliente cancele a corto plazo sugiere una acción inmediata: invertir en la retención para evitar una cancelación inminente.

Por poner otro ejemplo, si estás creando una campaña de marketing orientado, puede que te interese predecir qué personas de alto valor responderán. Es decir, en vez de predecir sin más quién hará cualquier tipo de compra, predecir casos especiales y raros, como quién comprará mucho o adquirirá productos de mayor margen. Del mismo modo, para la detección del fraude, si no predices absolutamente todo el fraude, sino solo los casos de fraude más costosos, estarás haciendo que el modelo se centre en identificar los pocos casos más importantes.

Los positivos raros no solo tienden a ser más valiosos, sino que también hay una ventaja estética: tu modelo parecerá más impresionante, ya que mostrará un *lift* más elevado. Si el índice de respuesta de un anuncio es del 1 por ciento, el modelo podría, de manera realista, marcar un grupo de clientes pequeño con un *lift* de 10. Ese impresionante *lift* de 10 significa que, entre la porción superior de los usuarios con más probabilidades de responder, lo hacen diez veces por encima de la media, es decir, el 10 por ciento del tiempo. En el capítulo anterior, hemos calculado el valor de un modelo de detección del fraude con un *lift* elevadísimo de 300. Eso solo ha sido factible debido al bajísimo índice de fraude del 0,1 por ciento.

Pero, si estás prediciendo algo que ocurre la mitad del tiempo, por ejemplo, que un cliente cancele en los siguientes cinco años, nunca podrías llegar a un *lift* de 10. Eso supondría el índice de cancelación medio multiplicado por diez: 500 por ciento. El máximo *lift* al que podrías aspirar a comunicar sería de 2, y el *lift* del modelo estará, por lo general, por debajo de ese máximo, así que podrías esperar un *lift* de alrededor del 1,2 o 1,3.

En términos generales, informar de un *lift* bajo no da una buena imagen. Para los científicos de datos experimentados, no es sexy. Resulta que hay una buena razón; para muchos proyectos, no es solo una cuestión estética. Un *lift* alto se alinea con un valor alto. Al fin y al cabo, encontrar casos positivos, digamos, diez veces más a menudo que suposiciones aleatorias, puede ser diez veces más valioso para el negocio, ya que las operaciones multiplican su efectividad por ese número: los auditores encontrarán diez veces más fraude en el grupo de transacciones que procesan; un anuncio gana diez veces más respuestas cuando se muestra, y el marketing llega a un número diez veces mayor de personas que responden.

Así pues, si este paso, la preparación de datos, revela que tus casos positivos se producen cerca de la mitad de las veces, puede ser una señal de que hay que volver al paso 2 y revisar el objetivo de la predicción para asegurarte de que has establecido el objetivo más valioso que podías.

Pero hay que alcanzar un equilibrio. Si descubres que los casos positivos son demasiado escasos, lo que te deja con un total demasiado pequeño en los datos de entrenamiento, también debes acabar volviendo al paso 2 o, de algún modo, conseguir más datos.

## Es cuestión de tiempo: las variables de entrada

"El tiempo es el consejero más valioso de todos".

—Pericles

Preparar los datos de entrenamiento es una experiencia dura, porque el tiempo cuenta. Estamos preparando el escenario para entrenar un modelo que, más adelante, cuando se ponga en funcionamiento, tomará como entrada lo que se conoce en ese momento y generará como salida las probabilidades de lo que está por venir. Eso significa que los valores que introducimos en las columnas de entrada deben reflejar lo que se sabe en un punto del tiempo anterior a cuando se ha conocido la columna de salida.

Por ejemplo, digamos que extraemos de los registros de la empresa la información de que un usuario que ahora está en décimo curso respondió a un anuncio hace un año. Eso sirve como caso de aprendizaje, pero tenemos que retrasar el reloj: esta fila de datos de entrenamiento debería mostrar el curso como noveno, ya que es donde estaba el usuario cuando respondió al anuncio.

Algo similar ocurre para el marketing orientado. Las variables de comportamiento pensadas para servir como entradas del modelo necesitan el mismo tipo de atención. Piensa en una fila de datos de entrenamiento correspondiente a un cliente al que se envió un folleto de marketing el 18 de octubre y, en ese momento, sabíamos que era hombre, vivía en California y había realizado diez compras hasta la fecha, además de otros factores. Dos meses más tarde, el 18 de diciembre, sabíamos que el resultado era positivo; había comprado el producto.

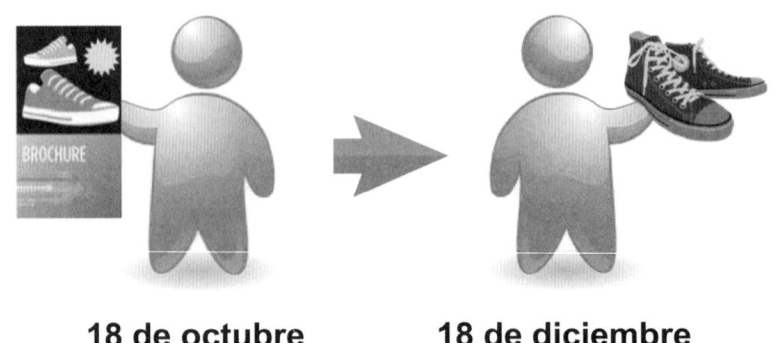

**18 de octubre       18 de diciembre**

Hombre, CA, 10 compras...                Respuesta: Sí

En esta fila de datos, las variables de entrada codifican lo que sabíamos cuando tomamos la decisión sobre el tratamiento del marketing, el punto en el que podía haber ayudado hacer una predicción. La porción final de la información en esa fila de datos, el resultado, se averiguó después; ahora también queda en el pasado, pero ocurrió en un momento posterior en el tiempo.

El potencial para el error aparece en el hecho de que pueden haber pasado muchas cosas desde entonces. Supongamos que estamos en el mayo siguiente. Si los registros muestran actualmente que ha hecho un total de quince compras, más vale que tengamos un método para calcular que, en octubre, solo había hecho diez compras hasta el momento e incluir esa cantidad dentro de esta fila de datos de entrenamiento.

Surgen muchos desafíos relacionados con el tiempo como este y es muy fácil meter la pata con ellos. A menudo, los errores se conocen como "filtraciones del futuro", donde una entrada transmite por accidente información que solo podía conocerse más tarde. Por ejemplo, piensa, cuando se aplica un modelo de *churn*, en una entrada que indica si se ha incluido recientemente al cliente en una campaña de marketing que se aplicó solo a clientes que no habían cancelado su suscripción. En este caso, el método de modelado "averiguará" enseguida que se trata de una entrada útil. El rendimiento del modelo parecerá alto, pero es trampa. En la implementación, el modelo no tendría acceso a ese tipo de "adelanto" del futuro.

Veamos otro ejemplo: una aseguradora generó un modelo que parecía estar haciendo un gran trabajo a la hora de predecir qué asegurados presentarían una reclamación elevada mediante la incorporación del siguiente patrón descubierto en los datos: los asegurados con una dirección de correo electrónico tenían más probabilidades de presentar una reclamación elevada. Pero resultó que las direcciones de correo electrónico "filtraron" el futuro, porque solo se habían solicitado a aquellos que presentaron una reclamación. Como resultado, los clientes con una dirección de correo electrónico, es decir, clientes que para entonces ya habían hecho al menos una reclamación, en vez de ninguna, tenían más probabilidades de haber presentado una reclamación elevada. De nuevo, en la implementación, el modelo no habría tenido acceso todavía a este indicador de una reclamación. El descubrimiento era circular, no predictivo.

Esta trampa de la "filtración del tiempo" compromete la integridad del modelado predictivo. Con el futuro relativo siempre disponible sin problema durante la preparación de los datos, es demasiado fácil proporcionar sin darnos cuenta ese futuro al mismo modelo que trata de predecirlo. Esas filtraciones temporales son un "¡te pillé!" habitual. Por suerte, a menudo pueden identificarse cuando el científico de datos se da cuenta de que el rendimiento del modelo parece demasiado bueno para ser verdad.

## La mayoría de la gente no está preparada para la preparación de datos

Con estos requisitos "temporales" rigurosos en cada entrada (que el valor proporcionado al modelo refleja solo lo que se sabía en un punto determinado del pasado), la preparación de datos plantea un reto complicado. Las fuentes de datos que estás reconvirtiendo no se recopilaron originalmente pensando en el ML. Sea como sea la forma que tengan los datos en este momento (distribuidos en tablas, bases de datos, incluso sistemas), debes diseñar su transformación para darles la forma y el formato de los datos de entrenamiento. Esta transformación implica más que conseguir la estructura tabular requerida sin más. Más que con una organización de los datos, estás tratando con su significado mismo.

Teniendo en cuenta estos requisitos con matices, no puedes automatizar por completo la preparación de los datos para un proyecto nuevo de ML. Cada proyecto necesita una tarea de programación de base de datos especializada personalizada para las fuentes de datos existentes que se ajuste al modo en que se han originado. Existe software de analítica que puede ayudar a automatizar porciones limitadas de esta tarea (y algunos vendedores de analítica te prometerán la luna), pero ningún software puede gestionar por completo el meollo del asunto en tu lugar. Una vez que hayas determinado cómo programarla, los programas pueden automatizar la preparación de datos para futuras repeticiones para actualizar el modelo, pero, para el primer pase de cada proyecto, vas a tener que coger las herramientas y ponerte manos a la obra. No hay otra manera.

En algunos casos, puedes emplear un truquito para evitar parte de esta complejidad: la captura de instantáneas. Es el proceso de capturar de forma periódica una "imagen fija" de las variables de entrada y registrarlas con el aspecto que tienen en este momento, de manera que, una vez que hayas hecho el seguimiento del resultado que servirá como variable de salidas, puedas simplemente añadir este resultado a cada fila de los datos de entrenamiento. En ese caso, no necesitas recrear los valores pasados de las variables de entrada; los has guardado como eran en el momento adecuado.

Sin embargo, este truco no se aplica siempre. Si no has estado realizando capturas de instantáneas en un tiempo, tendrás que hacerlo por las malas para poder utilizar los datos que tienes en este momento.

La sabiduría popular dice que la preparación de datos requiere un 80 por ciento del tiempo práctico del proyecto, aunque los cálculos indican que el porcentaje es inferior. Una encuesta realizada por la empresa de software de ML Anaconda afirmó que los científicos de datos dedican un 39 por ciento de su tiempo a la preparación de datos, que sigue siendo más que el tiempo que dedican al entrenamiento y la implementación combinados, según la misma encuesta. Pero, para nuevas iniciativas de ML, es probable que la preparación de datos lleve más tiempo que eso. Por otra parte, si estás repitiendo un proceso de preparación de datos establecido en su mayoría para actualizar un modelo existente, es probable que los obstáculos lógicos y la solución de problemas no se acumulen tanto.

Como cabría esperar, la industria del ML minimiza la importancia de esto. Prefiere presentarse como si llevase una vida glamurosa que se dedica a aprender de los datos, y no al trabajo monótono de preparar esos datos de antemano. Consultores, vendedores y defensores suelen omitir esta molestia en favor de hablar de la parte sexy, el modelado.

Más allá de la cultura de "pasemos directamente al modelado" adoptada por la mayoría de los cursos y manuales populares, hay otra tendencia importante que contribuye de forma inadvertida a la devaluación costosa de la preparación de los datos: las competiciones de ML públicas. Los organizadores de esas competiciones (con frecuencia, una empresa llamada Kaggle) proporcionan los datos de entrenamiento y hacen que científicos de datos se enfrenten entre sí para entrenar el mejor modelo posible. Esto hace avanzar la innovación en el campo y, a menudo, proporciona a los patrocinadores el mejor modelo de colaboración abierta distribuida que el dinero puede comprar, pero, como efecto secundario, perpetúa la narrativa engañosa de que los proyectos de ML van solo sobre el modelado. Que ganes una competición de modelado no significa necesariamente que estés preparado para liderar un proyecto de ML hasta su implementación.

Para abordar esto, la firma de tecnología para la educación DeepLearning.AI ha lanzado un nuevo tipo de competición centrada en los datos. "En la mayoría de las competiciones de ML se te pide que crees un modelo de alto rendimiento a partir de un conjunto de datos fijo", anuncia este concurso único. "La Data-Centric AI Competition invierte el formato tradicional y te pide que mejores un conjunto de datos cuando se te da un modelo fijo". Los competidores no crean el modelo; solo mejoran los datos que se usan después para el entrenamiento de modelos. Esto podría ayudar a corregir la trayectoria de una cultura que está obsesionada con el modelado.

## Hay ruido que mata el ML, pero hay otro que es excelente

Teniendo en cuenta sus rigurosas exigencias, ¿cómo de desastroso es el ruido en los datos de entrenamiento? A la luz del credo "entra basura, sale basura", se podría presumir que cualquier ruido mataría el ML, sobre todo considerando la complejidad y delicadeza del entrenamiento de modelos. Si un algoritmo de ML se confunde con datos malos y desarrolla un modelo defectuoso, las consecuencias podrían ser funestas; hay mucho en juego cuando implementamos modelos para la detección del fraude, la asignación de puntuaciones para la concesión de créditos financieros y muchas otras áreas de aplicación esenciales.

Bueno, a lo mejor te sorprendes. En realidad, el ML es bastante sólido cuando se enfrenta a determinados tipos de ruido, así que solo hay que hacer cierta limpieza.

Para empezar, vamos a quitar el ruido a la palabra "ruido". Puede significar dos cosas muy diferentes. Si los datos tienen errores (simplemente valores incorrectos), se trata de un tipo de ruido. A veces, se denominan datos corruptos.

Por otra parte, si los datos muestran valores que parecen aleatorios (puesto que no tenemos una manera de predecirlos ni una base para entender su origen), se trata de un tipo de ruido diferente que no implica necesariamente valores incorrectos. Solo refleja nuestra falta de conocimiento como humanos. Es incertidumbre. Este es el tipo de ruido al que hace referencia Nate Silver en el título de su famoso libro *La señal y el ruido*.

Así pues, cuando los datos parecen no tener sentido o ser aleatorios, eso no tiene por qué significar que sean defectuosos. Solo significa que no entendemos todos los factores que les han afectado. El ML nos ayuda a entender el mundo un poco mejor al descubrir tendencias en los datos. Encuentra alguna señal, pero no elimina todo el ruido en absoluto.

Por otra parte, el ruido en el sentido de errores indiscutibles puede ser una preocupación. Es omnipresente y tiene su origen en muchos problemas sistemáticos. Quizá alguien ha etiquetado mal un campo dentro de una de las bases de datos que has fusionado. Tal vez la edad de un grupo de clientes se ha calculado según el año de nacimiento sin tener en cuenta el mes y el día, así que a veces hay una diferencia de uno, dependiendo del mes y el día actuales. Quizá valores que faltan (desconocidos) se han cambiado, de forma incorrecta, por el valor 0 cuando los datos se movían entre sistemas que representan valores ausentes de maneras diferentes. Puede que tus sensores registren solo de forma imperfecta, o tal vez ha habido incluso una corrupción maliciosa intencionada de los valores de los datos.

Pese a todo este ruido potencial, las cosas no están tan mal. Esto es lo que nos salva: el ruido entre las etiquetas de las variables de salida es perjudicial para el ML, pero, por lo general, el ML puede resistir el ruido en una variable de entrada, siempre y cuando la cantidad de ruido sea consistente.

En primer lugar, las etiquetas de las variables de salida deben ser sólidas. Codifican el objetivo de la predicción, lo que determina la dirección del entrenamiento del modelo. Por ejemplo, si muchos clientes que no compraron reciben la etiqueta de que sí compraron, o viceversa, eso va a guiar mal el proceso de modelado. La integridad de la variable de salida es crucial; debe estar en línea con la verdad fundamental. No solo guía el proceso de aprendizaje, sino que también sirve para evaluar el rendimiento del modelo después de haber completado el modelado.

Pero, por otra parte, el ML es robusto respecto al ruido dentro de las variables de entrada. Básicamente, podemos echar ahí un montón de basura y, aunque no ayudará al entrenamiento del modelo, en general no causará tanto daño como cabría imaginar. La razón es que cuanto menos útil sea la entrada, menos dependerá el modelo de ella. Llevando eso a un caso extremo, si una entrada tiene tantos valores incorrectos que es, a los efectos, basura aleatoria, un buen algoritmo evitará por completo utilizar esa variable o, al menos, reducirá su implicación en el modelo a casi cero.

Dicho de otro modo, los valores de entrada incorrectos solo generan más ruido. Las entradas ya son ruidosas en el sentido de la incertidumbre. Para el algoritmo de ML, el ruido es el ruido y no importa qué tipo de ruido sea.

Imagínalo de esta manera: si están llevando a cabo una clasificación de imágenes, puedes ver que incluso si hay una cantidad considerable de ruido en la imagen, sigue resultándote fácil decir que es una fotografía de una persona que lleva un sombrero. Un modelo puede manejar el ruido de la misma manera.

Una fotografía de una persona con un sombrero sigue siendo fácil de discernir aun con ruido añadido.

Es un alivio que el mundo no se acabe si tenemos valores malos entre las variables de entrada. Pero hay una limitación importante: el nivel de ruido debe permanecer más o menos consistente entre los datos de entrenamiento y la entrada de datos en el modelo durante la implementación. Si se proporcionan valores incorrectos cuando se usa de verdad un modelo, pero no había presente una prevalencia de errores similar en los datos de entrenamiento mientras se desarrollaba el modelo, el rendimiento del modelo no se sostendrá. Así pues, es importante que la entrada no esté mal con mucha más frecuencia que con los datos de entrenamiento de los que ha aprendido la máquina en primer lugar.

Esta es solo una parte de un requisito más general: los datos de entrenamiento deben ser representativos de los datos encontrados durante la implementación. Es decir, la experiencia sobre la que aprende la máquina debe venir del mismo "mundo" o "universo" dentro del cual se utilizará después el modelo. Los casos de aprendizaje deben representar la misma "realidad". Por ejemplo, si el modelo va a orientar el marketing para todos los clientes de Estados Unidos, pero los datos de entrenamiento solo incluyen clientes de California, esos datos no serán representativos; no puedes esperar que el rendimiento del modelo se traslade al resto del país.

Para el proyecto de EduPay, mis datos no cumplían este requisito. No eran del todo representativos. Para cada anuncio, los casos de entrenamiento eran el resultado de las peculiaridades del sistema heredado. Por ejemplo, un método *ad hoc* calculaba lo popular que sería cada nuevo anuncio cuando se lanzase por primera vez, lo cual determinaba con qué frecuencia y con quién se probaba. Yo estaba trabajando con los datos que tenía disponibles, no realizando experimentos para reunir una batería de pruebas distribuidas de manera uniforme para cada anuncio. Aunque hay enfoques técnicos que podrían haber ayudado, no tomé ninguna medida para abordar esta imperfección en los datos. En el capítulo sobre la implementación, verás cómo se desarrollaron las cosas a pesar de todo.

Ahora que hemos hablado de los distintos requisitos de los datos de entrenamiento, vamos a volver a FICO para ver cómo recopila la empresa los datos para su sistema global de detección del fraude.

## FICO cultiva datos sin fronteras

Scott Zoldi tiene un doctorado en física teórica de la Universidad de Duke. Y ha formado un equipo de setenta personas más con doctorados. Juntos, generan el sistema de facto del mundo para detectar transacciones fraudulentas con tarjetas de crédito. Tú, yo y la mayoría de las personas con tarjeta dependemos de ellos.

La operación antifraude de Scott no es lo más conocido de FICO. Junto a otro de sus equipos, Scott también supervisa el modelo implementado más famoso de EE. UU.: el FICO Credit Score (puntuación para créditos FICO). Tu FICO Score (puntuación FICO) determina tu capacidad para obtener préstamos. Es la puntuación para la concesión de créditos más utilizada de Estados Unidos, empleada por la gran mayoría de bancos y entidades que conceden créditos. Es un nombre familiar y es entendible que muchas personas sientan que su puntuación FICO es una parte central de su identidad como clientes.

Pero la detección del fraude de FICO, que suele ser invisible para nosotros como consumidores, nos afecta con mucha más frecuencia. Este producto, llamado Falcon, es la parte más grande del negocio de software de FICO y nos afecta a la mayoría casi a diario, cada vez que utilizamos la tarjeta de crédito. FICO evalúa el poder financiero de día y lucha contra el crimen financiero de noche.

Para cumplir con esta responsabilidad, es importante que el equipo de Falcon obtenga los datos que necesita, datos largos, anchos y etiquetados. Para hacerlo, recopila datos de toda la red mundial de bancos.

Esta dependencia de datos entre empresas, recogidos de múltiples entidades, es atípica. Por lo general, un proyecto de ML solo sirve a la empresa que lo lleva a cabo. Para un proyecto así, basta con datos internos, ya que la empresa ha estado haciendo un seguimiento de las mismas operaciones que el proyecto pretende mejorar. Sin embargo, FICO no es un banco. No procesa transacciones con tarjetas de crédito, sino que desempeña una función poco habitual, central a nivel mundial y que se le ha encomendado entre los bancos.

En 1992, Falcon nació como un movimiento radical por parte de un grupo pequeño de bancos: decidieron cooperar en lugar de competir. En esa época, una porción enorme de todas las transacciones con tarjeta de crédito (casi un 1 por ciento) era fraudulenta. El índice de fraude no hacía más que crecer y amenazaba a toda la industria. Esa crisis inminente convenció a las instituciones financieras de que debían superar sus instintos capitalistas primitivos y responder a la llamada a las armas por el bien común: colaborar para luchar contra el crimen, mejorar la integridad de las transacciones y recortar las pérdidas. Lideradas por una empresa llamada HNC Software, unieron sus datos, multiplicando así su poder para entrenar modelos de detección del fraude. Diez años después, FICO adquirió HNC Software y, con ella, tanto el sistema Falcon como a Scott Zoldi.

Desde entonces, el consorcio de Falcon ha crecido hasta tener más de 9.000 bancos por todo el mundo y todos ellos envían continuamente datos anonimizados de transacciones con tarjeta. FICO recibe unos 20.000 millones de registros (lo que supone terabytes de datos brutos) cada mes, un petabyte cada cinco años.

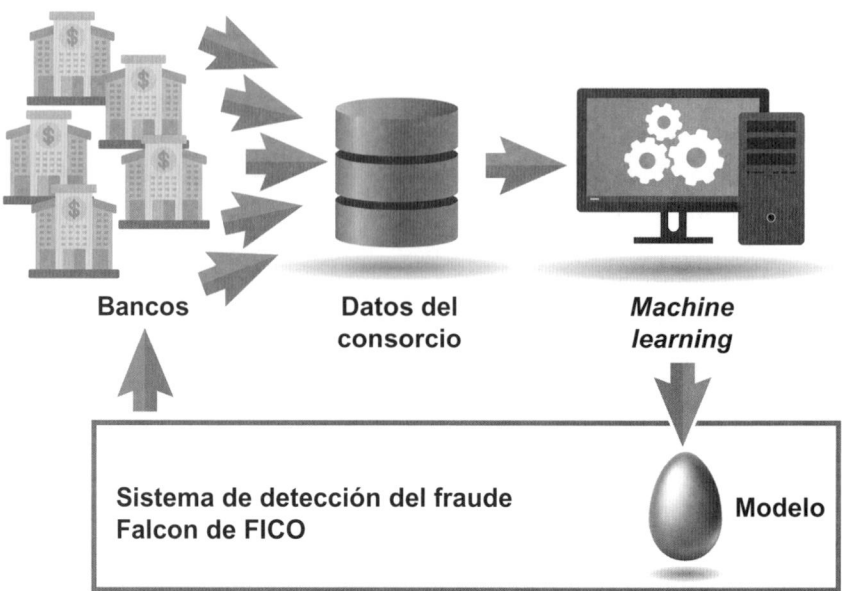

**Bancos**          **Datos del**          **Machine**
                    **consorcio**          **learning**

**Sistema de detección del fraude**          **Modelo**
**Falcon de FICO**

Los bancos proporcionan datos para desarrollar el modelo de detección
del fraude de Falcon y Falcon implementa ese modelo para cada banco.

Los bancos no pueden beneficiarse de Falcon sin contribuir a él.
Para ser cliente de FICO que utilice Falcon, debes unirte también al
consorcio y compartir tus datos. Falcon se ha estandarizado tanto que,
pese a su naturaleza cooperativa, se trata de una necesidad competitiva.
Para mantener su posición en el mercado del pago con tarjeta, los bancos
necesitan la mejor detección del fraude que existe de Falcon, a la que
solo pueden acceder mediante la cooperación. Al final, esto iguala el
terreno de juego: incluso el banco más pequeño puede implementar el
mejor modelo de detección del fraude.

## Diseñar entradas mejores para Falcon

Para cada transacción con tarjeta, el modelo de Falcon necesita un
resumen informativo, pero razonablemente sucinto, de todas las
"pruebas" que podrían revelar si es legítima o fraudulenta. Esa lista de
factores, cada uno de los cuales es una entrada potencial para el modelo,
compone una fila de datos de entrenamiento. Incluye un resumen de las
transacciones anteriores del titular de la tarjeta, como el número total
de transacciones, la cantidad de extracciones de efectivo y la cantidad

media de las transacciones. Estas cifras se descomponen en diferentes rangos de tiempo, como las transacciones realizadas en el último día, la última semana, el último mes y los últimos tres meses. También se dividen según distintos tipos de vendedores, como restaurantes y tiendas de ropa.

Pero eso es solo el trabajo preliminar básico. El equipo de Scott ha convertido la ingeniería de características en un arte, diseñando a mano entradas más complejas que ayudan aún más a identificar el fraude. Estas entradas codifican si las transacciones recientes marcan cambios en el comportamiento del titular de la tarjeta, como una aceleración extrema en los gastos o compras de un tipo completamente nuevo de productos, por ejemplo, comprar en una tienda especializada en golf cuando nunca lo ha hecho antes. Al mismo tiempo, el seguimiento a largo plazo de cada titular de una tarjeta debe reconocer tendencias anules, de forma que no se activen marcas falsas, como cuando una familia veranea todos los años en Florida.

En realidad, es un poco más "meta" que eso. Ni siquiera el cambio de comportamiento más drástico tiene por qué revelar un fraude, ya que algunos titulares de tarjetas son propensos a cambiar. Se inclinan por hacer algo sin precedentes. Para este tipo de clientes, comprar en una tienda de golf por primera vez no debería interpretarse como un fraude potencial. Para ellos, el cambio no es nada nuevo. Algunas anomalías son benignas. Con las entradas adecuadas, un modelo bien entrenado será capaz de discernir qué tipo de cambio en el comportamiento se corresponde con un fraude.

Además de todo esto, todas las entradas hacen un seguimiento de las actualizaciones del perfil del titular de la tarjeta. Por ejemplo, después de que cambies tu dirección de correo electrónico, quizá resulte que sea un poco más probable que realices una transacción en un país nuevo para ti. Con entradas diseñadas para reflejar este tipo de cambio, el modelo puede, de manera potencial, aprender cuándo ser indulgente con comportamientos que se tienen por primera vez.

Recuerda que el objetivo no es solo identificar el fraude, sino también controlar los falsos positivos al permitir transacciones legítimas incluso cuando son atípicas para ese titular de la tarjeta.

Por último, otras entradas ayudan al modelo a escudriñar aspectos del vendedor. Al fin y al cabo, el historial del titular de la tarjeta no es lo único que revela que un intento de transacción puede ser fraudulento.

Lo ocurrido en el lado del vendedor, con múltiples tarjetas, también nos da pistas. Esto incluye observar si el vendedor ha experimentado un aumento en los intentos de fraude u otros cambios inusuales en las tendencias en sus transacciones.

## Todavía no hemos terminado: etiquetar los datos

Más allá de las entradas bien diseñadas, los datos de entrenamiento de Falcon necesitan un ingrediente más: etiquetas para la salida. Cada transacción de ejemplo que forma una fila de datos está incompleta hasta que se designa como fraudulenta o no fraudulenta. Esas etiquetas guiarán el entrenamiento del modelo para hacer su trabajo: generar un modelo que pueda discernir entre casos positivos y negativos.

Solo los humanos pueden proporcionar las etiquetas. Como hemos visto brevemente hace un par de capítulos, para la detección, no podemos beneficiarnos de "el tiempo dirá", como hacemos cuando predecimos un evento futuro. El tiempo ha dicho si un usuario ha respondido cuando se le ha mostrado un anuncio determinado o si un deudor ha incurrido en impago. En esos casos, recibimos la etiqueta "gratis". Pero, para detectar un atributo cualitativo para cada caso, como si es fraudulento, la etiqueta de cada ejemplo de entrenamiento solo puede determinarla una persona.

El etiquetado manual es un trabajo arduo y caro. El gasto se dispara sobre todo cuando requiere expertos en la materia, como médicos para determinar si cada ejemplo indica un diagnóstico médico concreto.

Por otra parte, los problemas que no requieren una experiencia especial, como etiquetar semáforos en imágenes para un proyecto de conducción autónoma, pueden derivarse a terceros en plataformas de "trabajo colaborativo" como Amazon Mechanical Turk por solo un centavo por caso. Pero hay un lado oscuro: sus condiciones laborales no reguladas "ofrecen una visión sombría de lo que podría venir para una clase baja digital cada vez mayor", según *Vocativ. Marketplace* llama a esto "la nueva planta de producción de la era digital".

Para empeorarlo todo, la detección del fraude requiere una cantidad inmensa de transacciones etiquetadas porque las positivas son escasas. Si el índice de fraude es 0,1 por ciento y quieres que los datos incluyan al menos 10.000 casos positivos, entonces necesitas etiquetar 10 millones de casos para ver si cada uno es positivo o negativo.

¡No te preocupes! Los datos de entrenamiento de Falcon logran evitar este costoso embotellamiento al depender de lo que los consumidores hacen de manera natural. Con el fraude con tarjeta, si el consumidor ve un cargo erróneo, se queja. Nosotros como titulares de las tarjetas y nuestros bancos ya estamos haciendo, a los efectos, todo el trabajo monótono de etiquetar muchos casos de fraude en el transcurso normal de nuestras vidas cotidianas.

Una razón clave por la que funciona este enfoque es que, con el fraude con tarjeta, los bancos pueden permitirse aprender por las malas. Puesto que el sistema de detección es imperfecto, permite que algunas transacciones fraudulentas se acepten. Eso genera un caso de entrenamiento positivo si, más tarde, el titular de la tarjeta se queja de ese cargo no autorizado, incluso aunque para entonces suele ser demasiado tarde para impedir el delito del estafador. El banco asume el coste, pero el ciclo global es excelente. Ningún humano ha resultado dañado de forma sustancial en el proceso de creación de estos datos.

En otros dominios, no podemos hacerlo así. Los casos no detectados que se pasan por alto (falsos negativos) no se pueden permitir con tanta facilidad para un vehículo autónomo que va a saltarse un semáforo en rojo o un sistema médico que pasaría por alto un diagnóstico. En esos dominios, a menudo no podemos evitar la necesidad de realizar un trabajo manual adicional para etiquetar muchos ejemplos.

Este proceso de etiquetado "orgánico" para la detección del fraude, donde las personas van, en esencia, "siguiendo el dinero", prioriza casos más grandes de fraude sobre los casos más pequeños. FICO solo trata como casos positivos los fraudes adjudicados, donde el titular de la tarjeta ha certificado de manera formal que la transacción era fraudulenta (si ha sido él o el banco quien se ha dado cuenta, en primer lugar). Eso significa que los casos sospechosos que nunca se adjudican no se etiquetan como positivos en los datos de entrenamiento, incluso si el banco ha tenido que cancelar el gasto. Puesto que la gente tiende a molestarse más con la adjudicación de casos de fraude de mayor valor, el fraude de coste más bajo se etiqueta de manera correcta con menos frecuencia y, por tanto, el modelo de Falcon le da menos prioridad. Y eso es tolerable porque el coste de los falsos negativos es más bajo para ellos.

Además de este etiquetado manual, muchos otros casos positivos se etiquetan de forma pasiva: esos los ha identificado Falcon de manera automática. Un banco que utiliza Falcon bloquea un intento de transacción fraudulenta y quizá el titular de la tarjeta nunca se entere. Se trata de un proceso casi circular, ya que ese ejemplo positivo servirá después para entrenar un modelo actualizado para Falcon, que ha identificado el caso positivo en primer lugar. Sin embargo, de nuevo, las reacciones naturales del titular ayudan a corregir los datos. Si Falcon se ha equivocado, es decir, si era un falso positivo, entonces el titular, cuyo intento de transacción legítimo ha quedado bloqueado, emprenderá acciones para que se apruebe y el caso acabará como negativo en los datos de entrenamiento. De ese modo, lo que el modelo ha hecho mal servirá para mejorar su siguiente versión.

En general, esto proporciona un montón de ejemplos positivos para el equipo de Scott. El número de casos de fraude etiquetados que acaban teniendo en sus manos se acerca al millón.

## El Falcon de FICO es un luchador fantástico contra el fraude

Falcon funciona. Considero que es una de las implementaciones de ML de mayor éxito e impacto comercial. Monitoriza todas las transacciones para 2.600 millones de tarjetas de pago en todo el mundo, lo que supone dos tercios de las tarjetas del mundo, incluyendo el 90 por ciento de las de EE. UU. y el Reino Unido. Diecisiete de las 20 emisoras de tarjetas internacionales más importantes, las 100 emisoras de tarjetas de crédito más grandes de Estados Unidos y 95 de las 100 instituciones financieras más importantes de Estados Unidos utilizan Falcon.

Desde su introducción, Falcon ha reducido las pérdidas por fraude con tarjeta en más de un 70 por ciento en Estados Unidos. Con Estados Unidos sufriendo actualmente pérdidas anuales por fraude de unos 10.000 millones de dólares, esa reducción nos está ahorrando alrededor de 20.000 millones de dólares al año.

Del mismo modo que la recopilación de datos de Falcon se distribuye entre bancos, también lo hace su implementación. Es más, esa implementación debe producirse en tiempo real, generando cada puntuación predictiva en cuestión de milisegundos. Estas consideraciones se tratarán en el capítulo 6 sobre la implementación.

Pero, primero, vamos a pasar al paso 5, utilizando los datos que tanto nos ha costado conseguir para entrenar el modelo en sí. ¿Cómo podemos los simples mortales diseñar un algoritmo que genere un modelo predictivo a partir de datos de entrenamiento? ¡Vaya tarea de programación informática!

# Algoritmo

## Entrenar el modelo

*Los algoritmos de* machine learning *constituyen la tecnología de aplicación general más potente. También es la más chula. Al aprender de los datos, se obtienen modelos que funcionan; los modelos son capaces de hacer predicciones para casos nuevos y únicos. Cuando entrena un modelo, el ordenador está, en esencia, programándose a sí mismo.*

*Si has saltado directamente a este capítulo por la emoción, entonces estás en buena compañía y, aun así, eres justo el tipo de persona para la que he escrito los capítulos que van antes de este. Debes hacer lo correcto con el lado empresarial antes de regocijarte en la ciencia aeroespacial sexy. Todos debemos luchar contra nuestra propensión natural a ensalzar la tecnología avanzada en lugar de obsesionarnos lo suficiente con su lanzamiento, y en vez de ejecutar los cuatro pasos anteriores del proyecto para hacer posible ese lanzamiento. Pero, si has leído todas las páginas antes de esta, te has ganado el derecho a regocijarte, ¡disfruta!*

*Este capítulo ofrece un curso intensivo accesible para que recién llegados y profesionales empresariales se familiaricen con los algoritmos de ML. Al fin y al cabo, estos métodos principales tienen grandes ramificaciones: van a guiar las operaciones a gran escala. Vamos a mantenerlo relevante sumergiéndonos en los principios interesantes de la combustión interna, no es cómo cambiar una bujía.*

## La práctica bizML

1. Valor: Establecer el objetivo de la implementación.
2. Objetivo: Establecer el objetivo de la predicción.
3. Rendimiento: Establecer las métricas de evaluación.
4. Combustible: Preparar los datos.
5. Algoritmo: Entrenar el modelo.
6. Lanzamiento: Implementar el modelo.

Para el proyecto de EduPay, estaba tan contento como un cerdo en el barro. Tenía 50 millones de filas de datos, un caso empresarial viable para el *machine learning* (la selección de anuncios) y un cliente dispuesto a implementar.

Pero también tenía mucho trabajo por delante: necesitaba generar modelos que seleccionarían de manera dinámica entre 291 anuncios en tiempo real para un tercio de todos los alumnos de último curso del instituto que iban a ir a la universidad. Eso significaba que necesitaba generar 291 modelos, uno para cada anuncio. Con la mayoría de los proyectos de ML, solo generas un modelo. ¿Por dónde empezar?

Tantos datos, tan poco tiempo.

Como ya hemos visto, cada modelo debe predecir la respuesta del usuario a su anuncio correspondiente:

> *Objetivo de la predicción para los anuncios dirigidos (EduPay): ¿Responderá el usuario a este anuncio si se le muestra?*

Empecé por desarrollar modelos solo para un par de anuncios. Uno tenía un *lift* de 3 al 10 por ciento. Eso significa que el 10 por ciento de los usuarios que se predijo que tenían más probabilidades de responder tenían tres veces más probabilidades de hacerlo que el usuario medio. Esos usuarios podrían ser los adecuados para que se les mostrase ese anuncio en vez de, digamos, el anuncio más popular a nivel universal.

El anuncio en cuestión reclutaba para la marina. Mostraba el eslogan "Acelera tu vida" en una imagen gráfica azul y después preguntaba: "<nombre de usuario>, ¿estás listo para salir de <ciudad> y ver el mundo? ¡La marina te enseña cómo!". Presentaba dos opciones: "¡Sí, por favor, contactad conmigo!" y "No, gracias", seguido de un botón de "presentar". El usuario tenía que elegir una opción para salir de esa página "intercalada" y seguir usando el sitio web de EduPay para explorar becas y ayudas para la universidad. Por cada usuario que seleccionase el sí, la marina pagaba a EduPay 12,50 dólares.

Vamos a profundizar en este modelo como ejemplo.

## Curiosear un modelo

Cuando surge un modelo recién nacido, acapara toda nuestra atención. Como si contásemos los dedos de las manos y los pies de un bebé, lo examinamos con minuciosidad, husmeando para ver qué tal funciona y por qué, qué es lo que hace que se mueva. Los descubrimientos del ML suelen ser una mezcla entre arcanos, inexplicables y obvios. El modelo del anuncio de la marina incluía la siguiente regla:

```
SI el usuario
   ha aceptado recibir correos electrónicos de marketing
      Y
   no se le ha mostrado este anuncio todavía
      Y
   está en una universidad
      Y
   no ha especificado el nombre del instituto
      Y
   tiene una nota SAT superior a 480
      Y
   tiene una relación de lengua-matemáticas en SAT entre 0,5 y 1,5
      Y
   tiene una puntuación ACT superior a 15
ENTONCES la probabilidad de que responda al anuncio es de 2,6%.
```

Puede ser difícil entender por completo cualquier lógica o razón, pero funcionó. Esta regla, que algunos llaman "patrón", localizaba un grupo de usuarios relativamente receptivos. El índice de respuesta general para este anuncio era del 1,6 por ciento, así que los usuarios a los que se aplicaba esta regla tenían un 63 por ciento más de probabilidades de responder. Dicho de otro modo, obtenía un *lift* de 1,63.

Al descubrir este tipo de patrón, una organización acelera al máximo el "aprendizaje a partir de la experiencia". Hemos enseñado este anuncio a estos tipos de clientes en el pasado y la respuesta fue relativamente buena, así que vamos a hacer más de lo mismo. Esto trasciende el movimiento corporativo tradicional de hacer más de lo que ha estado funcionando, como el comerciante de ropa Lands' End, que al principio vendía artículos náuticos, pero se dio cuenta de que su ropa se vendía bien. El ML va más allá de eso y proporciona una agilidad refinada al dosificar lo que ha estado funcionando con cada tipo preciso de cliente en cada situación precisa.

El algoritmo ha deducido esta regla a partir de los datos por sí mismo. Después de pulsar "adelante", yo no había participado de manera activa en el proceso. Es como la paternidad. Según las inmortales palabras de Forrest Gump, "mamá siempre decía: 'La vida es como una caja de bombones; nunca sabes lo que te va a tocar'". Por supuesto, la madre de Forrest estaba hablando sobre él.

## ¿Tiene sentido el modelo?

Algunas partes parecen obvias. Los usuarios que han aceptado recibir correos electrónicos de marketing también tienden a responder más a los anuncios, no solo a este anuncio, sino a todos los anuncios. Ahí no hay grandes sorpresas. Lo mismo se aplica a si al usuario ya se le ha mostrado este anuncio. Si no, es más probable que responda, ya que, si va a responder, lo más probable es que lo haga la primera vez que lo ve. La falta de un instituto especificado se corresponde probablemente al hecho de que estos usuarios ya están en la universidad, así que esa parte de la regla es, en su mayoría, redundante con "está en la universidad" y, por tanto, intrascendente.

Cuando te fijas en un modelo y ves que ha descubierto sobre todo cosas que a ti te parecen obvias, eso no es motivo de decepción. Significa que tus corazonadas humanas se han visto validadas por los datos. Esa validación es más crucial de lo que te podría parecer en principio. Al fin y al cabo, lo que no ves en el modelo son todas las demás presunciones potencialmente "obvias", pero falsas, que el algoritmo ha descartado de forma útil. Además, el valor del modelo no solo viene de los descubrimientos "obvios", sino de cómo los combina con habilidad, junto con otros descubrimientos que pueden ser sorprendentes. Al hacer esto bien, los métodos de modelado presentan cierta delicadeza lógica y matemática.

Además, cuando un modelo parece alinearse con la intuición humana, eso puede ayudar a apuntalar la confianza de los interesados empresariales. Dependiendo de la cultura y las expectativas de tu organización, la aprobación para el lanzamiento de un modelo puede depender en parte de que los responsables de la toma de decisiones consideren que el modelo "tiene sentido".

Pero entender un modelo rara vez resulta claro y si es importante hacerlo establece un debate religioso no resuelto en la industria del ML. Piensa en la regla que hemos visto antes. Solo se aplica a determinadas puntuaciones SAT y ACT y cuando la relación de lengua-matemáticas en SAT no es muy extrema; el usuario puede tener una mente asimétrica, pero no demasiado asimétrica. Puedes especular acerca de por qué esas personas tienen más probabilidades de responder a un anuncio de reclutamiento de la marina. Tal vez las familias militares tiendan a enfatizar una educación integral, así que los ávidos reclutas de esas familias son más propensos a tener una puntación más equilibrada. O quizás las mentes muy asimétricas son excéntricas en algún sentido. El problema es que siempre hay más de una explicación plausible.

Tener reglas que predicen es suficiente; entender por qué se sostienen es opcional y difícil de manejar. A menos que tus datos provengan de un experimento diseñado de manera específica, cualquier explicación que pretenda explicar la razón que hay tras una regla no es más que especulación subjetiva. Intentar entender el "porqué" es tratar de determinar la causalidad, algo que no podemos establecer de manera concluyente sin recopilar datos nuevos para ese propósito con un experimento controlado; así, la correlación de la que se oye hablar a menudo no implica causalidad.

Pese a esto, establecer la causalidad es el objetivo de muchos proyectos de ML. El fin de este proyecto era elegir el anuncio con más probabilidades de que el usuario respondiera. Determinados anuncios tendían a causar más respuestas para usuarios concretos, y los modelos servían para capturar esa información. Para hacerlo lo mejor posible, existe un método avanzado llamado modelado *uplift* que tiene ventajas sobre el enfoque relativamente simple de este proyecto de crear un modelo separado para cada anuncio, pero no llegamos tan lejos en la ejecución de este proyecto y este libro tampoco tiene espacio para tratarlo. Para obtener más información sobre este tema tan prometedor, consulta las notas de este capítulo en www.bizML.com.

Pero, hablando en términos generales, encontrar la explicación causal acerca de por qué determinadas entradas (por ejemplo, "lengua a matemáticas en SAT") están vinculadas a un aumento en las respuestas de los clientes queda fuera del ámbito de proyectos como este. No estaba trabajando en un doctorado en sociología para entender mejor el comportamiento humano. Solo estaba intentando elegir el mejor anuncio para cada usuario. Si el modelo predice bien y los números validan eso más allá de una duda razonable, ¿te importa la explicación científica definitiva para los patrones que ha descubierto? ¿Por qué deberían los responsables de las decisiones en tu empresa requerir esas explicaciones para confiar en el modelo cuando las cifras puras ya han demostrado que es fiable, sobre todo cuando las explicaciones que intentan darse son solo conjeturas?

En principio, los responsables de la toma de decisiones no deberían, pero, en la práctica, a menudo lo hacen. Está claro que no puedes culpar a la gente por echar un vistazo y especular acerca de la lógica detrás de las maquinaciones de un modelo. Los responsables de las decisiones suelen estar poco dispuestos a dar luz verde a un modelo sin echarle un vistazo. De lo contrario, el modelo es una caja negra misteriosa en la que a muchos les cuesta confiar.

No puedo resolver este debate religioso y sería una tontería intentarlo, pero, incluso si estás totalmente en contra de deducir explicaciones dudosas, hay otras razones definitivas para inspeccionar cada modelo. Una es buscar fallos, que es de lo que voy a hablar ahora. Otra es detectar problemas éticos en la manera en que el modelo guía las decisiones, algo que veremos en la conclusión de este libro.

## Inspeccionar modelos para buscar fallos

Con el proyecto de EduPay, me estaba enfrentando a una situación complicada: cómo generar 291 modelos y, después, inspeccionar en persona cada uno de ellos de forma exhaustiva.

Para un proyecto de ML típico, tienes que hacer una comprobación de cada modelo. Al fin y al cabo, hay muchas cosas que podrían salir mal, muchos gazapos y errores potenciales en los datos. Una vez tuve un modelo que sugería que las personas que habían abandonado el colegio eran mejores empleados nuevos. Eso me llevó a fijarme con más detenimiento en los datos y en cómo se habían obtenido. Resultó que era un problema sistemático en el modo en que los humanos habían introducido los datos a mano desde los currículos de los candidatos.

En otra historia con moraleja, los investigadores de la universidad de Washington generaron un modelo que distinguía lobos de perros husky en imágenes. Mostraba un gran rendimiento, pero, cuando investigaron cómo estaba tomando las decisiones, descubrieron que, en realidad, estaba basándose en si había nieve en el fondo; las imágenes de lobos tenían más probabilidades de tener nieve en el fondo que las de los perros. Se trataba de un problema en los datos, pero solo se hizo aparente cuando inspeccionaron el modelo.

Son cosas que pasan. En general, los científicos de datos deben hacer un poco de investigación *ad hoc*, realizando una especie de comprobación de la integridad del modelo. Antes de preocuparte demasiado por cualquier modelo, la primera pregunta es si el método de modelado está funcionando a nivel fundamental, es decir, si el modelo resultante combina variables de entrada de una manera efectiva. ¿Depende el modelo sobre todo de una sola variable de entrada y no logra integrar también otras entradas? Y si hay una entrada claramente dominante, ¿es su rendimiento demasiado bueno para ser verdad, lo que podría revelar el tipo de "filtración del futuro" que hemos visto en el capítulo anterior?

Al mismo tiempo, te fijas en el rendimiento predictivo del modelo, como su *lift*. ¿Se comporta bien con los datos de prueba apartados en comparación con su rendimiento en los datos de entrenamiento utilizados para generarlo? Si no, este tipo de rendimiento bajo se conoce como sobreajuste. Significa que el proceso de modelado está memorizando particularidades que son exclusivas de los datos de entrenamiento, en vez de aprender de verdad, es decir, encontrar información que sea válida en general. Si estás sobreajustando, tienes que resolver el problema del modo en que has configurado el proceso de modelo o incluso pasar a otro método.

Con los datos de EduPay, había varios modelos que parecían estar pasando el examen, pero, a menos que me clonase a mí mismo o EduPay incrementase de forma radical el presupuesto del proyecto, ¿cómo podía escalar este proceso a 291 modelos?

Antes de que pasemos a mi plan de ataque de este proyecto, vamos a dar un paso atrás y a ver cómo funciona el modelado en general y la amplia variedad de métodos de modelado entre los que pueden elegir los científicos de datos.

## Aprender de los datos: el reto tecnológico definitivo

Después de los cuatro primeros pasos del proyecto, hemos completado el trabajo de preparación y el escenario está listo para la parte del *machine learning* de un proyecto de *machine learning*, la tecnología principal en sí: el paso 5, entrenar el modelo, es decir, el modelado predictivo. La parte empresarial está de acuerdo y los datos de entrenamiento están preparados. Ahora hay que introducirlos en el software de modelado y pulsar el botón para ponerlo en marcha.

Cuando los investigadores se propusieron inventar ese software, tuvieron mucho trabajo que hacer. Tenían que desarrollar las instrucciones paso a paso para crear un modelo a partir de los datos. Es decir, tenían que escribir un programa informático que generase un mecanismo que en sí mismo funcionaría con las docenas o cientos de valores de entrada para un individuo con el objetivo de calcular la puntuación predictiva para ese individuo. Se espera que ese modelo prediga razonablemente bien para los individuos de ejemplo dentro de los datos de entrenamiento utilizados para guiar su creación. Lo que es más importante, también debe predecir bien para el conjunto de datos de prueba de ejemplo que se ha dejado aparte. Este conjunto apartado de casos sirve para estimar el rendimiento del modelo en general en casos que no se han visto y nunca se han encontrado antes. Ese paso de evaluación nos indica si el modelo ha tenido éxito.

¡Vaya desafío! Imagina los apuros de tu pobre ordenador, un débil mecanismo sin conocimiento. Introduces en él montones de datos, pero no "entiende" los datos. Las variables no significan nada para él. No tiene el conocimiento general acerca de los perfiles y comportamiento de los usuarios que tienes tú, no comprende lo que está intentando predecir, el significado en el mundo real de la variable de salida.

El modelo debe tener en cuenta todas las docenas o cientos de factores conocidos acerca de una situación o individuo nuevo y único. Dadas las variables de entrada que definen esa situación, ¿cómo debería sopesar o combinar todos estos factores para calcular la probabilidad más precisa de un resultado positivo? De forma más concreta. ¿cómo podría el ordenador aprender de manera automática a hacer eso, es decir, cómo podría generar de forma automática ese modelo?

Estás a punto de descubrirlo. Ante este desafío definitivo, los métodos de modelado predictivo como los que se describen en este capítulo alcanzan la grandeza científica: sus modelos funcionan. La generalización extraída de ejemplos pasados sigue manteniéndose cuando se aplica a situaciones nuevas que nunca se han visto. Esta capacidad convierte al ML en la tecnología de aplicación general más potente del mundo.

Los métodos de modelado son de eficacia probada, han nacido en laboratorios de investigación y han demostrado en la implementación comercial que son eficaces y sólidos. Cuando los utilizamos, nos beneficiamos de los logros de los que nos han precedido, los investigadores que los han desarrollado. Y, al contemplarlos, disfrutamos del privilegio de ver qué métodos han funcionado mejor, evitándonos todas las pruebas y tribulaciones que sufrieron sus inventores. Como ocurre con los genios, algunos dicen que la investigación es un 1 por ciento de inspiración y un 99 por ciento de transpiración. Pero, para un usuario comercial de métodos de ML establecidos, no hay que sudar, o al menos se suda mucho menos.

Es fácil entusiasmarse por la profundidad de este esfuerzo. Vamos a conectar ese entusiasmo con los mecanismos concretos fijándonos en cómo funcionan exactamente.

## Árboles de decisión: modelos hechos de reglas

Uno de los métodos de modelado más populares son los árboles de decisión. Un árbol de decisión está compuesto por reglas si-entonces como la que hemos visto antes, que, de hecho, extraje de un árbol de decisión. Veamos un ejemplo:

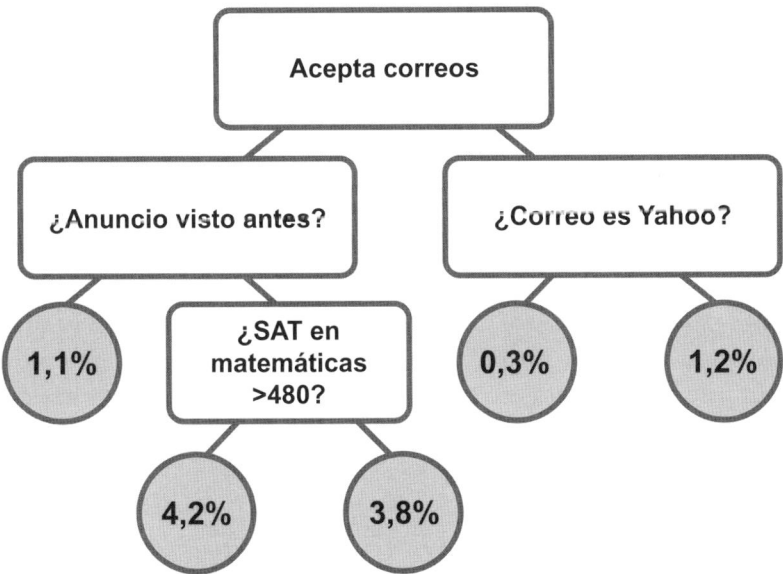

Un árbol de decisión para predecir la respuesta a un anuncio.
Empieza por arriba. Si la respuesta es sí, ve a la izquierda;
de lo contrario, ve a la derecha.

El proceso de modelado crea de forma automática un árbol como este a partir de los datos de entrenamiento; por lo general, acabamos con uno mucho más grande que el del ejemplo que se muestra aquí. Después, para utilizarlo en la implementación para puntuar de manera predictiva a un individuo (por ejemplo, un usuario de EduPay), solo tienes que empezar en la parte superior (la raíz de lo que sería un árbol del revés) y, al responder a preguntas de sí o no, vas avanzando hacia abajo hasta un punto final (una hoja) para obtener la puntuación para ese individuo. Por ejemplo, si las respuestas son sí, no, sí, al ir a la izquierda, a la derecha y, después, a la izquierda, acabas en una hoja con un 4,2 por ciento; el modelo está diciendo que hay una probabilidad del 4,2 por ciento de que el individuo responda si se le muestra el anuncio.

Puedes pensar en un árbol de decisión como un montón de sentencias sí-entonces-si no anidadas (si has hecho algo de programación), como un diagrama de flujos sin bucles, o un grupo de reglas (cada ruta de la raíz a la hoja forma una regla). Por ejemplo, para la ruta que acabamos de ver, la regla es: si el usuario ha aceptado recibir correos electrónicos y no ha visto el anuncio antes y tiene una puntuación SAT en matemáticas superior a 480, entonces la puntuación es 4,2 por ciento.

La manera en que el modelado crea un árbol de decisión es "cultivarlo" desde la parte superior hacia abajo. Empieza con la variable de entrada más predictiva en la parte superior, dividiendo así a todos los individuos en dos grupos: en el caso del árbol de ejemplo que se muestra, quienes han aceptado recibir correos electrónicos y quienes no. Después, subdivide de nuevo estos grupos a medida que va construyendo el árbol hacia abajo. Esto se repite a medida que los datos de entrenamiento se dividen en grupos bastante pequeños, aunque no demasiado pequeños, ya que no podemos generalizar bien a partir de solo un puñado de ejemplos. Al seguir este proceso, el tamaño y la forma del árbol (y la elección de las variables de entrada para sus preguntas de sí o no) se determinan de manera automática.

## Más métodos de modelado; regresión lineal y logística

Otros métodos de modelado tienen un aspecto y un funcionamiento completamente diferentes. La regresión lineal crea un modelo lineal que combina sin más variables de entrada con una suma ponderada, como:

$(0{,}0008 \times \text{SAT de escritura}) + (0{,}4 \times \text{correos aceptados}) + (0{,}16 \times \text{en universidad})$

Este modelo lineal de ejemplo, que implica solo tres variables de entrada, asume que las variables "correos aceptados" y "en universidad" tienen el valor 1 cuando son verdaderas y 0 cuando son falsas.

En este caso, el trabajo del método de modelado es ajustar esos tres pesos, modificándolos hasta que el modelo lo haga lo mejor posible en los datos de entrenamiento. Es poco probable que lo haga especialmente bien; este método estadístico estándar de la vieja escuela ha quedado eclipsado por métodos de modelado modernos.

Sin embargo, los modelos lineales sirven como base para otros métodos. Uno de ellos, que es muy popular, es la regresión logística, que es simplemente un modelo lineal seguido de una transformación no lineal conocida como curva S o función sigmoide. Este paso extra "estira" las puntuaciones predictivas en el rango medio para que se acerquen más a probabilidad del 100 por cien o el 0 por ciento, intentando, a los efectos, comprometerse con predicciones de "sí" o "no" más definitivas. Resulta que esto hace un trabajo mejor con muchos objetivos de predicción de sí o no (también conocidos como clasificación binaria) que un modelo lineal simple.

Ahora, si no eres científico de datos, puede que estés deseando saltarte la mayor parte de estos detalles técnicos. Permite que te conceda ese deseo.

## Todo lo que necesitas saber sobre los métodos de modelado

Antes de examinar varios métodos más de modelado, vamos a dejar una cosa clara. Por muy diferentes que parezcan ser entre sí, todos los modelos logran la misma tarea simple: toman las entradas y generan como salida una puntuación predictiva. Esa es la definición literal:

*Modelo predictivo: Un mecanismo que predice un comportamiento o resultado para un individuo, como que hará clic, comprará, mentirá o morirá. Toma las características del individuo como entrada (variables de entrada) y proporciona una puntuación predictiva como salida, por lo general en forma de probabilidad. Cuando más alta es la puntuación, más probable es que el individuo muestre el comportamiento predicho.*

Puesto que el modelo se ha generado con ML, decimos que es la cosa que ha "aprendido" o "entrenado". Debido a eso, el ML también se conoce como modelado predictivo.

Antes, en este libro, hemos hablado de un modelo como una caja negra o, de forma más precisa, como un huevo:

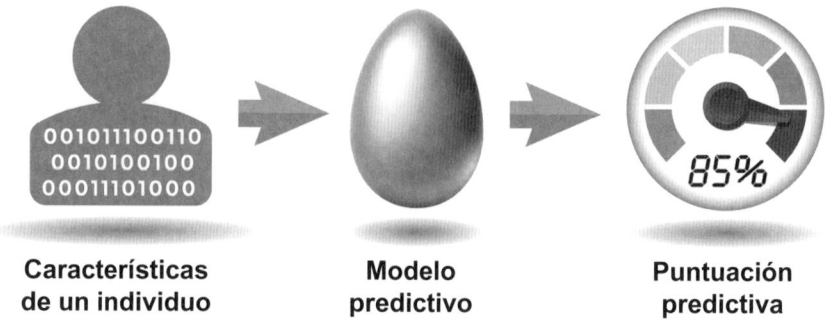

| Características de un individuo | Modelo predictivo | Puntuación predictiva |

Puntuación: Un modelo genera una predicción para un individuo.

Dentro de ese huevo, si hay un árbol de decisión, entonces se están aplicando reglas para obtener la puntuación. Si se trata de un modelo lineal, se está aplicando aritmética. Pero, pase lo que pase dentro, el modelo siempre se utiliza de la misma manera básica: la organización recupera puntuaciones del modelo y guía decisiones operativas en consecuencia, sin importar cómo se hayan calculado las puntuaciones.

Desde esa perspectiva funcional, puedes concebir un modelo como una caja negra que genera como salida puntuaciones predictivas. Para hacer uso de esas puntuaciones, el funcionamiento interno del modelo no supone una gran diferencia. De hecho, los otros cinco pasos de bizML aparte de este operan en su mayor parte de la misma manera, al margen del tipo de modelo que desarrolle tu científico de datos. Esos pasos pueden ejecutarse sin preocuparse demasiado por la elección del método de modelado, siempre y cuando el modelo haga su trabajo sin consumir demasiado tiempo ni recursos computacionales.

Aun así, el científico de datos que es responsable de este paso de entrenamiento del modelo no puede permitirse el lujo de ignorar su funcionamiento interno. ¿Por qué debe él sufrir los dolores de cabeza de una gama potencialmente infinita de métodos diferentes, cada uno con sus propios detalles técnicos arcanos? ¿Por qué no puede haber un solo método que sea el mejor?

## Por qué hay métodos de modelado que compiten

No hay un método de modelado predictivo (también llamado algoritmo de ML) que sea el mejor. No hay un "Santo Grial" ni un campeón universal. No importa lo bueno que sea un método de modelado, siempre hay algún conjunto de datos que se manejaría mejor con otro método. El método con mejor rendimiento depende del problema al que nos enfrentemos; en definitiva, de la naturaleza de los datos.

A medida que se desarrolla el campo del ML, no está convergiendo hacia un solo método de modelado que sea el mejor. Este hecho se sintetiza en el teorema *No Free Lunch* (no hay comida gratis), un principio popular entre aquellos que se mueven en un terreno más académico y teórico. Es un nombre bonito que da en el clavo: si hubiese un método que siempre ganase, los científicos de datos no tendrían que trabajar tanto. Sería como recibir una comida gratis.

A veces, la naturaleza humana tratará de desafiar la naturaleza innegable del *No Free Lunch*. A menudo, los profesionales del ML se quedan fascinados por un método de modelado u otro, pero lo cierto es que nunca sabes lo que puedes estar perdiéndote por no probar un método alternativo hasta que lo pruebas con tus datos.

La diversidad de soluciones es algo bueno. La industria progresa al aprovechar una amplia variedad de métodos que compiten. Incluso aunque fuese posible en teoría descubrir un algoritmo ganador, sería un deseo equivocado para pedir a un genio. Cada método tiene sus propias ventajas e inconvenientes, no solo respecto al rendimiento predictivo, sino también respecto a todo tipo de factores pragmáticos, como la velocidad, la comprensibilidad por parte de los humanos (también denominada transparencia del modelo), la complejidad y el nivel de experiencia humana requerido para utilizarlo.

La diversidad de métodos surge de la diversidad de su concepción. La amplia gama de métodos actuales se ha inventado en diferentes épocas, en distintos países, por parte de personas diversas. Cada algoritmo se ha concebido y diseñado en torno a la noción intuitiva de un investigador, algo que parecía una buena idea a esa persona.

Las ideas humanas tienden a ser relativamente simples, pero eso ayuda al trabajo del ML, porque la simplificación facilita el aprendizaje. Los métodos de modelado solo funcionan porque simplifican en exceso. Aprender a partir de ejemplos solo es posible por medio de un "salto inductivo", una asunción simplificadora sobre el mundo. Por ejemplo, los árboles de decisión imponen una estructura muy simple: reglas si-entonces rígidas basadas en el conjunto limitado de variables de entrada que tienen a su disposición. Incluso si fuese posible en teoría predecir a la perfección, desde luego no se conseguiría con ese tipo de mecanismo simple. Funcione como funcione el mundo, nunca podría expresarse en términos tan simples. Pero, aunque estén lejos de ser perfectos, los patrones expresados por esas reglas si-entonces dan resultado en general, lo que supone una mejora respecto a las puras conjeturas. Los métodos de modelado solo funcionan (solo logran extraer generalizaciones a partir de ejemplos) debido a las limitaciones en el modo en que pueden expresarse los patrones que impone este tipo de estructuras. Sin una estructura así, un algoritmo de ML sobreajustaría los datos, memorizando sus peculiaridades en vez de recoger información que se sostenga en general.

Tener una gama tan diversa de métodos da poder a los científicos de datos, que tienen un kit de herramientas y opciones versátil y dinámico a su disposición. Dependiendo de las peculiaridades y requisitos del proyecto, pueden probar varias opciones, siguiendo su instinto y las reglas de oro pragmáticas que han aprendido durante su carrera profesional. Hay un aspecto *ad hoc* en este proceso, pero, con experiencia, los expertos adquieren una idea de cómo proceder.

Esta variedad de métodos resulta especialmente valiosa cuando los combinamos, haciendo que cooperen en vez de competir. De hecho, un ensamble de modelos diversos es uno de los tipos de métodos de modelado más importantes. Vamos a ver dónde encaja en una lista corta de métodos populares.

## Un resumen de los métodos de modelado

Hay varias cosas en común en el cajón de sastre diverso de los métodos de modelado. Como hemos visto, todos logran lo mismo: generar un modelo que toma variables de entrada y produce una puntuación predictiva. Además, todos lo hacen de un modo similar: empiezan con un modelo cutre (uno que es muy pequeño o totalmente aleatorio) y, después, lo ajustan de manera iterativa, haciendo modificaciones pequeñas repetidamente de manera que su rendimiento en los ejemplos de entrenamiento vaya mejorando.

Puesto que cada mejora gradual corrige el modelo de manera que acierta con algunos casos con los que había estado equivocándose, puedes pensar en el proceso como una manera automatizada y reglamentada de mejorar una hipótesis o teoría científica (de hecho, en décadas pasadas, algunos investigadores de ML utilizaban la palabra hipótesis en vez de modelo). Como indica Clayton Christensen en su libro *El dilema de los innovadores*, "la clave para mejorar cualquier teoría es sacar a la luz las anomalías, es decir, eventos o fenómenos que la teoría no puede explicar. Los investigadores solo pueden mejorar la teoría si tratan de explicar los valores atípicos, las excepciones de la teoría". En cierto modo, el modelado automatiza el proceso de perfeccionamiento de una hipótesis.

Los métodos de modelado están muy pensados para fines generales, para aplicarse en distintas industrias y funciones organizativas. Cada modelo puede servir para marketing, gestión de riesgos financieros, detección del fraude o asistencia sanitaria; lo que marca la diferencia son los datos que le damos. Con todas las formas concretas en que los aplicamos en distintos dominios, los métodos en sí están diseñados en abstracto. Las variables de entrada y de salida que reunimos como datos de entrenamiento determinan si el modelo predecirá ventas o cirugías de éxito.

Aquí tienes un resumen de algunos de los métodos de modelado más populares (todos estos dependen de datos de entrenamiento etiquetados, lo que los convierte en métodos de ML supervisados):

| | Qué se aprende de los datos durante el entrenamiento del modelo | Una vez entrenado, cómo genera el modelo una puntuación | Ventajas e inconvenientes |
|---|---|---|---|
| **Árboles de decisión** | La arquitectura del árbol de decisión: su tamaño, forma y elección de entradas. | Empieza por la parte superior (raíz) y fluye hacia abajo a un punto final (hoja). | Fácil de interpretar (transparente) y sorprendente efectivo para su simplicidad, pero suele verse superado por métodos más avanzados. |
| **Regresión logística** | Un peso para cada entrada. | Aplica la fórmula a las entradas: añade una suma ponderada de las entradas y, después, aplica un ajuste no lineal. | Fácil de interpretar, pero suele verse superado por métodos más avanzados. |

| | Qué se aprende de los datos durante el entrenamiento del modelo | Una vez entrenado, cómo genera el modelo una puntuación | Ventajas e inconvenientes |
|---|---|---|---|
| Naïve Bayes | Un factor para cada entrada para casos positivos y lo mismo para casos negativos. | Aplica la fórmula a las entradas: a grandes rasgos, multiplica los factores de las entradas por positivo, luego por negativo, luego normaliza. | Fácil de programar y sólido frente al sobreajuste, pero limitado en el rendimiento predictivo. |
| Modelos de ensamble | Un conjunto de modelos simples; a veces todos árboles de decisiones (por ejemplo, *random forests* y TreeNet) y a veces variado (por ejemplo, *boosting* y *bagging*). | Puntúa con cada modelo simple y, después, combina las puntuaciones, por ejemplo, promediándolas o haciendo una votación. | Una manera elegante de mejorar con modelos simples, pero la amalgama resultante de modelos es difícil de interpretar (opaca). |
| Deep learning | Los múltiples pesos dentro de una fórmula matemática grande y compleja (una red neuronal profunda). | Aplica la fórmula a las entradas (compleja). | Un método avanzado innovador que puede manejar una gran cantidad de entradas, por ejemplo, cada píxel de una imagen de alta resolución, sin necesidad de preprocesamiento, pero difícil de interpretar (opaco), caro a nivel computacional y, a menudo, requiere experiencia humana muy técnica para usarse con éxito. |

Cuando los expertos mencionan uno de estos métodos, como los árboles de decisión o los modelos de ensamble, están refiriéndose a dos cosas a la vez: la estructura del modelo y el proceso para entrenarlo. Estos dos aspectos siempre van emparejados. La estructura del modelo puede ser algo como un árbol, una fórmula simple o una red compleja (que es solo una manera de visualizar una fórmula compleja). Y, después, para cada tipo de estructura, el proceso para entrenarla (para realizar el modelado) es especializado para esa estructura.

En algunos casos, el proceso de modelado tiene su propio nombre, separado del tipo de modelo. Para las redes neuronales, el método es la retropropagación, que prueba el modelo en un caso de entrenamiento y, en el grado en el que la salida está equivocada, propaga *feedback* negativo hacia atrás a través de la red, ajustando los pesos en consecuencia. Al hacer esto repetidamente, el rendimiento del modelo mejora. La retropropagación, cuyo desarrollo tiene su origen en los ochenta, sigue entrenando hoy en día redes neuronales más complejas y capaces, redes neuronales profundas. Este método se denomina *deep learning* o aprendizaje profundo (llamado así en este caso por el proceso de modelado, más que por la estructura del modelo).

---

**¿Por qué los métodos de modelado se llaman también algoritmos?**

*"¿Cómo se llama una fórmula que puede predecir los pasos de baile de Al Gore? Un Al Gore Ritmo".*

—*Anónimo*

*Los métodos de modelado también se llaman algoritmos de modelado o algoritmos de ML, porque un algoritmo simplemente significa un proceso para conseguir hacer algo.*

*Algoritmo: Un proceso finito bien definido que resuelve un problema.*

*En el contexto del ML, un algoritmo se refiere a un método de modelado, como los árboles de decisión o la regresión logística. Pero, a nivel más general, los algoritmos son fundamentales para toda la informática. En la práctica, la palabra solo significa un procedimiento que se ha definido de una manera lo bastante específica como para que podamos programar un ordenador para que lo haga. La palabra puede sonar técnica, pero es una noción simple e intuitiva.*

*La forma en que los medios han estado utilizando la palabra algoritmo nos dice mucho del estatus elevado del ML. Incluso aunque el concepto se aplica para cualquiera de las muchas cosas que hacemos con ordenadores, la prensa utiliza "algoritmo" como sinónimo de ML. Es igual que cuando los peluqueros utilizan la palabra "producto" para referirse a productos capilares. O como cuando la palabra "cripto" suele referirse a las criptomonedas incluso aunque la criptografía se aplica al aseguramiento de todo tipo de transacciones y comunicaciones. Cuando un campo se hace famoso, domina más que su porción justa de vocabulario.*

## Elegir un método de modelado

Una predicción mejor no sale gratis. En términos generales, cuanto mejor es el método, más complejo es, tanto para usarlo como para interpretar cómo funciona el modelo resultante. Podemos ver esa progresión a medida que vamos leyendo la lista de métodos presentados en la tabla anterior. Después de los tres primeros tipos de modelos (árboles de decisión, regresión logística y Naïve Bayes), que son más simples, llegamos a uno más complejo y experto: los modelos de ensamble. Para mejorar respecto a los modelos más simples, un ensamble los "ensambla" literalmente, así que, por definición, los modelos de ensamble son más complejos. Para cuando llegamos al final de la lista, el *deep learning*, hemos aumentado mucho la capacidad para abordar determinados problemas, pero también hemos acumulado complejidad.

Para muchos proyectos, la interpretabilidad que obtenemos con modelos más simples es una bendición. Como hemos visto antes, ser capaz de entender lo que hace que un modelo se mueva es a veces crucial para la depuración y para convencer a determinados responsables de la toma de decisiones para que den el visto bueno. Y auditar un modelo para comprobar sus consideraciones éticas (es decir, inspeccionar cómo representa decisiones significativas que afectan a las personas) también depende de la comprensión de su funcionamiento interno. Esta característica deseable de los modelos se conoce también como explicabilidad o transparencia. Se pierde al menos en parte cuando nos movemos a la sopa de matemáticas impenetrable y difícil de manejar que obtenemos con modelos más complejos. Las largas reglas si-entonces de un árbol de decisión pueden parecer arcanas y difíciles de entender, pero, visto en perspectiva, son relativamente asequibles para el ojo humano.

En nombre de la interpretabilidad, UPS mantuvo las cosas simples para las predicciones de entregas de paquetes. Para formar predicciones para el día siguiente, el sistema se fija en la frecuencia con la que cada dirección ha recibido un envío en días similares, como el mismo día de la semana o, en algunos casos, un día más específico, como el día siguiente a Acción de Gracias. Después, la probabilidad para cada dirección se ajusta mediante un pronóstico general. Por ejemplo, si en conjunto se esperan para el día siguiente más entregas que la media, entonces la probabilidad de cada destino individual se ajusta un poco al alza de manera que el recuento total esperado sea coherente respecto al pronóstico. El efecto de este esquema es similar a un árbol de decisión, y tiene la misma simplicidad. Con un modelo tan directo e intuitivo en funcionamiento, a los miembros del equipo de proyecto les resultó más fácil vender su implementación en la empresa.

Otra razón para ceñirse a modelos más simples es que, incluso si pagas un precio extra por la complejidad, no obtendrás necesariamente una mejora en las predicciones. No hay garantías de que los métodos más complejos vayan a hacerlo mejor. A veces, no merece la pena ponerse totalmente en plan "ciencia aeroespacial". De nuevo, el mejor método para cualquier grupo de datos dado depende. No hay un solo método que sea siempre el mejor. Todo proyecto de ML tiene un aspecto experimental en él: solo puedes saber lo bien que funciona un método probándolo.

A la hora de elegir un método, el juicio humano es clave, ya que comparar con rigurosidad todos los métodos que compiten no es práctico. Suele ser posible, por ejemplo, dar una oportunidad preliminar a los cinco métodos recogidos en la tabla anterior, o incluso probarlos tres o cuatro veces, si inviertes mucho tiempo. El reto es que, para cada método, hay muchos parámetros que afectan al rendimiento, demasiados para probar de manera exhaustiva. Para abordar esta cuestión, las técnicas del campo del AutoML sirven para explorar de manera sistemática muchos métodos y configuraciones. El AutoML es un enfoque cada vez más popular, aunque inexacto. Ayuda a escalar nuestra búsqueda de la mejor configuración de modelado, pero no sustituye la experiencia de un científico de datos.

Al final, incluso una comparación rigurosa cara a cara entre solo dos modelos es un desafío que superar, ya que cada uno tiene muchos entresijos con los que se podría juguetear de forma experimental hasta el infinito. Los campeones de cualquier método (científicos de datos que son fans y se han convertido en grandes expertos en ese método) tienden a sacarle el mejor rendimiento. Teniendo en cuenta este factor humano en el rendimiento del modelo, la conclusividad de cualquier comparación que enfrente en pruebas a un modelo con otro siempre puede cuestionarse.

Al final, los científicos de datos deben ser astutos. Su experiencia e intuición guían la elección del modelo. Hablando en un sentido práctico, para muchos proyectos de ML, los científicos de datos acaban probando solo unos pocos métodos. Además, hay otra oportunidad mejor para mejorar el rendimiento predictivo.

## ¡Son los datos, estúpido!

"No tenemos algoritmos mejores que los demás. Solo tenemos más datos".

—Peter Norvig, director de Investigación, Google

"El resumen de mi década de trabajo con datos es que los datos importan más que el modelo. Siempre".

—Caitlin Hudon, científica de datos principal, OnlineMedEd

Ajustar un algoritmo y probar unos nuevos para hacer comparaciones solo nos hará avanzar hasta cierto punto. A medida que vamos poniendo más y más esfuerzo, los beneficios tienden a disminuir. Puede que hagamos pequeñas mejoras graduales al pasar a un modelo más complejo, como un ensamble grande y complicado o incluso *deep learning*, pero, a menudo, esa complejidad no vale la pena. A veces, retocamos a fondo el trabajo de modelado y obtenemos solo una pequeña ganancia. En otras ocasiones, para determinados proyectos donde cualquier mejora pequeña supone una gran diferencia, podría merecer la pena dar ese paso más allá. Incluso así, puede que ese esfuerzo adicional proporcione solo una ganancia pequeña y solo nos compense durante unos pocos meses antes de que haya cambios en la empresa que requieran un reinicio completo del proyecto.

En cualquier caso, la orden está clara: mejora los datos. Ahí es donde tus esfuerzos darán, por lo general, los mejores frutos. Eso significa más datos y mejores datos. El director de Investigación de Google y afamado coautor del libro *Inteligencia artificial* Peter Norvig defiende que hay que obtener más datos, pero que eso no es todo. "Tener más datos es mejor que tener algoritmos inteligentes, pero tener datos mejores es mejor que tener más datos", afirma.

Mejorar la calidad de los datos, más que su cantidad, es más difícil de definir de manera formal, pero es igual de intuitivo. Solo tienes que pensar en qué podría hacer los datos más predictivos. En el capítulo anterior, hemos hablado de cómo diseñar entradas más reveladoras e informativas a través de un proceso de ingeniería de características. Por ejemplo, FICO desarrolló un resumen de las inclinaciones de los titulares de las tarjetas y los cambios en su conducta respecto a los gastos. En otro ejemplo, una empresa de telecomunicaciones amplió las entradas de su modelo de *churn* mediante la incorporación de resúmenes del modo en que un usuario tendía a utilizar el sitio web. Los clientes de telefonía móvil que habían comprobado lo que les quedaba de contrato tenían más probabilidades de cancelar. Más allá de añadir entradas nuevas e informativas, siempre se puede dedicar un mayor esfuerzo a garantizar la calidad de los datos, comprobando si hay errores.

Pero, para eso, hace falta disciplina. Solo los líderes más reglamentados del ML se centran en este "combustible predictivo" más que el sexy "motor de predicción". Como dice el ingeniero de software de ML en Google Josh, "me encuentro con que la mayoría de la gente tiende a centrarse solo en optimizar el algoritmo de ML. Quieren asegurarse de que tienen lo más nuevo y lo más chulo recién presentado en los artículos... Nunca he encontrado a nadie que sobreestimase lo difícil que iba a ser hacer bien esa recopilación de datos para empezar".

También en Google, un grupo de seis investigadores habla con claridad haciendo un llamamiento a la cordura: "La calidad de los datos tiene una gran importancia en la IA de alto riesgo debido a su mayor impacto posterior, ya que afecta a predicciones como la detección del cáncer, la caza furtiva en reservas naturales y asignaciones de préstamos", escribieron en un artículo de investigación. "Paradójicamente, los datos son el aspecto más infravalorado y menos glamuroso de la IA". Pusieron a su artículo un título para que todo el mundo entendiese el meollo de la cuestión: "*Everyone wants to do the model work, not the data work*" ("Todo el mundo quiere hacer el trabajo con el modelo, no el trabajo con los datos").

Para enfatizar la importancia de los datos, la ciencia de datos ha tomado prestada una consigna de la ciencia política: "¡Es la economía, estúpido!", pronunciada por el estratega político James Carville ante el personal de campaña que trabajaba en 1992 para la elección de Bill Clinton. Al adoptar eso como eslogan de campaña, ganaron la presidencia. En años más recientes, el ML ha revisado esa frase pegadiza para convertirla en su propio mantra: "¡Son los datos, estúpido!".

Y, aun así, los datos no son lo único que importa. Los modelos más complejos tienen su espacio para determinados proyectos.

## ¿Cómo de profundo es tu aprendizaje?

La ola más grande y reciente de los métodos de modelado, el *deep learning*, produce modelos que implican más complejidad que nunca. Y, a menudo, da frutos. El *deep learning* es una forma avanzada de redes neuronales, que representa fórmulas matemáticas complejas como redes organizadas en capas.

El *deep learning* ha mejorado la última generación del modelado, de manera que puede sacar partido de verdad a un modelo grande y complejo. Siempre se ha podido configurar una red neuronal con muchas, muchas entradas; lo que pasa es que nunca solía funcionar bien. Por ejemplo, si quieres que el modelo detecte si una imagen con una resolución de 1280 × 720 píxeles incluye un semáforo, podrías introducir directamente los 921.600 píxeles. Es un número mucho mayor de entradas que las típicas centenas proporcionadas para, por ejemplo, predecir el índice de abandono de los clientes. El problema es que, para que el modelo maneje cada imagen detallada de una manera útil, debe ser posible entrenarlo para un procesamiento complejo y experto. No solo el modelo debe ser complejo, sino que el entrenamiento debe ser capaz de aprovechar esa complejidad. Los algoritmos originales de hace unas décadas siempre fracasaban cuando lo intentaban. Debido a eso, las redes neuronales, que se originaron en los ochenta, empezaron como algo pequeño. En 1977, la primera vez que impartí un curso de posgrado sobre ML en la universidad de Columbia, las redes neuronales eran superficiales en vez de profundas y, aun así, para muchos dominios, eran la opción dominante. Ya había coches que se conducían solos, en contextos limitados, pero la entrada era solo una vista a muy baja resolución de la carretera, una imagen de 30 × 32 píxeles. Incluso hacía que mis alumnos aplicasen redes neuronales para el reconocimiento facial como deberes para casa, utilizando la misma resolución baja.

Aumentar las capas de una red neuronal, para que sea literalmente más profunda, incrementa la complejidad de la fórmula matemática que encarna. Pero, durante décadas, el proceso de modelado (retropogapación) era incapaz de escalar para aprovechar esa complejidad. Puesto que no podían hacer uso de las capas adicionales, las redes neuronales no podían manejar con efectividad una cantidad grande de entradas.

Cuando se produjo una explosión de datos, también se produjo la del modelado avanzado. Después del cambio de siglo, de forma asombrosa, los métodos de modelado mejoraron para enfrentarse al desafío y aprovechar todo el potencial del entrenamiento adecuado de redes neuronales profundas. Eso fue posible gracias a los datos más grandes y los cálculos más rápidos, además de algunas mejoras nuevas en el propio algoritmo de modelado.

El *deep learning* floreció tanto en entusiasmo como en valor demostrado. Es la única tecnología que consigue y define la vanguardia del reconocimiento del discurso y de varias aplicaciones de procesamiento de imágenes, incluyendo el diagnóstico con imágenes médicas, los vehículos autónomos que reconocen y clasifican los objetos a su alrededor y operaciones cotidianas como el desbloqueo de nuestros teléfonos mediante reconocimiento facial.

Google, por ejemplo, ha hecho mejoras significativas en la mayoría de sus productos principales con *deep learning*, incluyendo Android, Apps, Maps, Speech, Búsqueda y YouTube. Ahora, Gmail intercepta el 99,9 por ciento del *spam* y las fotos sin etiquetar en Google Fotos pueden buscarse mediante términos *ad hoc* como "abrazo". El Traductor de Google, que cualquiera puede utilizar *online*, cambió la solución subyacente original por una muy mejorada que funciona con *deep learning*. Ve a probarla; traduce una carta para un amigo con una lengua materna diferente a la tuya. Yo lo uso mucho.

El campo de la IA generativa que tanto está desarrollándose se basa en el *deep learning*. Esto incluye modelos de lenguaje grandes, que escriben prosa con una coherencia impresionante para un ordenador, los generadores de imágenes digitales, que toman un *prompt* escrito y crean una imagen por nosotros, y los *deepfakes*, representaciones de personas que no existen o de personas existentes haciendo cosas que nunca han hecho. La IA generativa también produce música sintética, discursos y vídeo.

Para mantenernos al día, lanzamos la conferencia Deep Learning World en 2018 como parte de la serie de conferencias Machine Learning Week que fundé en 2009. Se celebran cada año en dos continentes.

Por mucho que me guste hablar como loco del *deep learning*, la cuestión es la siguiente: este Hulk todopoderoso no es el superhéroe adecuado para utilizar en todas las ocasiones. Cuando necesitas meterte en una ratonera, Ant-Man sería una opción mejor.

## Para muchos problemas empresariales, el *deep learning* es excesivo

El *deep learning* tiende a resolver diferentes tipos de problemas, en comparación con los llamados algoritmos de ML clásico. Para empezar, se utiliza con más frecuencia para la detección que para la predicción del futuro. Puesto que toma tantas entradas, un modelo de *deep learning* puede manejar un archivo entero sin procesar, como una fotografía, una imagen médica o un archivo de audio para el reconocimiento del discurso. Esto se presta a detectar si cada uno contiene un elemento determinado o pertenece a una categoría concreta.

Esto tiende a encasillar el *deep learning* en determinadas industrias, aquellas donde hay que realizar detecciones en archivos de imagen y sonido brutos, como los vehículos autónomos, el procesamiento de imágenes médicas y los dispositivos que necesitan reconocer el discurso. Se trata de un área algo distinta de los tipos de aplicaciones de predicción de clientes en las que se centra este libro, como los anuncios y el marketing orientados, la gestión de riesgos financieros, la evitación del fraude y la predicción de qué ubicaciones recibirán un paquete.

Las aplicaciones de *deep learning* también tienden a permitir una exactitud elevada, en el sentido casual de la palabra: la capacidad para clasificar de manera correcta la mayor parte del tiempo casos positivos y negativos. Al igual que los humanos pueden, por lo general, decir qué fotografías incluyen o no un semáforo y que fragmentos de sonido incluyen o no la palabra "hola", el *deep learning* también puede hacerlo.

Por el contrario, las predicciones sobre clientes, que suelen ser el dominio de los métodos de ML clásicos, implican predecir lo que hará la gente. Para esas aplicaciones, solo podemos aspirar a obtener cierta mejora significativa respecto a las simples conjeturas, a menos que tengamos una bola de cristal mágica. Ni siquiera el *deep learning* puede predecir con seguridad el comportamiento humano en general. No importa lo sofisticados y avanzados que sean el modelo y el algoritmo de modelado, no cambia el hecho de que estamos intentando predecir lo impredecible: las personas.

Dado que hay un límite superior intrínseco en el rendimiento predictivo, a menudo el *deep learning* resulta excesivo para muchas de las aplicaciones empresariales estándar más clásicas del ML. Para esos problemas, las capacidades asombrosas del *deep learning* quedan a menudo desperdiciadas, y trabajar con un método de ML clásico haría el trabajo prácticamente igual de bien y requeriría menos complejidad, tiempo, recursos computacionales y experiencia avanzada. Además, métodos más simples mantienen la transparencia, así que es posible entender con mayor facilidad el modelo en sí, para ver lo que se ha aprendido y en qué se basan las predicciones y decisiones del modelo.

Por otra parte, hay algunas excepciones en las que el *deep learning* ha proporcionado valor a aplicaciones empresariales tradicionales. Por ejemplo, el sistema de detección del fraude Falcon de FICO se basa, en parte, en las redes neuronales profundas. La empresa de investigación y consultoría Celent ha calculado que, si se implementase a nivel más amplio, el *deep learning* podría reducir las pérdidas por fraude en 161.000 millones de dólares en todo el mundo, con tipo de fraude financiero.

"Hoy en día, el *deep learning* domina gran parte del entusiasmo de los medios por el *machine learning*," señala el líder de la industria Dean Abbott. "Absorbe todo el oxígeno de la habitación".

Aun así, el *deep learning* constituye solo un subconjunto del campo completo. Como todos los métodos de modelado, pertenece a una esquina de la taxonomía de las técnicas.

Pese a su naturaleza única, el *deep learning* no impone muchos cambios en la ejecución del proyecto por el lado empresarial. El éxito de la implementación requiere los mismos seis pasos de la práctica bizML. Todavía estamos alterando las operaciones con probabilidades predictivas al integrarlas en sistemas existentes. Aún tenemos que convencer a los responsables de la toma de decisiones y de la línea de negocio. Todavía tenemos que superar los retos universales de la preparación de los datos. Y la organización aún necesita entender y estar de acuerdo con las medidas cuantitativas del rendimiento predictivo y el rendimiento empresarial. Es un animal diferente, pero las habilidades de un adiestrador se traducen bien.

---

**Software de *machine learning*: cómo elegir una herramienta**

*Hay tantos algoritmos potentes de ML y tan poco tiempo… Para hacer uso de estos algoritmos, necesitas software que los implemente. La buena noticia es que existen muchas soluciones para elegir. A lo largo de más de dos décadas, he observado que aparecen en mi radar posibilidades nuevas cada dos o tres meses. Pero esta plétora de opciones que está explotando ahora es suficiente para generarte una parálisis por análisis, con un miedo incapacitante al arrepentimiento del comprador. ¿Cómo proceder? Aquí tienes algunos trucos y consejos.*

*No programes software de ML desde cero. Compra en vez de crear, descarga en vez de desarrollar. Los proyectos de ML casi siempre aprovechan software de analítica existente. Todos los métodos de modelado predictivo estándar se implementan con muchas herramientas de software que tienes a tu disposición. Incluso las técnicas más innovadoras y recién salidas del laboratorio de investigación se han lanzado a menudo como código abierto por parte de los propios investigadores. Para los proyectos de ML industriales, las circunstancias muy rara vez justifican la programación del algoritmo desde cero.*

*La selección del software no guía el proyecto; los requisitos del proyecto y las habilidades del equipo van primero. No te hagas ilusiones de que una herramienta de software de analítica puede ser una solución de instalación automática y lista para usar para el problema empresarial que estás resolviendo. El objetivo de un proyecto de ML es una nueva forma de negocio, una mejora en las operaciones, para lo cual el software de ML juega un papel central, pero limitado. Algunos vendedores de ML pueden darte un discurso de ventas agresivo al que tendrás que resistirte. En vez de eso, permite que sean los científicos de datos los que determinen los requisitos del software a medida que el proyecto madure y evolucione. Si tus científicos de datos tienen una preferencia clara o ya tienen mucha experiencia con una herramienta en particular, puede que su trabajo sea más efectivo si utilizan esa herramienta.*

*Pospón la decisión. Si no hay ya una herramienta predeterminada, no establezcas una hasta que sea absolutamente necesario. Después de haber aprobado un proyecto y haber realizado los cuatro primeros pasos (hasta la preparación de los datos), tendrás todos los datos pertinentes con los que evaluar el software de modelado. Muchos vendedores ofrecen una licencia de evaluación gratuita, así que puedes hacer una prueba con tus datos y tener la posibilidad de comparar múltiples herramientas. Además, otros factores determinantes también se volverán más claros durante fases posteriores del proyecto, incluyendo el presupuesto para adquirir software, cómo deben integrarse los modelos con los sistemas y pipelines de datos existentes y si la implementación se realizará en la nube o en las instalaciones.*

*Utiliza lo que tienes. Si tu organización ya ha adoptado una solución, analiza con detenimiento ese producto como tu primera consideración. A menudo, un equipo acaba adoptando una combinación de herramientas de código abierto gratuitas y de pago, muchas de las cuales funcionan bien juntas.*

## Generar numerosos modelos para los anuncios dirigidos

Vamos a volver al desafío al que me enfrentaba para EduPay. Tenía que generar 291 modelos listos para la implementación, optimizando y escalando de algún modo el proceso de aseguramiento de la calidad mediante la eliminación de la necesidad de dedicar demasiado tiempo a curiosear e inspeccionar cada modelo.

Cuando llevaba un par de meses trabajando en el proyecto, tuve una epifanía. Realicé algunos experimentos y, después, escribí un correo a mi cliente para proponer una solución:

*Melissa,*

*He completado algunas rondas más del modelado con un método diferente: Naïve Bayes. Los resultados son buenos; estas son mis conclusiones:*

- *Naïve Bayes nos da una cobertura completa. Nos habilitaría para producir una cantidad masiva de modelos (uno por anuncio) del tirón con solo apretar un botón y sin tener que hacer apenas retoques manuales para cada modelo individual.*

- *Naïve Bayes lo hizo casi tan bien como los árboles de decisión sin apenas manipulación por mi parte.*

- *Naïve Bayes es gratis (lo he programado desde cero).*

*Aquí tienes una breve descripción de cómo funciona Naïve Bayes: calcula un "grado de evidencia" predictivo para cada entrada. Por ejemplo, digamos que un usuario está en décimo curso y en el programa universitario ROTC (Cuerpo de Entrenamiento de Oficiales de Reserva) y esas dos cosas proporcionan un grado de evidencia positiva de que el usuario tiene más probabilidades de responder al anuncio. Esos grados de evidencia se combinan con solo multiplicarlos. Hay algo de teoría de la probabilidad, pero la parte importante es multiplicar los grados de evidencia predictiva que corresponden a las variables de entrada.*
*¡Hablémoslo con más detalle!*

*—Eric*

Debido a su simplicidad, Naïve Bayes funciona de manera fiable. Es sólido frente al sobreajuste porque no intenta extraer generalizaciones a partir de grupos pequeños individuales. Por el contrario, un árbol de decisión profundiza hasta llegar a "subsubsegmentos", como "todos los varones de décimo curso que no son ciudadanos estadounidenses y tienen Hotmail como proveedor de correo electrónico". Cuando te fijas en un grupo tan específico, puede que incluya solo un puñado de casos. Pero Naïve Bayes considera solo una variable de entrada cada vez y nunca profundiza hasta grupos pequeños específicos.

Con esta fiabilidad, no tendría que inspeccionar cada modelo para buscar problemas. Como cabría esperar, el rendimiento de cada modelo se mantuvo en datos de prueba que aún no se habían visto. Y pude hacer una comprobación suficiente de los problemas con los datos u otros fallos con solo inspeccionar varios modelos.

Con la aprobación de Melissa, el proyecto siguió adelante, pero, aun así, estaba rompiendo la primera regla de la nota sobre el software de ML: no programes software de ML desde cero. Esta situación inusual era la excepción que confirma la regla. En ese momento, no había muchas opciones especializadas disponibles para la orientación de anuncios personalizada con un modelo. Al programarla yo mismo, podía implementarla justo dentro de la base de datos existente de EduPay, sin aprender, elegir, adaptar e integrar el producto de otra persona.

En el tiempo transcurrido desde este proyecto, la operacionalización del ML ha recorrido un largo camino y es mucho más probable que encuentres software existente que sea una buena adición para tu proyecto. Mi programación desde cero fue una excepción singular, la única vez que lo he hecho, aparte de en mi vida anterior dentro de la investigación académica. Hasta donde yo sé, ha sucedido lo mismo con todos mis colegas científicos de datos.

Con el entrenamiento del modelo completado, llegó el momento del lanzamiento. Ahora tenía que trabajar en una empresa novata respecto a los modelos predictivos y guiarla para integrar los modelos en el corazón de sus operaciones principales. ¿Qué haría falta para recorrer este último tramo del proyecto? El siguiente capítulo responde a esta pregunta y completa la historia de EduPay, pero, primero, relata un episodio anterior de la historia de UPS sobre un momento en que la implementación salió mal.

# CAPÍTULO 6

# Lanzamiento

## Implementar el modelo

*Implementar un modelo significa sacarlo del laboratorio al campo en el que la empresa tomará decisiones operativas guiadas por sus puntuaciones probabilísticas. Para ser más específico, cada vez que el modelo puntúa a un individuo, esa puntuación determina de manera directa la acción que se realizará para ese individuo, ya sea, por ejemplo, contactar con él, aprobar su solicitud o auditarlo. Este paso de culminación del proyecto es donde el* machine learning *empieza a proporcionar su verdadero valor (y empieza así el mantenimiento del modelo, que veremos en la conclusión). La implementación requiere la implicación de la organización al completo y la comparación del personal en todos los niveles. Aunque los directivos son los que la aprueban, el personal operativo también debe estar de acuerdo, ya que es ahí donde la implementación introduce los cambios. ¿Cómo se supera la resistencia a esos cambios? ¿Cómo se mitiga el riesgo de contratiempos en la implementación y se aplaca incluso a la parte interesada más reacia a correr riesgos? ¿Cómo transformamos las probabilidades predictivas en acciones operativas? ¿Cómo introducimos los datos adecuados en el modelo sobre la marcha y conseguimos que el modelo funcione en solo unos milisegundos para procesos de alta velocidad? Al final, incluso si el rendimiento mejora, ¿cómo demostramos que ese mérito debería corresponder a nuestro proyecto de ML en vez de a otros cambios dentro o fuera de la organización? Cuando concluyamos las historias de UPS y EduPay, tendremos nuestras respuestas.*

## La práctica bizML

1. Valor: Establecer el objetivo de la implementación.
2. Objetivo: Establecer el objetivo de la predicción.
3. Rendimiento: Establecer las métricas de evaluación.
4. Combustible: Preparar los datos.
5. Algoritmo: Entrenar el modelo.
6. Lanzamiento: Implementar el modelo.

Después del paso 6: Mantener el modelo (se trata en la conclusión).

Jack Levis estaba en apuros en UPS. Hasta ese momento, las ejecuciones de prueba de Package Flow Technology (el sistema que implementaba su modelo de predicción de entregas) solo había generado decepción. "Las cosas estaban muy mal a nivel interno", reflexiona Jack. "Era una pesadilla".

El camino escabroso hasta la implementación pondrá a prueba la entereza de cualquier pionero de la tecnología.

Pero no se trataba solo de una cuestión interna. Los medios se habían enterado del asunto y lo habían destapado. "El nuevo Package Flow Technology no entrega nada a UPS", rezaba un titular de *Computerworld*. El artículo continuaba diciendo: "Ese Package Flow Technology tan publicitado no está funcionando con tanta fluidez como se esperaba y causa problemas en aproximadamente un tercio de los 300 centros en los que se ha implementado".

Dentro de una oficina aislada del jaleo, el director de Operaciones de UPS reprendió a Jack en privado. Fue una discusión acalorada y las repercusiones reverberaron durante mucho tiempo. Incluso dos años después, cuando estaban hablando de la iteración del siguiente proyecto, el director de Operaciones miró a Jack a los ojos con una expresión que solo un ejecutivo de Fortune 500 podría poner. "No quiero otro Package Flow; ni se te ocurra hacer eso".

¿Recuerdas la compostura que Jack había perfeccionado al principio de este libro? Resulta muy útil cuando tienes que capear el temporal que se desata cuando se gestiona un cambio organizativo.

Pero Jack tenía una buena razón para defender su innovación: hasta ese momento, los problemas no habían surgido por la tecnología, sino por los humanos. Implementar la predicción de las entregas en UPS significaba pedir a la gente que cambiase sus rutinas habituales y adoptase un nuevo paradigma. Es una historia tan antigua como el *machine learning*: el plan de implementación era más fácil de decir que de hacer.

## Se produce el cambio: cuando un proceso heredado se digitaliza

Fuera lo viejo, que entre lo nuevo. Package Flow Technology (PFT) estaba diseñado para mejorar la eficiencia mediante el reemplazo del proceso heredado de cada centro de reparto por uno más automatizado y centralizado:

*Proceso heredado:* Cada día, los humanos asignan las regiones de reparto (secuencias) que cada camión debe cubrir. Muchas de estas decisiones se toman mientras se cargan los camiones, tiempo durante el cual el personal ajusta las asignaciones de un modo ad hoc en función de lo que consideren necesario. A veces, eso implica reasignar paquetes que ya se han cargado y pasarlos de un camión a otro.

*Proceso actualizado:* El sistema PFT centraliza y semiautomatiza la asignación de secuencias a los camiones, basándose sobre todo en entregas predichas. Justo antes de comenzar la carga de los camiones, el director de Planificación completa los ajustes finales a través de la consola central del PFT con la esperanza de que no haya más revisiones sobre la marcha durante el proceso de carga.

Si se adoptase por completo, este cambio en el proceso mejoraría de manera radical la eficiencia de las operaciones: reduciría el kilometraje (y el tiempo registrado de los conductores) acumulado por la flota completa de camiones. Podía lograrlo gracias a dos ventajas fundamentales sobre el proceso heredado. En primer lugar, incorporaba de manera dinámica la predicción de entregas desconocidas hasta ese momento para planificar y empezar a cargar los camiones temprano para que saliesen a tiempo. En segundo lugar, centralizaba la toma de decisiones de manera que se aplicase en todos los camiones del centro de reparto a la vez. Eso superaba a las decisiones distribuidas del proceso heredado tomadas por cargadores individuales de camiones sobre la marcha mientras cargaban.

Con el sistema PFT en su lugar, estas dos ventajas se mantenían incluso cuando los gerentes hacían ajustes manuales en el plan. Cuando lo hacían, utilizaban una consola central, con una perspectiva a vista de pájaro de todos los camiones que salían ese día. La consola incorporaba las entregas predichas del día junto con las entregas conocidas. Cuando un gerente revisaba el plan en la pantalla, esta mostraba el efecto pronosticado basado tanto en las entregas conocidas como en las predichas.

Pero el sistema tenía algunos "fallos": los humanos, en concreto aquellos que llevaban a cabo sus instrucciones. Si el personal que cargaba los camiones invalidaba las decisiones centralizadas con demasiada frecuencia, los beneficios del PFT y la predicción de las entregas se desvanecían. Cambiar la asignación de camión de un paquete no solo significaba plasmar una decisión que podía no ser óptima sin la perspectiva a vista de pájaro proporcionada por la consola central, sino que también podía significar mover de manera ineficiente paquetes que ya estaban cargados. Se arriesgaban a retrasar camiones y hacer que no saliesen a tiempo. Además, cuando el personal vetaba el sistema y cargaba un paquete en otro camión, por lo general no actualizaba el sistema. Eso significaba que el mundo físico y el digital no estaban alineados, y eso era caldo de cultivo para problemas. Si seguía los datos en su dispositivo portátil, un conductor iría a entregar un paquete que, en realidad, estaba en otro camión, y el conductor de ese otro camión ni siquiera sabría que tenía el paquete. Para enfrentarse a esta falta de alineamiento, Jack formuló un nuevo mantra para el personal: "Los datos son tan importantes como la entrega".

Estaba claro que el equipo de Jack tenía que trabajar más para conseguir que esos miembros del personal cambiasen su forma de actuar. Con el proceso heredado, el personal había aplicado su conocimiento y experiencia que se había esforzado por adquirir. Si un cargador experimentado veía un paquete con una dirección de entrega que reconocía, de manera instintiva decía: "Ah, esto tiene que ir en el camión con este otro paquete". Para hacer realidad los beneficios potenciales en la eficiencia, Jack y su equipo tendrían que convencer y reorientar al personal para que siguiese de forma más estricta un plan predeterminado mientras cargaba los camiones.

## Para gestionar el cambio, cambia la gestión

> "Dos tercios de mi esfuerzo fueron la implementación, frente a los modelos y el trabajo con TI".
>
> —Jack Levis

El personal de todos los niveles se resiste al cambio, desde los trabajadores de la zona de carga a los de las oficinas del último piso. Recuerda otro momento precario del que hemos hablado antes en este libro, cuando Jack, al que le costaba conseguir la autorización de Chuck, el directivo, lo llevó literalmente a dar un paseo para mostrarle cómo funcionaba la navegación del camión con el sistema. Del mismo modo que a Chuck le había resultado difícil tragar con decisiones que parecían desafiar su intuición humana, también fue difícil para quienes cargaban los camiones.

Pero el personal de todos los niveles debe cooperar. La implementación se estanca cuando una organización no puede o no quiere llevarla a cabo. Conseguir apoyo desde abajo y hasta arriba del todo es garantizar que la implementación se puede hacer y se hará, tanto en lo que respecta a la capacidad como en lo que respecta a la autorización. Los directivos aprueban el cambio y aquellos que lo ejecutan deben obedecer. Debemos conseguir convencer a la organización al completo.

Decisiones diferentes, la misma historia. La historia de este capítulo es una precuela del episodio con Chuck. Aquí, Jack trabaja para que la carga prescrita de los camiones se implemente de forma correcta. Más tarde consiguió que Chuck aprobase la navegación prescrita de los camiones.

A menudo, la eficacia de la tecnología se reduce a la adopción por parte de los humanos. "La parte más difícil de mi trabajo no es colaborar con matemáticos para diseñar un modelo bonito que resuelva un problema", se lamentaba un orador años después mientras paseaba por el escenario en una conferencia inaugural en la Machine Learning Week 2022. Como presidente de las conferencias, yo había reclutado a otro líder de UPS, el director de Planificación y Optimización de redes Yentai Wan. Continuó: "La parte más difícil de mi trabajo es, en realidad, la implementación. Es la llamada gestión de cambios. ¿Cómo convenzo a esos usuarios finales de que dejen el sistema heredado y aprovechen la tecnología modernizada que creamos?".

Esos desafíos en la gestión de cambios no son nuevos en general, pero, en lo que respecta a los proyectos de ML, la necesidad de gestionar con astucia el cambio operativo se pasa por alto con frecuencia. El algoritmo de modelado avanzado en sí mismo absorbe gran parte de la atención sobre el proyecto y parece prometer la luna. El ML entrega un cohete, pero los que están al mando aún deben supervisar su lanzamiento.

## La importancia de la formación

"El cambio a gran escala requiere fomentar una visión inspiradora, crear un capital de relaciones y mantener el alineamiento organizativo... el liderazgo abraza al mismo tiempo ideales unificadores y disruptivos".

—Christopher Hornick, *The Last Book of Leadership*

"Para que la transformación tenga éxito, los líderes deben enfocarla de formas diseñadas para... impulsar el compromiso emocional de los empleados".

—Andrew White *et al.*, "Organizational Transformation
Is an Emotional Journey", *Harvard Business Review*

Con la efectividad del PFT cuestionada, Jack estaba bajo mucha presión. Pero él y su equipo todavía veían el mismo potencial de siempre, incluso si la recompensa se retrasaba en ese momento. El problema estaba en la parte humana, no en el sistema técnico. Jack y su equipo habían subestimado el esfuerzo que se requería para obtener un convencimiento y un respaldo generalizado. Era hora de seguir adelante con ese esfuerzo.

Así pues, redoblaron sus esfuerzos para la gestión del cambio. En cada centro de reparto, el equipo de formación tendría que aguantar hasta el final y negarse a abandonar hasta que se consiguiesen resultados en el rendimiento. Transferir el conocimiento no era suficiente. Tal vez el personal del centro estuviese fascinado por el nuevo sistema, pero, con frecuencia, ese entusiasmo era flor de un día. Si se dejaba a los empleados a su aire demasiado rápido, volvían a sus viejas rutinas.

¿Cómo puedes reformar a animales de costumbres testarudos? Siempre hay una voluntad fuerte y un puño de hierro. Los grandes cambios requieren la aplicación de la ley. El equipo supervisó, engatusó e incluso microgestionó un poco. Por ejemplo, a los cargadores a los que les costaba cambiar de costumbres se les reasignó a zonas nuevas con las que no estaban familiarizados, donde no reconocerían direcciones de entrega. No puedes sacar el conocimiento de una persona, pero puedes sacar a una persona de su área de conocimiento.

Pero hacer de niñera y retorcer el brazo solo puede ayudar hasta cierto punto. En vez de depender solo de la aplicación de presión, el equipo de Jack logró la movilización al compartir las recompensas del éxito. El truco estaba en recompensar el éxito a corto plazo, ya que las mejoras en la eficiencia final tardarían un tiempo en materializarse. "Como esos primeros días de la transición no eran necesariamente rentables, tuvimos que utilizar un registro de logros equilibrado que recompensaría a los gerentes que lograsen los mejores indicadores", explica Jack. "Si estás haciendo estas cosas importantes que están bajo tu control, ¿cómo no van a seguir los indicadores retrasados de los dólares ahorrados?".

El equipo implementó registros de logros que recogían la adherencia del personal a los procedimientos mejorados y señalaban cuándo había más de un número pequeño de invalidaciones o cuándo los conductores tenían que esperar a que terminase de cargarse su camión y salían tarde. El centro de reparto solo se "graduaba" cuando conseguía el aprobado, y entonces el equipo de formación se marchaba.

Esta táctica de gestión del rendimiento funcionó. Aumentó la adherencia a las decisiones centralizadas y redujo la cantidad de decisiones descentralizadas tomadas sobre la marcha. Se quitaron los ruedines.

Conseguir esas pequeñas victorias graduales más rápidas cambió la conversación, logrando un respaldo renovado desde arriba. El presupuesto y los recursos disponibles aumentaron y el equipo de formación creció para cubrir más centros de reparto. Un centro de reparto típico requería que el personal de formación trabajase en el lugar durante muchas semanas. Para satisfacer las exigencias extraordinarias de este proceso de gestión del cambio a gran escala, el equipo de implementación creció hasta alcanzar los 450 miembros (y, más tarde, hasta los 700 para el sistema de navegación ORION descrito en la introducción).

Pero, cuando empezaron a verse los resultados positivos, apareció una nueva preocupación: ¿cómo podía demostrar Jack que las mejoras se debían a su sistema de optimización PFT y no a otros cambios? Por todo UPS estaba realizándose una plétora de esfuerzos superpuestos, y todos trataban de mejorar la eficiencia operativa. Era responsabilidad de Jack demostrar que su sistema era la causa de la mayoría de las mejoras observadas.

## Cuando no necesitamos humanos en el proceso

Con el proyecto de EduPay, me enfrenté a los dos mismos retos de implementación que Jack: (1) conseguir que los modelos integrados de forma adecuada tuviesen efecto y (2) atribuirles el mérito del valor que generaban. Él repartía paquetes y yo repartía anuncios, pero los desafíos del ML son universales.

Por suerte para mí, el primer reto, la integración, era más directo a la hora de abordarlo en mi proyecto con EduPay. Para empezar, la escala era cien veces más pequeña que la escala de UPS. Cada día, su sistema tenía que decidir la ruta que recorrerían 16 millones de paquetes. Pero el mío también era considerable, ya que tenía que decidir qué anuncio mostrar 200.000 veces al día. La magnitud más pequeña no sirvió de mucho para paliar el desafío de ingeniería.

Más que la diferencia en la escala, el principal aspecto en el que lo tuve más fácil fue que mi proyecto automatizaba las decisiones en vez de respaldar las decisiones humanas. Eliminé a los humanos de la ecuación. Eso simplifica un proyecto. Es más fácil conseguir que los ordenadores sigan instrucciones. Al fin y al cabo, están creados para eso. Jack necesitaba cientos de personas para formar a humanos. Solo hace falta un ingeniero o dos para reprogramar un aspecto del sitio web de EduPay.

A menudo, los proyectos de ML automatizan decisiones, como los modelos de respuestas, los modelos de *churn* y los filtros de *spam*. Cada vez que la salida de un modelo determina si hay que contactar con un cliente o relegar un mensaje de correo a la bandeja de *spam*, no hay ningún humano en el proceso. El sistema actúa de manera autónoma.

> *Automatización de las decisiones:* La implementación de un modelo predictivo para guiar una serie de decisiones operativas de manera automática.

Cuando los humanos quedan fuera del proceso, no están fuera de escena. La automatización optimiza una pieza central del proceso, pero los humanos siguen estando implicados en alguna otra parte. Después de que un modelo oriente una campaña de marketing, incluso aunque tú pongas todos los sellos a mano, sigue siendo una automatización de las decisiones, ya que el lote de decisiones sobre si hay que contactar o no lo ha creado el modelo de manera unilateral. Para algunos proyectos de detección del fraude, el modelo decide qué transiciones hay que auditar a mano para ver si hay fraude, pero esta decisión es automática y, de hecho, la mayoría de las transacciones se realizan sin intervención humana. Una puntuación para la concesión de un crédito puede determinar que algunas solicitudes de préstamos pequeños se aprueben de manera automática, que otras se denieguen de forma automática y que otras se envíen a agentes de préstamos humanos para que tomen la decisión final. Puesto que la asignación a uno de esos tres grupos es automática para cada aplicación, algunos llamarían a este proceso "automatización de decisiones", pero otros lo llamarían "automatización parcial".

Por otra parte, la complejidad impedía que el proyecto de UPS implementase la automatización de las decisiones. El proyecto implicaba una distancia inusualmente larga entre la predicción y la decisión. Las entregas se predicen y conforman un sofisticado sistema de planificación que asigna entregas tanto predichas como conocidas a los camiones de manera que la ruta de cada camión ese día sea eficiente. Las predicciones afectan a las decisiones finales, pero de manera más indirecta. Debido a la complejidad operativa, las decisiones son solo semiautomáticas, con expertos humanos que las modifican según sea necesario.

Pero hay muchas implementaciones más directas que también implican a seres humanos en el proceso. Incluso cuando cada predicción influye en cada decisión de una manera directa y clara, la automatización completa no suele tenerse en consideración para recursos humanos, asistencia sanitaria o aplicación de la ley, por ejemplo. En esos campos, los ordenadores no tienen la última palabra. Solo los humanos pueden tomar decisiones de peso acerca de a quién contratar, cómo diagnosticar o tratar a un paciente o si se debe conceder la libertad condicional a un recluso.

Al respaldar las decisiones humanas, lo que hace el modelo es reafirmar, más que automatizar. Por ejemplo, si un modelo indica que un candidato a un puesto tiene muchas probabilidades de tener éxito, eso puede afectar al modo en que piensa el responsable de la contratación. O un modelo puede indicar a un representante de servicios de atención al cliente que es probable que el individuo con el que está hablando cancele su suscripción. El representante puede tener esto en cuenta como quiera, dependiendo de cómo esté transcurriendo la conversación. Al trabajar juntos, los equipos de humanos/máquinas suelen tener un rendimiento mejor que cualquiera de las dos partes por sí sola. Como dijo el economista estadounidense Leo Cherne, "el ordenador es increíblemente rápido, exacto y estúpido. El hombre es increíblemente lento, inexacto y brillante. El matrimonio entre ambos es una fuerza que va más allá del cálculo".

---

*Respaldo de las decisiones:* La implementación de un modelo predictivo para fundamentar decisiones operativas tomadas por una persona. En su proceso de toma de decisiones, la persona integra o considera de manera informal las puntuaciones predictivas del modelo de la forma ad hoc que le parezca adecuada. También se conoce como human-in-the-loop.

---

En general, las empresas prefieren la automatización de las decisiones cuando es factible. A menudo, el resultado final se consigue dejando a los humanos fuera del proceso para poder aprovechar la gran velocidad y eficiencia de la máquina. En ese caso, prescindimos de gran parte del esfuerzo necesario para formar a las personas, pero debemos proporcionar a la máquina algunas instrucciones adicionales que complementen las predicciones del modelo en sí para poder actuar en base a ellas.

## Traducir predicciones en acciones

Para EduPay, las predicciones guiaban la selección de los anuncios de una manera relativamente directa, pero siempre se necesita cierta lógica personalizada para rematar. Un usuario llega a una página web, así que es hora de elegir el anuncio. El sistema tiene 291 modelos (uno por anuncio) y los utiliza para generar 291 probabilidades. Cada uno nos dice las probabilidades de que este usuario responda si se le muestra el anuncio correspondiente. Si eliges el anuncio con la probabilidad más alta, es más probable que recibas una respuesta del usuario.

Pero había otro factor en juego: la oferta oír cada anuncio, es decir, la cantidad que pagaría el anunciante por cada respuesta. No era una sorpresa: el objetivo de EduPay era aumentar los ingresos, no los clics. Así pues, se calculaba el retorno esperado para cada anuncio, simplemente, multiplicando la probabilidad de una respuesta de una respuesta por la oferta. Por ejemplo, piensa en la elección entre estos dos anuncios:

El anuncio A tiene una probabilidad del 20 por ciento y una oferta de 5 dólares, así que el retorno esperado es 1 dólar.

El anuncio B tiene una probabilidad del 10 por ciento y una oferta de 15 dólares, así que el retorno esperado es 1,50 dólares.

El sistema elegirá el anuncio B, incluso aunque tenga una probabilidad de respuesta más baja. Al ejecutar las cosas de esta manera, no maximizamos las respuestas, sino que maximizamos los ingresos. Recuerda la nota del capítulo 3 en la que transformábamos de manera similar la probabilidad de que un deudor devuelva el pago en el retorno esperado al tener en cuenta los ingresos generados por un préstamo.

Más allá de esto, EduPay también tenía que filtrar anuncios según su elegibilidad. Los anunciantes solo pagaban por respuestas de candidatos elegibles, como un reclutamiento militar determinado pertinente solo para usuarios de diecisiete años o más.

Al final, la lógica simple y la aritmética traducen las predicciones a las acciones. Para cada proyecto de ML, los responsables deben diseñar a mano esta traducción basándose en requisitos y cuestiones pragmáticas empresariales. El esquema de la traducción puede ser detallado y particular, pero, pero la mayoría de los proyectos de ML, no es muy compleja.

Para la detección del fraude con tarjeta, la implementación del modelo y la traducción de las puntuaciones se llevan a cabo por separado, por parte de dos empresas diferentes. FICO implementa el modelo Falcon para un banco. Para cada transacción, proporciona una puntuación entre 1 y 999, una variación estética del rango de 0 a 1 o de 0 a 100 tradicionales dentro del que se suelen expresar las probabilidades, que FICO solo emplea para hacer que las puntuaciones resulten más accesibles para el banco. La forma de actuar respecto a esas puntuaciones es decisión del banco, dependiendo sobre todo de su tolerancia respecto al fraude en comparación con su tolerancia respecto a la interrupción de las compras de los clientes. Por ejemplo, un banco podría implementar reglas que traten distintos niveles de riesgo de manera diferente, en función de la cantidad de dólares de la transacción, como:

Si el cargo es superior a 500 dólares y la puntuación es superior a 950, se declina la transacción.

Si el cargo es superior a 100 dólares y la puntuación es superior a 980, se declina la transacción.

Si el cargo es superior a 100 dólares y la puntuación es superior a 900, se contacta con el cliente para confirmar el cargo.

...

Las reglas de este tipo suelen quedar fuera de la jurisdicción de los científicos de datos. Los bancos las desarrollan a mano, basándose en políticas, regulaciones y estrategias empresariales. Las reglas no se generan de manera automática; representan el modo en que la empresa ha decidido utilizar un modelo, más que ser parte del modelo en sí. Los bancos pequeños pueden emplear entre cincuenta y doscientas reglas así, mientras que un banco grande podría tener miles. Al final, dependiendo de las reglas establecidas por un banco, el sistema suele acabar interviniendo de quince a treinta veces por cada 1.000 transacciones.

No se necesita una salsa secreta para traducir una predicción a una acción. Incluso aunque la lógica pueda añadir más detalles, esa traducción no requiere ninguna forma de analítica avanzada. Ten cuidado con la mal llamada analítica predictiva que se invoca con frecuencia y que implica de manera falsa que necesitas otro tipo de tecnología sofisticada más allá de la analítica predictiva para pasar de predecir resultados a prescribir acciones. La analítica predictiva, el uso del ML para determinadas aplicaciones empresariales, ya es intrínsecamente prescriptiva. Su propósito es prescribir acciones y, por sí solo, ya está muy cerca de hacerlo. Para recorrer los últimos centímetros, solo necesitas una lógica personalizada elaborada con cuidado, no una nueva clase totalmente nueva de métodos analíticos. Introducir de manera innecesaria el término "analítica prescriptiva" ha causado confusión al implicar la presencia de métodos avanzados novedosos que no existen.

Con un método establecido para traducir las puntuaciones del modelo a la selección de anuncios, el proyecto de EduPay estaba casi listo para lanzarse. A continuación, teníamos que incrustar los modelos en un sitio web en vivo.

## Cómo exportar un modelo

Los ingenieros de EduPay estaban preparados para integrar mis modelos, pero eran novatos respecto al ML. ¿Qué hace falta para que un *quant* transfiera su modelo a un grupo de ingenieros?

Para implementar un modelo, hay que dejarlo en libertad. Tienes que exportarlo fuera de la herramienta de software de ML y al sistema operativo. El ejemplo más literal de esta despedida es cuando se incrusta un modelo en un dispositivo móvil. Dentro de cada iPhone hay una red neuronal para la detección de caras. Mientras tanto, el Google Pixel 6 fue el primer teléfono en albergar un chip aparte para ejecutar modelos.

Pero, incluso cuando no estamos implementando en un dispositivo sin conexiones, el modelo debe migrar igual a las manos de los programadores que lo integrarán como el aparto funcional que debe ser. La mayoría de las herramientas de software de ML facilitan esto de un par de formas. Una es la generación de código. Con solo pulsar un botón, se traduce la mecánica del modelo a Python o C de manera que un ingeniero pueda integrarlo con más facilidad en un sistema existente. Como alternativa, un ingeniero puede crear un módulo de software independiente que albergue el modelo y se invoque a través de una API (*application programming interface*, interfaz de programación de aplicaciones), que es un mecanismo estándar mediante el cual un sistema puede llamar a otro. Esto proporciona a los ingenieros una función que pueden invocar desde dentro de su código, pasándole los detalles de un individuo (es decir, las entradas del modelo) y recibir de vuelta la puntuación predictiva para ese individuo.

Yo no lo tuve tan fácil. Puesto que había programado el método de modelado desde cero, no tenía ninguna herramienta industrializada. Para empeorar las cosas, no era ingeniero. Aunque programaba desde que tenía diez años, nunca había hecho una carrera de eso. Como académico convertido en consultor de analítica, sabía lo que había que hacer a nivel conceptual, pero no tenía la capacidad de traducir personalmente mis modelos a código listo para la producción e integrar ese código en un sistema operativo.

Así pues, se lo expliqué en profundidad. En un denso documento de tres páginas de Word con interlineado sencillo al que llamé "Requisitos del módulo de puntuación", escribí todos los detalles que necesitaban los ingenieros, todos los pasos que necesitaban codificar para utilizar los modelos para predecir respuestas a los anuncios. Para un usuario dado y un anuncio dado, describía cómo el código debería buscar un puñado de valores dentro de una tabla que yo había creado (la tabla tenía unas 50.000 filas de valores que constituían los 291 modelos) y, después, aplicar la aritmética adecuada. El documento acababa así:

Por último, después de calcular las probabilidades relativas de una respuesta (p1) y de no respuesta (p0), normaliza las dos con la fórmula $p1/(p0 + p1)$. Esta es la probabilidad absoluta de una respuesta, es decir, la puntuación generada por el modelo como salida.

Dadas las características de un individuo que forman las entradas de un modelo, calcular la puntuación no es tan complejo, sobre todo con el tipo simple de modelo que había utilizado para EduPay, Naïve Bayes. Pero reunir esas entradas sobre la marcha es harina de otro costal.

## La desconexión de los datos: llevar las entradas a un modelo implementado

"Conseguir los datos de forma adecuada y tenerlos en el lugar correcto es el 80-90 por ciento del problema".

—Scott Zoldi, director de Analítica, FICO

Si la lucha por implementar modelos predictivos es una batalla, entonces el desafío de conectar sus entradas está justo en la primera línea de fuego. De algún modo, un modelo implementado debe recibir el conjunto adecuado de valores cada vez que se invoca. En el momento en que un modelo debe puntuar un caso individual, necesita sus entradas, los valores que caracterizan ese caso. Tener esas entradas en el lugar adecuado en el momento correcto es quizá el desafío de ingeniería más complicado cuando se diseña la arquitectura de la implementación.

El problema surge de la desconexión de datos, una división abominable entre el desarrollo del modelo y su implementación. Cuando preparan los datos de entrenamiento, los científicos de datos suelen centrarse solo en incubar un modelo y asegurarse de que tiene un buen rendimiento en "el laboratorio". Con ese fin, configuran las variables de entrada (colocadas como columnas en los datos de entrenamiento) de la manera *ad hoc* que sea más conveniente.

Esto plantea un reto formidable para la implementación. El sistema que alberga el modelo necesitará recrear las variables exactamente como las ha configurado el científico de datos durante el desarrollo, imitando la forma y el formato que tenían en el sistema del científico de datos o en el software de ML; ambas cosas suelen ser ajenas a los ingenieros.

En ese esfuerzo, todos los detalles cuentan. Por ejemplo, mis modelos de EduPay toman el dominio del correo electrónico como entrada. ¿Debería ser una cadena de caracteres como "yahoo" o "gmail"? ¿O debería incluir también el ".com"? ¿Debe ir todo en minúsculas? ¿Deberían las variables booleanas como "Ciudadano estadounidense, sí o no" o "Ha aceptado recibir correos de marketing, sí o no" representarse como 1 y 0, "sí" y "no" o "S" y "N"? ¿Cómo representas un valor que se desconoce, es decir, un valor que falta; es la palabra "NULL", una cadena vacía, un uno negativo (−1) u otra cosa? ¿Cómo calculas la relación de lengua-matemáticas del SAT si la puntuación en matemáticas se desconoce, teniendo en cuenta que dividir entre cero es imposible?

A la hora de transferir un modelo de un sistema a otro, es como si estuviésemos anclados en los ochenta tecleando comandos en la interfaz de línea de comandos de DOS sin corrector. Si pones mal un solo detalle, el modelo no funciona como debería.

Para empeorar las cosas, las entradas de los modelos pueden originarse en distintas fuentes aisladas dentro de la organización. Puesto que las entradas se diseñaron para representar de manera integral gran parte de lo que se sabe sobre un individuo, las bases de datos que las albergan podrían residir entre sistemas dispares. Por ejemplo, la demografía puede venir de una base de datos de gestión de las relaciones con los clientes, mientras que variables como "Este anuncio ya se ha visto antes, sí o no" pueden estar disponibles solo mediante la revisión de un registro operativo. Reunirlas sobre la marcha a escala durante la implementación presenta un reto de ingeniería que, a menudo, los científicos de datos no anticipan.

Es un trabajo duro. Según una encuesta a ingenieros de datos realizada en 2021, el 97 por ciento se sentían "quemados" y el 78 por ciento desearía que su trabajo incluyese un terapeuta. Aunque no tiene gracia, el informe, elaborado por DataKitchen y data.world, no pudo resistirse a preguntar: "Hábleme de su placa madre".

## El firme enfoque de una firma respecto a la desconexión de datos

¿Cuál es el antídoto para la desconexión de datos? Una nueva conexión. El desarrollo y la implementación del modelo deben estar unidos y ser inseparables. Tradicionalmente, las dos cosas se han manejado por separado, como pasos aislados (vinculados a nivel conceptual, pero desacoplados en la práctica), pero los líderes que tienen éxito buscan unificarlos, de manera que preparar los datos para el modelado y diseñar las entradas para la implementación sean lo mismo.

Pero eso significa pedir a los científicos de datos que cambien sus costumbres y acepten nuevas responsabilidades. Muchos se han acostumbrado a pensar e implementar variables de entrada a voluntad durante el paso del entrenamiento del modelo, sin prestar atención a cómo se hará que estén disponibles durante la implementación. Con el foco sobre el desarrollo y la evaluación de modelos *offline*, ven la ingeniería como un trabajo, un departamento y una mentalidad distintos. A menudo, los científicos de datos se ven a sí mismos en el negocio de la creación de prototipos, no en el de la producción.

No hay nada que haga que los tecnólogos abandonen sus hábitos como la autoridad ejecutiva. Aquí entra Gerhard Pilcher, el presidente y director ejecutivo de Elder Research, una forma de consultoría de datos con amplia experiencia con la que he colaborado muchas veces. Gerhard ha implantado buenas prácticas en todos los proyectos de clientes de la firma que tienen a los científicos de datos colaborando en detalle con los ingenieros de datos desde el principio de cada esfuerzo de modelado.

Le pregunté a Gerhard si él había implementado este cambio con una regla que prohibía a los científicos de datos reunir de forma apresurada sus datos de entrenamiento en un vacío. Rehuyó la palabra "regla", pero lo expresó así: "Desaconsejamos la agregación de datos *ad hoc*. Ese cambio tardó un tiempo en echar raíces". Su liderazgo firme pero accesible guio a su equipo a través de un cambio cultural hasta un nuevo paradigma.

Bajo la orientación de esta práctica mejorada, los científicos de datos solicitan a los ingenieros de datos las entradas del modelo que querrán que estén disponibles para la implementación del modelo, en vez de juntarlas por su cuenta para los datos de entrenamiento. Es un poco menos impulsivo y un poco más de espíritu de equipo. Con este proceso en orden, la infraestructura de datos para apoyar la implementación (llamada canalización de datos) ya está construyéndose incluso desde el paso del entrenamiento del modelo. Cuando llega el momento de la implementación, el proceso de proporcionar entradas sobre la marcha es repetible y fiable. Esto se debe a que las fuentes de datos pertinentes se han preconectado durante el desarrollo del modelo. De este modo, "una vez que has ajustado y validado el modelo", dice Gerhard, "puedes proporcionar resultados con mucha más facilidad".

Al diseñar la canalización de datos pronto, no solo nos preparamos de manera proactiva para la implementación, sino que también nos beneficiamos de reconocer los aspectos inviables con antelación, adelantando los puntos de decisión del proyecto e incluso fallando con rapidez si es necesario. Puesto que algunas fuentes de datos pueden ser caras de integrar, "el cliente experimentará un impacto por el precio", advierte Gerhard. "Podemos prevenir ese *shock* y suavizar el golpe, o cancelar si es necesario. Cuanto antes abandonemos un esfuerzo que no es implementable, mejor".

Esto hace que implementar proyectos de ML sea un empeño escalable. Mi proyecto de EduPay se habría beneficiado; sin esto, tuve que abrirme camino por la fuerza bruta hasta la implementación detallando dolorosamente los cálculos de las entradas dentro de mi documento "Requisitos del módulo de puntuación" y esperando que los ingenieros lo hiciesen todo bien. El Falcon de FICO, por otra parte, ha optimizado sus canalizaciones de datos mediante la repetición pura, ya que cada vez que FICO configura el sistema para un nuevo banco, deben calcularse las mismas entradas con los datos de ese banco.

Más allá de la desconexión de datos, Elder Research también ha aprendido otras lecciones duras acerca de los desafíos de la gestión de cambios que plantea la implementación, la lucha por conseguir la aceptación de aquellos que trabajan sobre el terreno; en gran parte, son las mismas lecciones que ha aprendido UPS. El ML "dicta con frecuencia un cambio importante en el modo en que actúa la gente", dice el fundador John Elder. "Muchas personas vuelven a la antigua manera de hacer las cosas en vez de confiar en el modelo. Estudiamos esto y descubrimos varias formas de mejorar el entorno de confianza, tanto técnica como interpersonal. La gente teme al cambio (con frecuencia, de forma racional). No quieren abandonar el modo en que toman decisiones. La manera más importante de abordar esto es trabajar codo con codo con aliados potenciales desde el principio y ganarse su confianza".

Estas mejoras en el proceso funcionaron. Al implementarlas, Elder Research dio un gran empuje a su historial de implementaciones. Durante la primera década desde la fundación de la empresa a mediados de los noventa, solo se implementó el 65 por ciento de los modelos que desarrollaron para sus clientes, incluso aunque el 90 por ciento cumplía los requisitos de rendimiento predictivo. Esta tasa de éxito era tres veces superior a la de la industria en conjunto, pero la firma estaba decidida a hacerlo mejor. Al implementar estas nuevas prácticas, a lo largo de los diez años siguientes, la tasa de implementación de modelos de la empresa subió del 65 al 92 por ciento y su tasa de éxito del rendimiento de los modelos pasó del 90 al 98 por ciento.

La táctica proactiva que establecerá una conexión estrecha entre el desarrollo y la implementación del modelo es un ingrediente clave para el éxito. Pero nuestro trabajo no está hecho todavía. Después de resolver la desconexión de datos, sigue habiendo un reto de ingeniería importante: garantizar que el modelo opera con la suficiente rapidez.

## La necesidad de la velocidad: guiar decisiones en tiempo real

Para algunas implementaciones, los modelos deben actuar deprisa. Cuando se carga una página web de EduPay, el anuncio elegido debe aparecer de inmediato. Con ese fin, los modelos deber guiar sus decisiones de manera instantánea. Cuando un estafador trata de realizar una transacción con una tarjeta, el Falcon de FICO debe actuar con la rapidez suficiente para bloquearla. Los vehículos autónomos deben reconocer obstáculos con la rapidez suficiente para desviarse o frenar.

Para otras implementaciones, las puntuaciones *offline* sin prisa van como anillo al dedo. Por ejemplo, piensa en la orientación de correos directos. Puede que tengas 10 millones de contactos, y cada uno será puntuado en función de la probabilidad de que compre si le envías un folleto. Pero, incluso con tantos, tu sistema solo necesitaría puntuar unos pocos cientos por segundo para completar la tarea de un día para otro, o solo un par de docenas por segundo si tienes unos días y unos pocos ordenadores.

Lo mismo se aplica a otros tipos de operaciones. A menudo, basta con el procesamiento por lotes *offline* para órdenes de compra, reclamaciones a los seguros, cheques bancarios o solicitudes para cobertura de seguros o líneas de crédito. Para estos usos, introducir la puntuación en un proceso existente no suele plantear desafíos de rendimiento intensos. Las velocidades más altas podrían mejorar la eficiencia organizativa, pero no necesitamos escudriñar cada milisegundo.

Para estas aplicaciones, ni siquiera necesitas obligatoriamente exportar el modelo. Muchas herramientas de software de ML pueden aplicar un modelo para puntuar un lote de casos desde dentro de la propia herramienta. Solo tienes que dirigir la herramienta a la tabla de datos de individuos nuevos y generará la puntuación para cada uno, que puede agregarse como una nueva columna de datos. Este uso de un modelo sigue llamándose implementación del modelo incluso aunque el modelo en sí no se exporte.

Pero muchas de las mayores oportunidades empresariales para el ML requieren una puntuación en tiempo real. Esto se debe a que una velocidad alta significa un volumen alto; las operaciones que tienen lugar con mayor rapidez se producen de manera más abundante. Para optimizar estos procesos a gran escala, la puntuación del modelo debe producirse en tiempo real, en el momento de cada interacción.

En la web, la velocidad es esencial. Según Google, cuando la búsqueda es medio segundo más lenta, el tráfico y los ingresos se resienten en un 20 por ciento. De manera similar, en sus experimentos, Amazon demostró que incluso ralentizaciones de 100 milisegundos en la página web tenían como resultado una caída "sustancial y costosa" en los ingresos. Booking.com descubrió que un incremento del 30 por ciento en la latencia cuesta alrededor de un 0,5 por ciento en las tasas de conversión ("un coste relevante para nuestro negocio") y la firma de analíticas web Kissmetrics informa de que "un retraso de un segundo en la respuesta de la página puede tener como resultado una reducción del 7 por ciento en las conversiones".

La latencia también trata mal al comercio automatizado, ya que un puñado de milisegundos puede significar una buena oportunidad perdida respecto a los precios. Los cálculos muestran que, si un sistema de comercio electrónico se retrasa 5 milisegundos respecto a un competidor, eso podría costar 4 millones de dólares por milisegundo.

## Entrega veloz: los modelos trabajan rápido

Buenas noticias: la puntuación de los modelos puede ser rápida, tan rápida como necesitan que sea la mayoría de los proyectos. La puntuación del modelo no es la parte del aprendizaje del *machine learning*; ese es el trabajo pesado. Es más bien la aplicación de lo que se ha aprendido. Puntuar con un modelo suele ser solo cuestión de aplicar una fórmula matemática fija que no implique ningún bucle. Los ordenadores lo hacen superrápido.

El paso anterior, el entrenamiento del modelo, consume la mayoría del tiempo. Debe operar en un conjunto completo de datos de entrenamiento, que podría constar de cientos de miles o millones de casos de aprendizaje. Ese algoritmo se come muchos ciclos computacionales para generar el modelo, recorriendo los datos con su proceso de prueba y error. El entrenamiento del modelo suele ejecutarse en un proceso *offline* que no necesita utilizar sistemas en tiempo real. En casos raros, un modelo ya implementado se actualiza de manera continua a medida que se encuentran nuevos ejemplos de entrenamiento, pero un aprendizaje *online* así es muy poco común, ya que es complejo y caro de implementar y no cumple; si se planifica de manera adecuada, un entrenamiento por lotes periódico para actualizar un modelo suele tener como resultado un rendimiento del modelo que también se mantiene virtualmente.

Una vez entrenados, los modelos trabajan rápido. Para calcular la puntuación para un individuo, los modelos solo necesitan operar con los datos de entrada para ese individuo. Y, puesto que el modelo en sí es a menudo una estructura relativamente simple, aplicarla puede ser un paso relativamente ligero para la máquina. Por ejemplo, un modelo logístico no es más que una suma ponderada de las entradas, con un poco de "estrujamiento y estiramiento" no lineal añadido por si acaso.

Por supuesto, el hardware adecuado debe estar en orden para puntuar en tiempo real, pero puede que ya lo tengas: el hardware existente que está ejecutando en la actualidad las operaciones de alta velocidad que quieres mejorar. Para muchos proyectos, los sistemas de alto rendimiento que ya se han optimizado para funciones *online* pueden manejar también, de manera potencial, la tarea adicional relativamente ligera de la puntuación, incorporándola de manera que solo haya un impacto minúsculo en la velocidad. Para detectar el fraude en las tarjetas de pago, los modelos se implementan a menudo en un *mainframe* o unidad central. Los *mainframes*, que con frecuencia se malinterpretan como tecnología heredada, nunca han dejado de avanzar a lo largo de las décadas. Logran velocidades muy altas y son tan fiables que, por lo general, funcionan más de una década sin interrupción. Las instituciones financieras los utilizan para procesar el 90 por ciento de todas las transacciones con tarjetas de crédito.

Dependiendo del banco que esté utilizándolo, el Falcon de FICO implementa a veces su modelo para la detección del fraude en un *mainframe* y, otras veces, en sistemas menos caros, como un servidor Linux en la nube. En cualquier caso, el objetivo es puntuar cada transacción en menos de 30 milisegundos, incluyendo la latencia generada si cada solicitud de una puntuación debe viajar a la nube y de vuelta. La empresa ha confirmado que muchos bancos tardan menos de 100 milisegundos en puntuar cada transacción, a veces con una media de solo 10 milisegundos.

Los fabricantes de *mainframe* indican enseguida cuánto puede ralentizar las cosas la implementación en la nube. Jonathan Sloan, que trabaja en marketing para soluciones de ML que se ejecutan en el sistema Z de IBM, líder en el marcado de los *mainframes*, realizó varios experimentos para comparar la velocidad de la puntuación con un *mainframe* en las instalaciones con la puntuación mediante llamadas a un ordenador en la nube. Sus resultados demostraron que la nube podía multiplicar el tiempo por más de 80, por ejemplo, de 1 milisegundo a más de 80 milisegundos. Con un *mainframe*, "las organizaciones pueden conseguir un rendimiento mucho mayor, tiempos de respuesta mucho mejores y una mayor confianza en cuanto al cumplimiento de los acuerdos a nivel de servicios", escribieron él y su colega en un libro blanco.

En cualquier caso, sea cual sea el tipo de sistema que ya tienes manejando operaciones a gran escala, por lo general también puede manejar el modelo. Un banco que está procesando cientos de miles de transacciones con tarjeta al día puede introducir un paso más para cada una: la puntuación con un modelo de detección del fraude. Del mismo modo, los servidores web de EduPay ya estaban alojando su visitadísimo sitio web y también podían manejar la puntuación mediante modelos para mejorar la selección de anuncios cada vez que el sitio presentaba un anuncio a un usuario.

Las organizaciones pueden implementar en tiempo real (tenemos la tecnología), pero eso no significa que vayan a hacerlo. Muchas todavía dudan.

## Las mejores oportunidades son las más difíciles de aprovechar

A menudo, las organizaciones gestionan con torpeza la mejor oportunidad que ofrece el ML: la optimización de las operaciones a la mayor escala posible. Puesto que, con frecuencia, son las operaciones de mayor velocidad, requieren una implementación en tiempo real, para la que es más difícil conseguir aprobación. Es más compleja y conlleva un riesgo más grande, puesto que implica cambiar sistemas de alta velocidad cruciales para la misión.

Como resultado, la integración de la puntuación predictiva en tiempo real es más rara e innovadora de lo que muchos creen. Durante sus décadas formativas, cuando la industria del ML estaba incubándose y desarrollándose (y labrándose una reputación), la mayoría de los modelos no se implementaban en tiempo real, sino solo en "modo de lotes" *offline*, para aplicaciones que no requerían puntuación en tiempo real, como la orientación del marketing directo o la puntuación de solicitantes de créditos. Para la mayoría de los proyectos de ML, este sigue siendo el caso.

Implementar en tiempo real aumenta las ganancias potenciales, pero también la resistencia al cambio. Es la naturaleza humana. Cuanto mayor es la escala, mayor es el miedo. Si sugieres un plan para mejorar operaciones que en este momento están funcionando a miles de transacciones por segundo, puede que algunos de tus colegas se queden paralizados. Algunos argumentarán que la empresa no puede permitirse el coste de introducir un paso nuevo en todas y cada una de las transacciones ni el riesgo de que hacerlo ralentice las cosas.

Pero negarse a avanzar supone un gran coste respecto a las oportunidades y pone la fortaleza competitiva de la organización en peligro.

Volvamos a lo básico. La práctica en seis pasos de bizML vence la resistencia al dar a conocer lo que de otro modo es un desconocido temible. Solo al implicar y preparar a los responsables de la toma de decisiones en el plan de principio a fin (para que entiendan por completo el valor y la viabilidad técnica de la implementación) puede un líder superar un caso de parálisis por análisis que, de lo contrario, sería muy costoso.

Una simple clarificación en especial engrasa los engranajes para conseguir la aprobación: las operaciones en tiempo de ejecución no se ven afectadas por el trabajo pesado del entrenamiento del modelo. Los científicos de datos entrenan el modelo en otra parte, liberando de ese peso a los sistemas *online* para que estos puedan seguir ejecutándose sin problemas. Puede que aquellos que están muy inmersos en el ML no se molesten en dejar esto lo bastante claro, pero esta distinción aplacará a las partes interesadas, que son protectoras respecto a sus sistemas operativos, lo cual es comprensible. Se sentirán aliviadas al oír que no hay necesidad de poner más presión sobre los sistemas en tiempo real que ya están manejando las operaciones, que el trabajo pesado llevado a cabo por los algoritmos de modelado se mantiene aparte, manejado por recursos separados asignados a los científicos de datos para la implementación del modelo.

Me agradó descubrir que EduPay era capaz de implementar mis modelos y tenía confianza para hacerlo; podían hacerlo y lo harían. Pero la confianza nunca es del 100 por cien. En vez de sustituir el sistema de selección de anuncios por completo, sería más seguro empezar con un paso gradual.

## Mitigar los riesgos de la implementación con un grupo de control

Melissa, la directora de EduPay que me había contratado, propuso un siguiente paso prudente: la implementación empezaría por usar los modelos solo la mitad del tiempo. Para la mitad de los usuarios, no cambiaría nada, pero la otra mitad vería los anuncios seleccionados por los modelos.

Se trata de una prueba A/B, pero no del modo en que suelen concebirla los expertos en marketing web. Por lo general, estableces una comparación frente a frente entre dos opciones simples. Color 1 frente a color 2. Producto A frente a producto B. Pero, en este caso, el sitio web compararía un método complejo de selección de anuncios con un método aún más complejo de selección de anuncios basado en un modelo. Los científicos de datos llaman a esto experimento controlado.

Lo llamemos como lo llamemos, está táctica mide cuánto mejora el nuevo método las métricas empresariales respecto al método heredado existente al probar los dos al mismo tiempo. Esto es crucial, ya que, si pruebas uno durante un periodo predeterminado, paras y, después, pruebas el otro, no estás controlando otros cambios que pueden haberse producido en el ínterin. No puedes controlar de manera directa todos los tipos de factores que podrían hacer que la comparación sea injusta, como los cambios de temporada, los cambios en las tendencias del cliente y otros cambios operativos concurrentes. Como resultado, incluso si el rendimiento mejora con la implementación, solo puedes estar seguro de que se debe al modelo (o modelos) si has monitorizado de manera simultánea un grupo de control.

Además de atribuir el mérito a lo que corresponda, un grupo de control cubre otra necesidad básica: mitigar el riesgo de la implementación. Hay muchas cosas que pueden salir mal cuando implementamos, lo que producirá un rendimiento decepcionante, por no decir desastroso. Al fin y al cabo, cualquier sistema nuevo puede tener fallos y, en el caso de la implementación del modelo, no solo estamos expuestos a fallos lógicos o de programación, sino también a fallos cuantitativos, incluyendo errores en los cálculos o ideas equivocadas respecto a los datos.

Por suerte, puedes gestionar este riesgo de forma tan conservadora como quieras si lo implementas de manera gradual, poco a poco. Por ejemplo, en vez de saltar al modo campeón/aspirante al 50/50 de Melissa, podrías empezar por un paso aún más pequeño y gradual introduciendo el proceso basado en el modelo solo un 5 por ciento del tiempo. Después de eso, a medida que aumenta la confianza, puedes ir creciendo desde ahí. En esa línea, también UPS empezó solo con una implementación parcial, integrando inicialmente el sistema en solo unos pocos centros de reparto.

Sin un grupo de control, es demasiado fácil atribuir un mérito inmerecido a un modelo. Se trata de un error común que se comete con frecuencia, por ejemplo, con el marketing directo. Si una campaña orientada provoca un índice de respuesta elevado, para y piensa un momento antes de felicitar al director de marketing. Puede ser que el modelo esté haciendo un gran trabajo a la hora de identificar a clientes con más probabilidades de comprar, pero que la mayoría de ellos hubiese comprado de todos modos, incluso aunque no se contactase con ellos. En ese caso, el dinero invertido en el envío de los folletos puede no haber tenido un impacto real en las ventas. Un grupo de control habría evitado esta trampa al corregir esta idea equivocada. Si observas de manera simultánea las compras realizadas por un grupo de clientes de control con los que no se ha contactado, entonces tienes una referencia para la comparación.

Para EduPay, el grupo de control supuso un calibrador crucial, ya que estábamos avanzando hacia la implementación con mucha incertidumbre. No teníamos un método sólido para calcular el beneficio de antemano. Podíamos evaluar modelos individuales, pero el efecto combinado de utilizar los 291 modelos para cada elección del anuncio no se conocía antes de la implementación. La mejora respecto al método heredado existente no era algo seguro, ya que era un campeón duro al que destronar.

Incluso aunque el método existente no personalizase las elecciones de los anuncios en base a las particularidades de cada usuario, el hecho es que lo haces bien con solo mostrar los anuncios más populares a nivel universal y que más se pagan que un usuario no ha visto todavía. Ese es un enfoque estándar para los anuncios *online*. Cada vez que un sistema basado en un modelo se decanta por un anuncio menos popular a nivel universal, corre un riesgo.

No es de extrañar que Gary Loveman (un director ejecutivo con un doctorado en economía por el MIT), cuando estaba en el casino Harrah's, dijese que despediría a cualquier empleado que llevase a cabo un experimento sin un grupo de control con la misma rapidez que a uno que robase a la empresa.

Después de este enfrentamiento entre campeón y aspirante, llegaron los resultados de EduPay. En comparación con el grupo de control, los anuncios basados en el modelo aumentaron los ingresos en un 3,6 por ciento, suficiente para sumar un millón de dólares extra cada 19 meses, y posiblemente más, si se ampliase desde los anuncios intercalados para orientar también aquellos incrustados en otras páginas web. Consiguió esta mejora al seleccionar a veces anuncios que eran menos rentables a nivel universal, pero en los que era más probable que hiciese clic el cliente individual. Como resultado, el índice de respuesta general aumentó más que los ingresos, en un 25 por ciento. Es seguro asumir que este índice de respuesta más elevado significaba que ahora los usuarios estaban experimentando una relevancia aún mayor de los anuncios y veían con más frecuencia anuncios que servían a sus intereses.

En lo que respecta a los sistemas a gran escala, un impulso de unos pocos puntos recorre un largo camino. De acuerdo con McKinsey, "nuestra investigación revela que, por cada 5.000 millones de dólares en balances de crédito que origina un banco, un incremento de un solo punto porcentual en la capacidad predictiva de un modelo de crédito podría reducir las pérdidas en hasta 10 millones de dólares solo en el primer año".

## Atribuir el mérito a quien lo merece: un grupo de control en UPS

UPS también vio el mismo potencial a partir de una pequeña victoria. Como dice Jack: "Las cosas pequeñas importan. Si podemos reducir un kilómetro por conductor por día solo en EE. UU., podemos tener un impacto en el resultado final de 50 millones de dólares... un minuto por conductor por día vale 14,6 millones de dólares". Fuese grande o pequeña, Jack necesitaba una victoria. Al haber redoblado la formación sobre la implementación con equipos grandes dedicados a la tarea, había razones para creer que el rendimiento empresarial se beneficiaría.

Y Jack tenía un grupo de control con el que comparar las mejoras en el rendimiento: todos los centros de reparto de UPS que todavía no habían implementado su sistema PFT. Puesto que la implementación había comenzado solo en un número limitado de ubicaciones de prueba (una muestra que se consideraba representativa de los centros de reparto en general), el rendimiento en todos los demás centros servía como control.

Solo los primeros signos fueron buenos. En unos pocos meses de implementación, quedó claro que el rendimiento había mejorado un 15 por ciento respecto a los centros de control, según un indicador clave de rendimiento (KPI) muy visible dentro de UPS: paradas por kilómetro. Cuanto más eficientemente se planificase la ruta de un camión, más paradas de entrega haría por cada kilómetro conducido. A medida que aumentaban las paradas por kilómetro, descendía la cantidad total de kilómetros, combustible y tiempo de conducción necesarios para realizar las entregas de un día.

El PFT prosperó y, al final consiguió notoriedad como un éxito: estaba ahorrando más de 135 millones de kilómetros al año. La prensa estaba lista para felicitar, en vez de para machacar. *InformationWeek* incluso situó el proyecto en lo alto de su lista anual de "20 ideas geniales para robar".

Este gran beneficio vino de la implementación de un modelo de predicción de paquetes en combinación con otras mejoras relacionadas, como la centralización de la planificación de las entregas de paquetes en cada centro de reparto. De manera informal, Jack atribuye el mérito al modelo predictivo en sí, con un porcentaje estimado de victorias del PFT de entre un 10 y un 25 por ciento, aunque es difícil diferenciar entre las contribuciones de innovaciones mutuamente interdependientes.

El resto es historia, como ya he dicho en la introducción de este libro: Jack creó ORION además de PFT y convenció al directivo Chuck para autorizar el sistema, que prescribe rutas de reparto calle por calle. La eficiencia global aumentó aún más, llegando a ahorrar a la empresa 297 millones de kilómetros y 185.000 toneladas métricas de emisiones cada año.

## El final es un nuevo principio

"Final feliz" es un oxímoron; si lo bueno se acaba, eres infeliz. Una vez que implementas un modelo, solo has empezado a cosechar los beneficios. Del mismo modo, solo has empezado a mantener el modelo. Para mantenerlo al día y conservar su efectividad, debes monitorizarlo y actualizarlo de manera periódica. Pasa a la conclusión de este libro para leer todo sobre el mantenimiento de modelos, además de otros aspectos prácticos para tu proyecto de ML: cómo venderlo, a quién reclutar para que colabore, cuánto tiempo necesita y cómo gestionar su impacto social con responsabilidad.

# Chuleta de BizML

## El manual de estrategia para la implementación del *machine learning*

1. **Establecer el objetivo de la implementación (valor)**

   Define la proposición de valor empresarial: cómo afectará el ML a las operaciones para mejorarlas.

2. **Establecer el objetivo de la predicción (objetivo)**

   Define qué predecirá el modelo de ML para cada caso individual.

3. **Establecer las métricas de evaluación (rendimiento)**

   Determina los puntos de referencia destacados para hacer un seguimiento tanto durante el entrenamiento del modelo como durante su implementación y determina qué nivel de rendimiento debe lograrse para que el proyecto se considere un éxito.

4. **Preparar los datos (combustible)**

   Define qué aspecto deben tener los datos de entrenamiento y dales esa forma.

5. **Entrenar el modelo (algoritmo)**

   Genera un modelo predictivo a partir de los datos.

6. **Implementar el modelo (lanzamiento)**

   Usa el modelo para generar puntuaciones predictivas y, después, actúa en función de esas puntuaciones para mejorar las operaciones empresariales.

**Después del paso 6: Mantener el modelo (mantenimiento)**

Monitoriza y actualiza de forma periódica el modelo como un proceso en curso.

**Estrategia de ejecución clave**

Todos los pasos requieren una estrecha colaboración con los interesados de la parte empresarial. Los interesados de la parte de los negocios deber tener una comprensión semitécnica del ML. Los pasos no se ejecutan de manera lineal; prevalece el retroceso.

—de *Guía práctica de la IA* de Eric Siegel

# Conclusión

## Discurso del ascensor del *machine learning*, personal, plazos, mantenimiento y ética

*Ahora que hemos visto el proceso completo de principio a fin, es hora de volver a condensarlo en una proposición breve. Este libro concluye describiendo cómo debe comenzar una iniciativa de* machine learning: *presentando el proyecto. En pocas palabras, debes vender la manera en que se lanzará el ML y el valor de hacerlo. Esta conclusión también completa la práctica del bizML con el quién, el cuánto tiempo y el "y después, ¿qué?": quién constituye el equipo del proyecto, cuánto tiempo requiere y, después, que mantenimiento continuado hay que llevar a cabo para mantener el modelo operativo. Por último, termino con las enormes responsabilidades éticas que aceptas cuando implementas ML.*

Cuando estás vendiendo la implementación del *machine learning*, nadando contracorriente, contra la resistencia y la inercia, a veces te sientes como si estuvieses engatusando a las personas para montar un chanchullo, pero, en realidad, estás reclutando. Estás captando colaboradores y orquestando una visión. No me malinterpretes; cuando defiendas el proyecto, habrá veces en las que quizá necesites camelar agresivamente. Durante parte de la historia de Jack Levis, parecía que había una lucha de voluntades entre él y un universo de opositores. Pero, a veces, hace falta una venta agresiva, no solo para prevalecer y conseguir convencer, sino también para catalizar una colaboración fructífera y unificada de toda la empresa.

Al principio, el desequilibrio es real: tú lo entiendes y ellos no. Y puede que tarden en aceptarlo. Pero, una vez que lo hacen, depende de ti abrazar un cambio profundo en la perspectiva: más que un escéptico al que has convencido, ahora es un compañero crucial que ofrecerá los nuevos puntos de vista que el proyecto necesita. Solo podéis perfeccionar y mejorar tu plan si lo has convencido.

Cuando presentes tu idea por primera vez, partirte el lomo es parte del trato. Puede que sientas que esto debería prácticamente venderse solo. Al fin y al cabo, una proposición de valor puede parecer muy evidente cuando ya estás implicado en ella. La mejora operativa potencial es "obvia". Pero, para conseguir luz verde, debes conseguir que las personas al cargo no solo estén interesadas, sino también entusiasmadas. Eso significa dar un paso atrás para alejarse de la emoción y contar una historia simple, no técnica, que sea desapasionada más que ferviente, una que podría venir de labios de un tercero verdaderamente imparcial. En el arte de las ventas, la imparcialidad es más estimulante.

Para vender el ML de manera convincente, véndelo de modo sucinto. Fortalece tu discurso sintetizándolo en sus fundamentos básicos: el cambio operativo preciso, el valor de ese cambio y cómo logrará el cambio el ML, en ese orden. Es hora de perfeccionar tu discurso del ascensor.

## El discurso del ascensor

"A nadie le gusta que le vendan, pero a todo el mundo le encanta comprar. Dales algo que comprar".

—Jack Levis

La premisa de la práctica bizML de este libro es simple: replantea "proyectos de ML" como "proyectos de mejora de las operaciones que utilizan ML". Empezar con las virtudes científicas y las capacidades cuantitativas de la tecnología (como los algoritmos de modelado, la idea de aprender de los datos o la noción de las probabilidades) es poner el carro por delante del caballo. En vez de eso, empieza por la proposición de valor empresarial, una historia simple acerca de cómo mejorarán los procesos.

Veamos un ejemplo de discurso del ascensor:

Hoy en día, el 99,5 por ciento de nuestro correo directo es inefectivo. Solo responde el 0,5 por ciento. Si pudiésemos aumentar eso al 1,5 por ciento, eso supondría un incremento proyectado de 500.000 dólares en ingresos como retorno de nuestra inversión actual en marketing, triplicando el retorno de la inversión de las campañas de marketing. Puedo enseñarte la aritmética con detalle.

El ML puede centrar el objetivo en la población a la que estamos vendiendo al dirigirse a los clientes con más probabilidades de responder. Esto debería proporcionar los beneficios y el retorno de la inversión que acabo de mencionar.

¿Qué le parece? ¿Apoyaría este proyecto o tendría objeciones? ¿Qué preguntas tiene?

Cuando presentes la idea, ve al grano, el valor de negocio y al beneficio final y, después, evalúa a la persona con la que estás hablando. Estará interesada en el valor empresarial, pero no necesariamente emocionada por el ML. El ML solo es la solución técnica, el medio para un fin, así que, en esta etapa temprana, sus detalles pueden distraer, confundir o aburrir con facilidad.

Tu discurso centrado debe conseguir tres cosas:

1. Empieza por la proposición de valor, expresado en términos empresariales, sin detalles sobre ML, modelos o datos. Por ahora, no compartas nada acerca de cómo funciona el ML, solo el valor según el cual se puede actuar que proporciona, la mejora operativa que se obtiene mediante la implementación del modelo. Esto suele implicar evitar las palabras "modelo" e "implementación".

2. Calcula el valor, una mejora de rendimiento desde el punto de vista de dos indicadores clave de rendimiento (KPI), como el índice de respuesta, los beneficios, el retorno de la inversión, la reducción de costes o la reducción de trabajo. Debes incluir una victoria potencial de un KPI, incluso si es solo con cálculos desde cero. Transmite este potencial en términos simples, como un gráfico de barras que tenga solo dos barras para ilustrar la mejora potencial. Todavía no es momento de mencionar métricas de rendimiento predictivo, como el *lift*. Defiende la idea de que la ganancia en el KPI justificará de sobra los gastos del proyecto de ML.

3. Para y escucha. Mantén tu discurso corto y, después, abre la conversación. Date cuenta de que tu presentación no es la conclusión, sino un catalizador para empezar un diálogo. Al plantear la proposición fundamental y pedir a la otra persona que dé su opinión, descubrirás qué aspectos son una preocupación y cuáles un punto de interés, y podrás ver cuál es su nivel de comodidad respecto al ML o la analítica en general.

Después del discurso, tienes que valorar de manera interactiva cuándo entrar en detalles acerca de cómo se aplicará el ML, y en qué profundidad y qué velocidad. Es más común de lo que podría parecer para los profesionales empresariales con los que estás hablando sentirse nerviosos acerca de su propia capacidad para entender métodos analíticos. La gente es hábil a la hora de ocultar ese nerviosismo.

Mantén las explicaciones simples. Como ocurre con muchas tecnologías, la circunvolución y la apariencia de complejidad arcana amenazan con extinguir el entusiasmo de un recién llegado sobre el valor potencial. Eso podría hacer que se sintiese obligado solo por la presión generada por el bombo del "¡todo el mundo lo está haciendo!". Corta eso de raíz con una explicación clara y concreta. Abarca solo lo justo respecto a los mecanismos internos para desmitificar el ML.

Resiste la tentación de subirte al carro del bombo de la "IA". Se vende de más. El entusiasmo de la propaganda transmite con éxito que hay un valor que ganar, pero solo distrae de la proposición de valor concreta al idealizar la tecnología principal. No alientes a responsables de la toma de decisiones deslumbrados que parecen postrarse ante el altar de una IA capaz de todo. Si lo haces, este es el riesgo al que te enfrentas: cuando el bombo desaparezca y se desmientan las exageraciones, gran parte de la verdadera propuesta de valor del ML se desechará junto con los mitos, sin separar lo que sí sirve de lo que no antes de descartar todo.

## Ejercita la paciencia y solicita opiniones

"Una de las cosas más difíciles que tengo que enseñar a mis empleados en el arte de la consultoría es que tienes que hablar con la gente con mucha más frecuencia de la que quieres".

—John Elder, fundador, Elder Research

"Los científicos de datos resolverán literalmente la IAG en vez de hablar con un director de producto".

—Josh Wills, científico de datos experimentado

A medida que los responsables de la toma de decisiones van convenciéndose, puede que descubras que lo hacen siguiendo un camino largo y sinuoso. La primera reunión es solo una de muchas. Lograr que otros participen en la iniciativa es, bueno, un proceso.

Al final, eres tú frente al Miedo al Cambio. Se ha escrito muchísimo sobre la gestión de los cambios. De hecho, también es el tema de este libro. Abarca la práctica y el conocimiento contextual para gestionar el tipo particular de cambio realizado por la implementación del ML.

Pero ningún plan de acción predeterminado es infalible contra el comodín al que acabarás enfrentándote: la ansiedad humana. "No podemos permitirnos el coste de integrar un modelo en nuestras operaciones cruciales para la misión", dirán los directivos nerviosos, "ni podemos permitirnos el riesgo asociado a hacerlo".

Tu respuesta es simple: no podemos permitirnos no hacerlo. A partir de ahí, sube la temperatura como te parezca conveniente. Si no aprovechamos la oportunidad, uno de los cada vez más escasos diferenciadores únicos que puede ofrecer esa tecnología, estaremos incurriendo en un coste de oportunidad grave y poniendo en peligro nuestra fortaleza competitiva. Optimizar las operaciones con modelos no es una cuestión de "si", sino de "cuando": ¿antes o después de que lo haga la competencia? El cambio puede ser duro, pero los hechos lo son mucho más. Si la simple aprensión está impidiendo a la empresa perseguir las proposiciones de valor que ofrece el ML, entonces la propia empresa está obstaculizando su capacidad para hacer negocios.

Incluso cuando estás vendiendo, estás aprendiendo. Prepárate para cambiar de rumbo. No puedes saber de antemano qué objeciones, opiniones válidas y nuevas informaciones pueden surgir. Estás ahí para escuchar tanto como para hablar. Sin duda, aprenderás acerca de nuevas consideraciones pragmáticas que implican modificar la implementación operativa que tenían en mente.

Al final, tu persistencia dará frutos, pero solo después de proporcionar más información de la que has metido a presión en el discurso del ascensor. La directiva necesita datos más específicos, incluyendo los requisitos de personal y los plazos del proyecto, para tomar su decisión final. Y tú también necesitas esos datos específicos, para ejecutar tu trabajo de forma adecuada. Vamos a profundizar en ellos.

## Reúne a tu equipo: asignar personal al proyecto de ML

Como mínimo, además del jefe de proyecto, a veces denominado "director de producto de datos", necesitas expertos técnicos para facilitar cada uno de los tres pasos culminantes del proyecto. Ten en cuenta que no hay mucho acuerdo en la terminología para estos papeles. Aquí está el desglose:

Para el paso 4, preparar los datos, necesitas un ingeniero de datos o gestor de datos, alguien familiarizado con las tablas de datos en su forma actual y capaz de transformarlas en datos de entrenamiento. Esta persona es responsable de acceder a los datos y reconfigurarlos. A menudo, esta tarea se dividirá entre varias personas, ya que implica tareas variadas que, con frecuencia, se asignan a determinados administradores y programadores de bases de datos e incluye múltiples tecnologías, como la computación en la nube y las canalizaciones de datos de ancho de banda elevado.

Para el paso 5, entrenar el modelo, necesitas un modelador predictivo, un experto activo en métodos principales de ML. Esta persona crea el modelo utilizando software de ML que opera con los datos de entrenamiento. A menudo, esta persona recibe el nombre más general de "científico de datos", así que es el puesto más nombrado en los capítulos de este libro.

Para el paso 6, implementar el modelo, necesitas un ingeniero de ML capaz de modificar el sistema operativo existente de manera que se integre de nuevo un modelo. Los requisitos de ingeniería variarán mucho en función del tipo de cambio operativo que estés llevando a cabo y de cómo se ha construido el sistema operativo en primer lugar.

Para un proyecto piloto (una iniciativa de ML aislada con un foco de atención limitado) puede que no necesites más que el personal básico de la lista anterior. Con un proyecto así, empiezas, con buen juicio, con algo pequeño, así que la inversión para la dotación de personal también tiene que empezar por algo pequeño. Por otra parte, si tu proyecto es parte de una iniciativa de analítica más amplia que generará múltiples proyectos en la empresa, es una historia muy diferente, una que, con toda probabilidad, implicará equipos y recursos compartidos entre proyectos.

Para la mayoría de los proyectos, además del personal técnico y el jefe de proyecto, también necesitas cubrir otro papel en el lado empresarial: un enlace operativo (también conocido como traductor analítico, traductor empresarial, socio de producto de datos o jefe de innovación). Esta persona actúa como puente entre la parte tecnológica y la empresarial. Entre el personal técnico del proyecto y las partes interesadas de la línea empresarial a cargo de las operaciones que va a alterar el proyecto. El enlace operativo garantiza que el modelo se entenderá y se adoptará en esas operaciones en ejecución. Esta persona trabaja dentro del equipo de la línea empresarial o cerca de él. El equipo pertinente puede ser de marketing, operaciones de sitios web, investigaciones de fraude o procesamiento de solicitudes de créditos financieros. El enlace está implicado desde el principio, ofreciendo *feedback* al equipo de ML para garantizar que el objetivo de la predicción, el plan de implementación y los objetivos de rendimiento están en línea con las necesidades del equipo operativo.

## Conseguir el equipo del proyecto de ML

¿Dónde buscas a esta gente? Al fin y al cabo, personas con esas habilidades tan particulares pueden ser difíciles de encontrar.

Bueno, cuando necesitas algo, hay tres maneras de conseguirlo: lo compras, lo alquilas o lo fabricas. Si hablamos de un miembro del personal, eso significa contratar a alguien nuevo, involucrar a consultores o formar al personal existente.

Los consultores externos son, a menudo, una pieza central cuando lanzas un proyecto de ML piloto, ya que, de ese modo, no necesitas comprometerte con la contratación de expertos en ML hasta que no tengas establecido con mayor firmeza el valor de la aplicación de ML que estás persiguiendo por primera vez. Subcontratar a consultores puede ser caro, pero la buena noticia es que, con frecuencia, puedes mantener ese gasto relativamente bajo, ya que solo necesitas a estos expertos para un compromiso relativamente ligero. Durante los tres primeros pasos de planificación de bizML, se puede contratar a un consultor para que realice una labor de "consultoría" ligera en el sentido literal de la palabra, ayudando a pulir el plan del proyecto hasta los detalles del objetivo de la predicción y formulando los requisitos de los datos. Después, la mayor parte del paso 4, la preparación de los datos, puede llevarla a cabo tu personal interno existente. El modelado predictivo central es donde necesitarás la asistencia de expertos más intensiva, pero ese paso es relativamente corto en lo que respecta a las horas-personas y días naturales.

Al final, a medida que vas emprendiendo más proyectos de ML y estableciendo más experiencia interna dentro de la empresa, la formación del personal existente pasa a ser la manera preferida de "desarrollar tu propio" equipo de ML. Además de formar al personal, el profesor e innovador de liderazgo en el ML Bryan Bennett aboga por utilizar un enfoque complementario que denomina DataScienceStein ("cienciadedatostein"), a lo monstruo de Frankenstein. Puesto que los científicos de datos son difíciles de encontrar y la ciencia de datos implica muchas habilidades variadas, él sugiere "montar tu científico de datos a partir de un equipo de personas que pertenecen al personal en este momento o que están disponibles en el mercado comercial" con las habilidades complementarias adecuadas.

Los expertos en ML proceden de todo tipo de entornos y campos científicos. Mientras tu personal desarrolla más sus habilidades en ML, ten en cuenta que vemos profesionales del ML que se han desplazado lateralmente desde todos los ámbitos, incluyendo neurocirujanos, físicos y psicólogos. Resulta que, a menudo, esa experiencia en todo tipo de campos cuantitativos funciona muy bien para trabajar con el ML.

Cuando impliques al personal y mejores sus habilidades, ten cuidado con la noción demasiado entusiasta del científico de datos "capaz de todo". Es mejor para tu personal desarrollar las habilidades específicas que necesita el proyecto de ML que perseguirlas con el objetivo excesivamente ambicioso de convertirse en superempleados individuales capaces de realizar todas y cada una de las tareas relacionadas con datos. Asegúrate de que los roles dentro del proyecto están bien definidos y las habilidades de los miembros del equipo satisfacen las necesidades de cada papel.

Al margen de cómo consigas al personal para un proyecto de ML, no va a resultar barato. ¿Durante cuánto tiempo necesitarás utilizar a estos expertos tan demandados?

## Proyectar el proyecto: cuánto tiempo llevará

"En teoría, no hay diferencia entre la teoría y la práctica, mientras que, en la práctica, sí que la hay".

—Benjamin Brewster, empresario industrial
estadounidense del siglo XIX

Puede que el viaje sea largo. Los proyectos de ML varían en duración tanto como los proyectos empresariales en general. Y sufren retrasos tan a menudo como cualquier tipo de cambio operativo.

En el mejor de los casos, los astros podrían alinearse para un proyecto de dos meses. Este podría ser el caso, por ejemplo, si estás produciendo sin parar un modelo para orientar una operación de marketing directo existente, convirtiéndolo en un proceso establecido y requiriendo solo implementación por lotes desde dentro del software de ML sin necesidad de exportar el modelo.

Por el contrario, el proyecto de Jack en UPS tardó años en lanzarse a escala completa. Fue la primera iniciativa de ese tipo en la empresa, que implementaba un modelo dentro de un sistema complejo semiautomático para el que se requería una formación presencial del personal en distintas ubicaciones. Solo las personas y los protocolos en tu empresa pueden proyectar los plazos. Pero, para ayudarte a establecer un cálculo aproximado, aquí tienes unos rangos aproximados para cada paso, con la limitación de que, para cada uno, podría resultar que el cielo es el límite:

Pasos 1, 2, 3: Establecer el objetivo de la implementación, el objetivo de la predicción y las métricas de evaluación: de dos semanas a tres meses.

Paso 4: Preparar los datos: de cuatro semanas a cinco meses.

Paso 5: Entrenar el modelo: de tres semanas a dos meses.

Paso 6: Implementar el modelo: de tres semanas a un año.

Incluso con el gran entusiasmo por una nueva iniciativa de ML, los tres primeros pasos de preproducción suponen una era de planificación, socialización y aprobación. Tu discurso por anticipado dura menos de dos minutos, pero vas a necesitar coger el ascensor muchas veces.

De los tres pasos técnicos, la ciencia más sofisticada es la que menos tiempo requiere. La preparación de datos es un embotellamiento que siempre se subestima, y la implementación de modelos también puede serlo, sobre todo si requiere que el modelo se integre en sistemas existentes en el mundo real. Por otra parte, aunque el entrenamiento de modelos exige la mayor profundidad de la experiencia y el conocimiento del ML, se trata de un proceso relativamente contenido y aislado; los pasos anteriores y posteriores amortiguan de manera efectiva el cálculo numérico central en sí respecto a muchas complejidades de la empresa.

Otra consideración que hace que los plazos del proyecto sean más difíciles de calcular y puede hacer que se alargue es que seguir los seis pasos no es un proceso lineal.

## Retroceder: pasar en bucle por los pasos repetidamente

"Casi siempre, lo que pasa en mis colaboraciones de más éxito es que obtienes confianza y participación por adelantado, intentas resolver el problema y, cuando te equivocas acerca de, por ejemplo, la mitad de las conjeturas... descubres cosas que tienes que ajustar y adaptar en mitad del proyecto".

—Dean Abbott, consultor de renombre y científico de datos jefe de Abbott Analytics

Con bizML, tienes que retroceder muchas veces, volviendo en bucle al paso anterior a medida que adquieres nuevas informaciones. En cada iteración, el equipo debe reunirse de nuevo con las partes interesadas para revisar las decisiones iniciales. Veamos algunos ejemplos:

- Mientras preparan los datos, los científicos o los ingenieros de datos descubren que no hay suficientes ejemplos positivos disponibles. Esto lleva a los miembros del equipo a reunirse y modificar el objetivo de predicción para que sea uno para el que haya de sobra.

- Mientras entrenan el modelo, los científicos de datos detectan un fallo en los datos de entrenamiento: una fuga de datos. Esto nos devuelve a la preparación de datos.

- Después de entrenar el modelo, su rendimiento es decepcionante y los responsables de la toma de decisiones dicen que no está listo para la implementación. Esto puede implicar volver a cualquier paso anterior, como la reconsideración del objetivo de la predicción, la reconsideración de las métricas de evaluación o la mejora de los datos de entrenamiento.

- Durante la implementación, los campos de prueba demuestran que la puntuación del modelo es demasiado lenta, porque el modelo en sí es demasiado complejo. Al volver al entrenamiento del modelo, puede que sea posible generar un modelo más simple y rápido que muestre solo una pérdida mínima en el rendimiento predictivo. En un caso conocido, Netflix decidió no implementar el modelo complejo con el que los competidores ganaron el concurso de un millón de dólares de la empresa para mejorar las recomendaciones de películas. En su lugar, Netflix optó por implementar modelos desarrollados a nivel interno.

- Tras la implementación, el contexto del negocio cambia; surgen nuevas regulaciones o se implantan nuevos imperativos estratégicos que provocan un cambio en el objetivo de la implementación. Aunque esto signifique empezar de nuevo por el paso 1, gran parte del trabajo completado a lo largo de los pasos de bizML puede readaptarse durante esta nueva iteración del proyecto.

En el mejor de los casos, vuelves a un paso anterior debido a una agradable sorpresa o a una nueva inspiración. Por ejemplo:

* Durante el entrenamiento del modelo, una variable de entrada demuestra, de manera inesperada, ser importante, lo que inspira la introducción de fuentes de datos relacionados durante la preparación de los datos

De forma crítica, cada vez que el proyecto retrocede, un equipo multidisciplinar trabaja en conjunto, incorporando la perspectiva de los científicos de datos y también la de las partes interesadas del lado empresarial y los directores de operaciones.

## La vida después del lanzamiento: mantener el modelo

"Desarrollar e implementar sistemas de ML es relativamente rápido y barato, pero mantenerlos a lo largo del tiempo es difícil y caro", advierte un artículo técnico de Google. Este escrito ha obtenido cierta notoriedad entre los científicos de datos, aunque quizá no la suficiente, en mi opinión. El título del artículo infundiría temor en el más estoico de los contables: "Deuda técnica oculta en los sistemas de *machine learning*".

Cuando enviamos astronautas al espacio, nos comprometemos con una nueva labor: tenemos que mantenerlos vivos. Del mismo modo, una vez que está en funcionamiento, conservar la viabilidad del modelo de ahí en adelante requiere mantenimiento, monitorización y vigilancia. El modelo y la infraestructura de implementación que lo contiene se unen a las filas de los sistemas empresariales cruciales para la misión del negocio. Estas cosas requieren mantenimiento.

Para empezar, los modelos se estancan. Si permanecen inalterados, se degradan. El mundo cambia a su alrededor. La economía varía y los patrones de comportamiento de los consumidores evolucionan. Como resultado, los datos con los que se ha entrenado un modelo se vuelven menos pertinentes, menos representativos del mundo actual. Al fin y al cabo, los datos de entrenamiento pasan a ser parte de un pasado más lejano cada día. Con el tiempo, el modelo se convierte inevitablemente en un dinosaurio muerto, un fenómeno conocido como deriva del modelo o *model drift*. Esto provoca la necesidad de monitorizar el rendimiento del modelo a lo largo del tiempo. A veces, las herramientas y técnicas para hacerlo se denominan de manera colectiva "observabilidad en ML".

El remedio es actualizar el modelo de manera periódica. Ese es el protocolo estándar. Por lo general, eso implica entrenar un modelo nuevo con datos más recientes (actualizar de manera gradual un modelo existente es una alternativa, pero la complejidad que implica rara vez merece la pena). Para algunos proyectos, la actualización es diaria y para otros es anual. Puede ponerse en marcha cuando el rendimiento del modelo se deteriora o puede programarse a intervalos regulares. Cuando el mundo cambia de manera drástica, debido a revueltas políticas, desastres naturales o una pandemia, los modelos se quedan desfasados con mayor rapidez. Eventos así acentúan de manera potencial la fuerza del ML: la capacidad de adaptarse a un mundo cambiante. Pero esta capacidad solo se aprovecha por completo si actualiza el modelo con datos que reflejen el mundo real en el que ahora vivimos.

Merece la pena aclarar que, en cierto modo, algunos modelos implementados se adaptan por sí solos entre actualizaciones en el sentido de que las entradas siempre se mantienen actualizadas. Por ejemplo, el modelo de detección de fraude del Falcon de FICO se actualiza una vez al año para los más de 9.000 bancos que lo usan. Pero algunas de sus entradas están diseñadas para hacer un seguimiento de los patrones de uso siempre cambiantes de cada titular individual de una tarjeta. Por ejemplo, si el titular de una tarjeta empieza a comprar con regularidad en tiendas *online* pequeñas, una entrada podría reflejar este cambio en las tendencias del individuo, mostrando esas compras como menos anómalas para él. Este nivel de adaptación es continuo y en curso entre actualizaciones del modelo. Lo que cambia con las actualizaciones periódicas del modelo es la manera en que este sopesa y considera una entrada así, mientras que la entrada en sí misma se actualiza de manera continuada.

El gasto del mantenimiento solo suma al precio ya sustancial asociado a cada proyecto de ML. Los recursos necesarios para llegar a la implementación incluyen personal, software e infraestructura para la implementación, como las canalizaciones de datos y, posiblemente, un sistema operativo actualizado para incorporar las puntuaciones del modelo. El total al que ascienden estos gastos puede crecer casi tanto como cualquier tipo de iniciativa empresarial.

Pero el valor del ML alivia el *shock* del precio. Divide la ganancia estimada entre el coste y tendrás el retorno potencial de la inversión. Está destinado a ser fuerte por una sencilla razón: la predicción sale rentable.

Pero, más allá de los beneficios empresariales, hay otra consideración no financiera a tener en cuenta.

## La moral importa

"La IA es un superpoder que capacita a un equipo pequeño para afectar a las vidas de una cantidad enorme de personas... asegúrate de que dejas a la sociedad en una posición mejor".

—Andrew Ng

Cuando utilizas ML, no solo estás optimizando modelos y haciendo a las empresas más eficientes. Estás gobernando. En efecto, los modelos encarnan e implementan políticas que controlan el acceso a las oportunidades y los recursos, como créditos, empleo, casa, incluso libertad, cuando se trata de modelos de predicción de arresto que influyen en sentencias y concesiones de la libertad condicional.

Los modelos de riesgo para aseguradoras determinan lo que debe pagar cada asegurado y el marketing dirigido determina quién obtiene descuentos, ofertas exclusivas e incluso el conocimiento de determinados productos financieros.

Cuando el ML impide el acceso a estas oportunidades, puede perpetuar o magnificar la injusticia social, afectando de manera adversa a grupos desfavorecidos al denegarles el acceso de manera inmerecida con una frecuencia desproporcionada. Aquí hay cuatro formas en las que puede ocurrir eso, entre otras:

1. **Modelos discriminatorios:** Modelos que toman una clase protegida, como la raza o el país de origen, como entrada, de manera que sus decisiones se basan en parte, de forma directa, en esa clase. Estos modelos discriminan de manera explícita y lo hacen de un modo más visible y detectable que una persona que discrimina para mantener en privado la base de sus decisiones. Por ejemplo, un modelo así podría penalizar a una persona negra por ser negra. Aunque son ilegales en algunos contextos y, hasta ahora, son relativamente poco comunes, algunos expertos reconocidos en la ética del ML defienden enérgicamente que se permitan las clases protegidas como entradas de los modelos.

2. **Sesgo del modelo:** Tasas de falsos positivos desiguales entre grupos, lo que significa que el modelo deniega de manera incorrecta la aprobación de o el acceso a las oportunidades de un grupo con más frecuencia que de otro. Esto puede ocurrir, y a menudo sucede, incluso si el modelo no es discriminatorio (como los mencionados antes), ya

que un modelo puede emplear otras variables de entrada desprotegidas como sustitutas de una clase protegida. Por ejemplo, fue famoso el caso en el que ProPublica sacó a la luz un modelo de predicción de arrestos reiterados que encarcelaba por error a acusados negros con más frecuencia que a acusados blancos.

3. **La mirada codificada:** Cuando un grupo está infrarrepresentado en los datos de entrenamiento, el modelo resultante no funcionará tan bien para miembros de ese grupo. Esto tiene como resultado experiencias excluyentes, como cuando un sistema de reconocimiento facial falla con más frecuencia para personas negras que para personas de otras razas. También conocido como sesgo de representación, este fenómeno también puede producirse en el reconocimiento del discurso.

4. **Inferencia de atributos sensibles:** Las predicciones de un modelo pueden revelar la pertenencia a un grupo, como la orientación sexual, si una persona está embarazada, si va a dejar su trabajo o si va a morir. Los investigadores han demostrado que es posible predecir la raza basada en los "Me gusta" de Facebook, y los funcionarios en China utilizan el reconocimiento facial para identificar y monitorizar a los uigures, una minoría étnica oprimida de manera sistemática por el gobierno. En estos casos, la información sensible sobre un individuo se extrae de datos que, por lo demás, son inocuos.

La pregunta que hay que hacerse siempre es: "¿Para quién fracasará esto?", dice Cathy O'Neil, autora de *Armas de destrucción matemática* y una de los activistas más visibles para la ética en el ML. Esta pregunta fundamental alude a los cuatro problemas mencionados antes y también a muchos otros. Es una llamada apasionada a la acción que nos recuerda que debemos tener en cuenta las cuestiones éticas como un ejercicio de empatía.

Solo los líderes proactivos pueden enfrentarse a estos desafíos éticos. Las empresas que utilizan el ML están en gran parte paralizadas por la estética exigida por las relaciones públicas corporativas. A menudo, cuando las empresas piden que la implementación del ML sea "justa, imparcial, cumplidora y responsable" solo lo hacen por postureo. Son clichés vagos que no guían ninguna acción concreta. Al declararlos, las corporaciones hacen un teatro de la ética y protegen su imagen pública, más que proteger al público. Rara vez oirás a una empresa abordar de manera explícita de un lado y otro cualquiera de los cuatro problemas que he mencionado antes, por ejemplo.

O'Neil se ha enfrentado a la indiferencia ante estos y otros problemas con otra arma: la vergüenza. Aboga por avergonzar como medio para luchar contra las corporaciones que implementan la analítica de manera irresponsable. Su libro más reciente, *The Shame Machine*, se enfrenta a las "corporaciones depredadoras", al tiempo que critica la vergüenza que golpea hacia abajo en vez de hacia arriba. El miedo a la vergüenza le proporciona clientes para su consultoría de auditoría de modelos. "La gente me contrata para que eche un vistazo a sus algoritmos", dice O'Neil. "Sinceramente, por lo general, la razón por la que lo hacen es que se han metido en problemas, porque están avergonzados... o, a veces, es algo como: 'No queremos que nos acusen de eso y creemos que aquí hay un alto riesgo'".

Pero me gustaría pedirte que considerases también un ideal más elevado: hacer el bien en vez de evitar el mal. En vez de esquivar la vergüenza, esfuérzate por mejorar la igualdad. Asume el establecimiento de estándares éticos para el ML como una forma de activismo social. Con este fin, define estándares que adopten una posición, en vez de transmitir solo clichés vagos. Para empezar, yo abogo por los siguientes estándares, que considero necesarios, pero no suficientes: prohibir los modelos discriminatorios, equilibrar las tasas de falsos positivos entre grupos protegidos, garantizar el derecho de las personas a recibir una explicación por las decisiones de los algoritmos, al menos en el sector público, y diversificar los equipos de analítica.

Tu papel es crucial. Como persona involucrada en iniciativas para implementar ML, tienes una voz poderosa e influyente, una que posiblemente sea mucho más potente de lo que crees. Eres una de un número relativamente pequeño de personas que moldeará y configurará la trayectoria para sistemas que dicten de manera automática los derechos y recursos a los que tendrá acceso una gran cantidad de consumidores y ciudadanos. Allan Sammy, director de Ciencia de datos y analítica de auditoría de Canada Post, lo explica así: "Una decisión tomada por el modelo analítico de una organización es una decisión tomada por el equipo de gestión sénior de esa entidad".

El ML puede ayudar en vez de hacer daño. Su creciente adopción proporciona una oportunidad sin precedentes para luchar contra la injusticia de manera activa en lugar de perpetuarla. Cuando un modelo muestra el potencial para afectar de forma desproporcionada a un grupo protegido de modo adverso, ha puesto el problema sobre la mesa y debajo de un foco al cuantificarlo. Entonces, la analítica ofrece opciones cuantitativas para abordar la injusticia al ajustarse a ella. Y el mismo marco operativo para automatizar o respaldar decisiones con el ML puede aprovecharse para implementar modelos ajustados para mejorar la justicia social.

Cuando sigas la práctica de este libro para implementar con éxito el ML, asegúrate de que estás dando un buen uso a esta tecnología tan potente. Si optimizas solo para un único objetivo, como la mejora de los beneficios, habrá efectos colaterales y ramificaciones funestas, pero, si adoptas también objetivos humanísticos, la ciencia puede ayudarte a conseguirlos. O'Neil también ve esto: "En teoría podríamos hacer las cosas más justas. Podríamos elegir valores a los que aspiramos e integrarlos en el código. Podríamos hacer eso. Creo que eso es lo más emocionante sobre el futuro de la ciencia de datos".

*A lo largo de la última década, he dedicado una parte considerable de mi trabajo a la ética del ML. Para un análisis más profundo, como una explicación visual del sesgo de la máquina, un llamamiento contra los modelos que discriminan de manera explícita y más detalles relativos a los estándares que propongo, puedes ver mis escritos y mis vídeos en* `www.civilrightsdata.com`.

# Índice alfabético

# M

# N

# O